文学中的人与城

以无锡籍作家与无锡区域文化研究为例

胡晓文 著

南京师范大学出版社

上编

千年古运河

第一章

区域文化和区域文学

一、文学抒写：一个城市的灵魂表达

（一）什么是区域文化

有关“区域文化”的研究在近三十年来得到了迅速的发展，这与“地域文化”研究有一定的关联性，但内涵是有所不同的。地域文化建立在山川、气候、民俗、民风的差异之上，更多是依据自然条件划分的。一般认为，我国幅员辽阔，各地经济发展不平衡，导致了不同地区文化冲突、反思、嬗变、融合等多种现象的产生，各个文化的发祥地，都有着各自不同的特点，它们之间互相交错，汇成了总体格局上的文化五彩池。

文学作为文化的表现类型之一，自然有其地域性的特质。这可以上溯于古代《诗经》的朴素凝练、不事雕琢，《楚辞》的斑驳陆离、摇曳多姿，两者奠定了中国文学地域性的特点，对之后中国文学的样式、风格、流派等都产生了深远的影响。研究者们也早就注意到了这点。汉魏曹丕的《典论·论文》、南朝刘勰的《文心雕龙》、唐魏征的《隋书·文学传序》和后来的清阮元校刻的《十三经注疏》中都提到了地域之异，近代蔡元培《中国伦理学史》中将中国文化及学术分为南北两派，而梁启超的《中国地理大势论》整体上表述了文艺和地理之间的关系，刘师培的《南北文学不同论》更是系统阐述了地域文化差异和文学表达的关联性问题，王国维的《屈子文学之精神》也提到了中国文学传统中有两大派别的区分。这些都是学界在地域文学研究方面较为人知的著述。

在现代文学史上，文学具有地域的差异性，其激烈冲突较近的一次当属20世纪30年代的那场关于“京派”和“海派”之争。但是，从一个更长的时间来看，到今天，文学的南北分界有越来越不明显的趋势，地域条件对于区域文化的影响逐步减小弱化，社会性的综合影响则扩大加强，政治、经济、教育等因素都在影响着文学的发展。这种变化和文学本身由外而内发展的趋势有关，也和人类逐步减轻了对自然条件的影响和依赖有关。南北的差异，或冲突或革新或融合，最终共同走向了民族性的文学共性的构成，成为中华文化的一部分，进一步推进民族精神、文化意识等多方发展。这是文学的大趋势。所以，地域性文学研究的局限性越来越明显，取而代之的则是另一个类似的却不可等同的文学现象研究——区域文学研究。

（二）什么是区域文学

区域文学成为一种自觉独立的文学研究角度、研究视野和研究方法，在20世纪八九十年代，得到了迅速发展，并且受到了全球化区域文化热的影响。在国外，这个话题也早就得到了关注，早在1800年，法国浪漫主义先驱斯达尔夫人在她的《从文学与社会制度的关系论文学》和《论德国》中就阐述了文学与环境的关系，在细致地观察和分析风俗、制度与文学之间的相互影响之后，她郑重地提出了文学和社会之间的关系问题；19 世纪中叶，马克思、恩格斯在《德意志意识形态》中也强调了应在自然基础和历史进程中探讨人类的活动及历史记载；而之后法国文学史家丹纳则在他的《艺术哲学》和《英国文学史》引言中指出文学艺术产生和发展的三大因素为“种族、时代和地理环境”，这三者产生的精神文化共同推动了文学创作的产生。

在国内，自 20 世纪 80 年代起，研究者们对地域性差异关注的着眼点也有了一些变化：从 80 年代袁行霈《中国文学概论》的出版，到 90 年代严家炎主编的“20 世纪中国文学与区域文化丛书”和樊星的《当代文学与地域文化》的刊行，到 21 世纪初有大量区域文学史的出现，再到近几年研究者把中国特定的区域文学放置于更为广阔而多元的全球视域中比较。人们从过去偏向于地域性的研究，逐步偏向于对人文环境的重视；由过去局限于现当代文学研究，逐步拓展到古代文学领域；① 由过去对本国地域文学的研究，而逐步推向全球性互动性的多元文化审视。无论是研究视角还是研究方法都日益丰富而多样，更有走向世界的趋势。所以，关于“地域文学”和“区域文学”的内涵，有一些学者主张应该对这两者进行进一步的厘定和辨析。周晓风认为区域文学有“明确的行政区划的前提”②，郝明工也认为区域文学有着“政治性需要”和“民俗性表达”③ 的双重特质，刘川鄂认为区域文学“更

① 如陈建华《十四至十七世纪中国江浙地区社会意识文学》(1992)、李浩《唐代三大地域文学士族研究》(2002)、韩结根《明代徽州文学研究》(2006)等。

② 周晓风. 区域文学：文学研究的新视野[J]. 中国文学研究，2002(4)：7.

③ 郝明工. 论区域文化与区域文学[M]//周晓风，张全之，袁盛勇. 区域文化与文学研究集刊：第 3 辑. 北京：中国社会科学出版社，2015：22.

当下、更行政化”，地域文学“更着眼文化、更注重传统”[1]，等等。

（三）区域文化和区域文学之间的关系

应该说，文学现象和文学评论的产生、发展离不开文化自身的演变和区域格局的变化。作家创作更是与区域文化特点密不可分。在谈论江南士风对于江南文学的影响时，绕不开永嘉南渡和魏晋遗风，绕不开晚明习气和小品情调，绕不开鸳鸯蝴蝶派和新旧文学论争，文学抒写成为作家与区域文化对话的某种方式。区域文化既是作家创作的孕育之地，又是作家创作的主要审美对象，反映的是“中国某一部分社会、某一类人物”[2] 的活动形态、言行举止、心理素质、思维方式、精神面貌、价值观和人生观以及在此基础上所涉及的物质形态等内容，这些内容是作家创作的底色。同时，区域文化有着一定程度的趋同性，体现着一个区域共同体成员之间的关系和认同感，当然也包括同一个区域环境中成长的作家群体。

无论是区域文学的产生和流变，还是区域文学的具体文本对象，区域文化与区域文学有着多重关联。一方面，作家的文学创作参与区域文化的构建和改造；另一方面，区域文化也影响作家的创作风格、意向旨趣等的形成。《汉书·地理志》言：“凡民函五常之性，而其刚柔缓急，音声不同，系水土之风气，故谓之风；好恶取舍，动静亡常，随君上之情欲，故谓之俗。”[3] 这里强调了民风民俗受到诸多因素的影响，诸如社会制度、经济发展、思想道德

---

① 刘川鄂. 当代中国区域文学的体制化特点及研究困境[M]//周晓风. 区域文化与文学研究集刊：第1辑. 北京：中国社会科学出版社，2010：30.

② 钱锺书. 围城 人·兽·鬼[M]. 北京：生活·读书·新知三联书店，2009：序9.

③ （汉）班固撰，（唐）颜师古注. 汉书[M]. 北京：中华书局，1962：1640.

等，是自然环境和教化传习共同作用下形成的，是一定区域内群体性的行为范式，而民风民俗也成为这个区域文化的一部分。所以在研究区域文学的同时，我们必须以区域文化为现实基础，区域文学的产生和发展本身就是区域文化的一部分，在促进区域文化发展的同时也促成了文学自身的发生和发展。

而意识形态、政治运作、人文地理、民族特性等因素，对于区域文学的作用是逐层深入的，各地域之间因文化不同，审美标准不同，风俗习惯不同等等，形成了绚烂多姿的文学呈现面貌。但凡中国社会发生这样那样的变革或动荡，就会在意识层面发生一定的变化，而这些变化在不同程度上影响作家的创作心理、审美选择和创作方式。进入近代以来，文学受大环境的影响，加之政治的、经济的、战争的、行政的等因素的介入，在不同区域之间产生某种程度上的融合或疏离，增强或淡化，其呈现于作家的笔端就有着这样或那样的视角和着力点，正如钱锺书作品之于吴文化，区别于鲁迅作品之于浙东文化、沈从文作品之于荆楚文化、巴金作品之于巴蜀文化等等。即便从更长的时间里来看，他们虽然同属于一个时代，但不同的作家身上却有着鲜明的个性特质：比如刘半农和钱穆，他们是在常州府中学的同学，曾经共同参与学潮，追求民主，但是 20 年后于 1930 年在北京再相会的时候，已觉“意气不相投”“遂不相往来”①；陈源和刘半农更曾发生过笔战；同样是反映社会现实，运用讽刺笔法，但鲁迅和钱锺书却有着不同的文学理解和社会感悟。

一般而言，我们论及江南区域文学，则不得不考虑多个层

① 钱穆. 八十忆双亲　师友杂忆[M]. 3 版. 北京：生活·读书·新知三联书店，2012：81.

面：在横截面上，要考虑江南某个时段内特有的区域文化，既包括地域性的，又包括人文性的特征等等，要考虑江南文学产生之地，包括作者籍贯、民族、经历、文学对象和题材等的特殊性；在纵截面上，还要考虑在一定历史情境和历史演变下的诸多因素，比如政治的、社会的、文化的、阶层的等因素。如果再深入一层，哪怕是同属一个地区，哪怕是同属一个时代，文学作品的风格也不尽相同。近代时期，同样是从江南无锡走出去的众多作家学者文人，王蕴章、钱基博、钱穆、刘半农、陈源、胡山源、顾毓琇、钱锺书、杨绛、沙陆墟等，他们的作品异彩纷呈。在他们的作品中，我们可以窥见社会变革、地域风貌、世风变迁以及他们的审美取舍等等。

人们对江南文化有着诸多的美誉，“山川过雨晓光浮”[①]，自古被称为“江南第一州”的金陵城造就了“崇文重教、朗健率直、豁达包容、重义轻利、质朴敦厚”[②]的南朝遗风；“古宫闲地少，水港小桥多”的姑苏地孕育出“小巧精细”“柔和淡远”“雅致秀丽”“灵动飘逸”[③]的明清民情；“水光潋滟晴方好，山色空蒙雨亦奇”的西子湖酿就了“时尚务实、理趣平和、悠闲自适”的宋朝文气；而号称东方巴黎的上海，在东西方文明激烈冲撞下，人们似乎显得更为“精明”，他们“见多识广，适应性强，随机应变，具有工作精神和敬业精神……”[④]其实，无论如何，这些无不是在诉说着一个城市有一个城市的风貌，一个城市有一

---

① （宋）苏辙．栾城集：上［M］．2版．上海：上海古籍出版社，2009：217．

② 陶思炎．略论南京民俗及其文化价值［J］．南京社会科学，2014(12)：150．

③ 陈长荣．苏州人：人文风貌与文化底蕴［J］．苏州大学学报（哲学社会科学版），1999(1)：87-93．

④ 梁伟峰．论后期鲁迅与“上海人”文化性格［J］．徐州师范大学学报（哲学社会科学版），2012(4)：42．

个城市的特质，一个城市有一个城市不同的人。

二、静水深流：古老水城的基因特质

（一）无锡自然环境概述

在漫长的地质时期，古长江三角洲经历了沧海桑田的变幻，直到距今约 7000 年左右，古太湖平原最终成为陆地。

无锡，古称梁溪，因水而名，这“梁溪”是城中一条重要的河流，元代的王仁辅在《无锡志》里引《吴地志》记有“古溪极狭，梁大同中重浚，故号曰梁溪，南北长三十里”①。

无锡是吴文化的重要发祥地之一。考古研究发现，吴文化最早可追溯到旧石器时代后期的三山岛文化，而无锡地区的原始文化则先后主要经历了马家浜文化、崧泽文化、良渚文化和马桥文化等。吴文化从一开始就展现出特有的文化特征——水文化。清嘉之水孕育了无锡丰厚的人文底蕴，绵长而久远。

吴越历史的重要典籍《越绝书》（第二卷）中记载：“无锡历山②，春申君时盛祠以牛，立无锡塘。去吴百二十里。无锡湖者，春申君治以为陂，凿语昭渎以东到大田。”③ 战国时的无锡属楚国令尹春申君黄歇管辖，他于秦庄襄王三年（公元前 247）左右请封于吴地后，在这里治水——治理无锡湖④，沿着无锡湖修建了

① （元）王仁辅. 无锡县志[M]. 北京：中国社会出版社，2005：60.

② 此处的历山，有“舜耕历山”的传说，又称为舜山，今为无锡城西的舜柯山。

③ 张仲清. 越绝书[M]. 北京：中华书局，2020：42.

④ 无锡湖，又名芙蓉湖，在今无锡、常州、江阴交界处，曾经“周万五千顷”，唐李绅曾作诗《却望无锡芙蓉湖》，之后人们以“治水还田”为理由围湖造田，湖面逐步缩小，北宋后渐淤，到了清时已经不到二十平方公里，目前已经融入大运河的一段河道。

大坝——无锡塘，发展经济，造福一方百姓，吴地诸多地方受惠于他治水的功劳。为了纪念他，民间留下了诸多有关于黄歇的地名：黄歇饮马的地方称为“春申涧”（老无锡习惯称“黄公涧”）；黄歇的大王庙后改称“大王基”（太平天国战后只剩了地基）；黄歇曾扎营芙蓉湖中的墩上，后称“黄埠墩”；等等。由此可见，“无锡”这个地名至迟战国时期就已有之，并且无锡在古代就是一个水资源丰富的地区。

吴文化的吴地基本上是以太湖流域为中心的。太湖古称“震泽”，《尚书・禹贡》记载，“三江既入，震泽底定”①，长江及支流注水汇合，江苏与浙江两省交界处，临浙江的沿湖线直而长，而曲折蜿蜒名胜佳境多在无锡、苏州一带，所以无锡被称为“太湖明珠”绝不是偶然的。郭沫若曾在 1959 年 6 月 11 日《人民日报》上发表《访无锡四首》，其中“太湖佳绝处”一句，根据郭老手迹题额于鼋头渚登岸码头旁的牌坊上。② 千百年来，太湖也成了无锡百姓的哺育湖。

无锡地区水网密布、地势低平、气候适宜，自然地理条件特殊而优越，泰伯奔吴带来的先进农耕文化，以及本地区固有的古老文化，共同推进无锡逐步走向了文明发展。隋唐以后，南北贯通的大运河，更是加速其发展，使其富庶繁荣，老百姓安居乐业。

悠久的“水文化”是无锡明显的和固有的遗传根基，点点滴滴地体现在人们的日常饮食、衣着装束、建筑交通等多个方面，从而形成了江南特有的民俗民风民情。

---

① 王世舜，王翠叶. 尚书[M]. 北京：中华书局，2012：65.

② 刘元树. 郭沫若抒情诗[M]. 合肥：安徽文艺出版社，1997：210.

（二）历史上无锡的人文特质

无锡有文字记载的历史始于公元前 11 世纪末到前 12 世纪的商末，泰伯携二弟仲雍奔吴，断发文身，自号“句吴”（音勾吴）[①]。之后，开凿了中国历史上第一条人工河——伯渎河[②]，为吴地百姓带来了最早的灌溉、航运等水利技术。相传周武灭商后，武王寻找泰伯、仲雍之后，得仲雍三世孙周章，封其为君，国号吴。梅里曾是吴国的都城。泰伯、仲雍带来了中原先进的文化，和这里的本土文化相结合，泰伯、季札先后让国之义举更是成为这个地区的“文化原型”。无怪乎《论语·泰伯》中称赞泰伯“可谓至德也已矣”[③]，敬君子之风；《礼记·檀弓》中称赞“延陵季子，吴之习于礼者也”[④]，以表尊敬之意。江阴申港季子文化公园内的十字碑文“呜呼有吴延陵君子之墓”，传说为孔子所书。

后人在感叹这样的至德之时，也留下了无尽的吟咏：

和袭美泰伯庙[⑤]

（唐·陆龟蒙）

故国城荒德未荒，年年椒奠湿中堂。
迩来父子争天下，不信人间有让王。

---

① （汉）司马迁. 史记(全二册)[M]. 上海：上海古籍出版社，1997：1175.

② 赵贤德，薛焕炳. 先秦时期常州地区运河的开凿疏浚[J]. 档案与建设，2020(2)：78.

③ 陈晓芬，徐儒宗. 论语·大学·中庸[M]. 北京：中华书局，2015：89.

④ 胡平生，张萌. 礼记[M]. 北京：中华书局，2017：225.

⑤ 全唐诗(全二册)[M]. 上海：上海古籍出版社，1986：1583.

泰伯祠[1]

（宋·范仲淹）

至德本无名，宣尼以此评。
能将天下让，知有圣人生。
南国奔方远，西山道始亨。
英灵岂不在，千古碧江横。

自此，吴国自强不息，吸纳周边先进的文明。据《史记·吴太伯世家》记载，“王寿梦二年，楚之亡大夫申公巫臣怨楚将子反而奔晋，自晋使吴，教吴用兵乘车，令其子为吴行人，吴于是始通于中国”[2]，通于内陆，吴地生产力得到很大发展。春秋后期始，诸侯争霸，吴王阖闾伐楚降越，国势强盛，吴地人民骁勇善战，吴地侠客盛行，但同时，吴地也饱受战乱之苦。公元前473年越灭吴，公元前333年楚败越，直至秦灭楚之后，无锡一直地属吴越范围，公元前222年秦置会稽郡，无锡隶属会稽郡。公元前202年始设无锡县。

自六朝始，中原战争频扰，人口大量南迁。中国历史上三次（永嘉、安史、靖康）大迁徙，形成了人们通常所说的南北经济文化的大融合。江南一带气候温润，百姓兴修水利、重视畜牧农耕，农业和交通都得到很大发展，无锡人口大增。朝代更迭、战事纷争、行政区划改变和人口大迁徙等又客观上促成了江南地区人文性的文化演变，北方士族的到来，带来了农耕技术、礼乐制度、思想观念、行为方式等的诸多变化，江南由春秋战国的“尚

---

① （清）斐大中，（清）倪咸生修，（清）秦缃业等纂．无锡金匮县志[M]//中国地方志集成江苏府县志辑：24．南京：江苏古籍出版社，1991：516．

② （汉）司马迁．史记（全二册）[M]．上海：上海古籍出版社，1997：1177．

武”逐步发展为魏晋南北朝后的“崇文”。一方面，隋大业六年（610）重开江南运河经无锡，漕运大开之后，奠定了商品贸易繁盛的基础，江浙一带在唐以后更是成为我国财政来源的主要区域。另一方面，隋唐科举兴起，宋朝分权制衡，人们不再以立功疆场为荣，而是汲汲于仕途功名，人们对教育科考的重视日渐明显。而北方的世家大族、文人墨客大批南迁后，也很快适应了这里的温润气候和雅致氛围，使得包括无锡在内的江南经济文化发展很快超越了北方。官方的、民间的文化活动也就变得越来越频繁。北宋嘉祐三年（1058）无锡知县张诜奉召于城南束带河畔建县学——学宫孔庙（今位于市中心学前街）。宋政和元年（1111）杨时于城东驳岸上建龟山书院，又称东林书院，杨时离开常州府返回将乐县故居后逐渐废弃，元朝至正十年（1350），僧秋潭在原址偏左处建庵，取名“东林庵”，书院成为佛地，明万历三十二年（1604）顾宪成等人又在这里重建书院讲学。宋嘉定十六年（1223）无锡富安乡蔡村（今属胡埭）蒋重珍是无锡首个状元及第。被称为“江南官署之冠”[1] 的江苏学政衙署，于明万历四十二年（1614）建于江阴，八郡三直隶州的准秀才们汇集于此考试……

姜宸英[2]在给严绳孙所作《秋水集原序》中曾说过：

> 无锡为县，居南北之冲，其人物淳庞敦厚，能不为四方风气所移易。居是地者，往往一出为天下伟人贞士，而其为诗者，自南朝湛茂之（湛挺，字茂之）、唐李公垂（李绅，字公垂）以来，亦代有闻人。有明诗家之体凡数变，北地、

---

① （清）卢思诚、冯寿镜修，（清）季念贻、夏炜如撰.（光绪）江阴县志：卷一[M].清光绪四年（1878）刻本影印：14.

② 姜宸英（1628—1699），字西溟，号湛园，浙江慈溪人。工诗古文，书法家、史学家。与朱彝尊、严绳孙并称“江南三布衣”。

信阳、琅琊、历下、竟陵，代起而新其制本，如云烟之出没于山谷间，听其自起而自灭可矣，而逐景以驰者，谓能穷日之所入，而不知其将道暍而死也。独锡山风气，颇能不诡于一时之好尚，故其诗之可传者常众，亦由其人之淳庞敦厚之气能不为浮薄之所陷溺而然也。[①]

显然，无锡的一方土壤，所孕育的人文底蕴与周边相比较自有其相对的独特性。

（三）明清以后的文化发展脉络

明清时期，无锡地区得天独厚的地理条件，加上水运发达，百姓勤勉，棉、麻等经济作物得以广泛种植，手工业得到了长足的发展，促进了这个地区的商品经济的进一步发展，人们逐渐安居乐业。与此同时，人文思潮涌动、流变，市井文化、城邑文化特征也开始得到充分的显示。

江南富庶，奇人好旅游。走遍名山大川，不慕科举好实学。前有江阴徐霞客，著有《徐霞客游记》；后有顾祖禹，历经30余年，写成《读史方舆纪要》。出生于世家大族的徐霞客，其祖上梧塍徐氏曾经是江南巨富，所筑的“万卷楼”中藏有大批从宋元时期兵荒马乱中幸存下来的古文献，被称为“清江文献巨室”。徐氏族人曾经也和其他家族的文人一样，希望通过科考入仕而光宗耀祖，然而徐颐、徐元献、徐经、徐洽、徐衍芳等连续几代人皆有文名却科考失意，徐氏文人开始广交文友，仅高祖徐经时期，杨维桢、高启、徐贲、唐寅、祝枝山、文徵明等就是座上宾，到了其父徐有勉，更是离经叛道，拒绝入仕，常常携三五家

---

① （清）严绳孙. 秋水集：十卷[M]//四库禁毁书丛刊. 北京：北京出版社，2000：522.

童，或乘扁舟，或坐轿舆，于苏杭间往来，湖光山色尽收眼底，甘泉新茗口齿生香，怡然自得。而徐霞客则自幼“性酷好奇书，客中见未见书，即囊无遗钱，亦解衣市之，自背负而归；今充栋盈厢，几比《四库》，半得之游地者”①，他广涉“古今史籍及舆地志、山海图经”②，认为必须走出故纸堆，才能不至于被“图经志籍所蒙”③，他的大半生都在实地考察，“不惮以身命殉”④。

明清的中央政府加强了集权统治，建立起更为缜密完善的专制制度，也加强了对江南士人缙绅的压制。不许书院结社，不许非议朝政，不然就坚决予以打击。特别是明朝东林党争，其镇压的惨烈，给无锡人造成了强大而深远的心理阴影。这也在一定程度上塑造了无锡人气质细致、婉转和内敛，不爱显山露水，不愿卷入纷争的群体文化个性。明清时期，江南一带的士族文人自有其特殊的社会能量。

清康乾两帝十二次南巡，一方面促进了水利建设，加强了南北文化融合；另一方面也笼络了江南世家大族，显示了皇权威严。康熙四十二年（1703），康熙第四次南巡时驻跸锡山秦氏家族私家花园——寄畅园，曾问园主秦德藻后辈中有无学问好的，可随他进京做事，后秦德藻长孙秦道然随康熙进京，奉旨教皇九子允禟读书，康熙四十八年（1709）中进士后，任翰林院编修、

---

① （明）徐弘祖. 徐霞客游记（附索引）[M]. 褚绍堂，吴应寿，整理. 上海：上海古籍出版社，2011：1197.

② 陈函辉. 霞客徐先生墓志铭[M]//（明）徐弘祖. 徐霞客游记. 褚绍堂，吴应寿，整理. 上海：上海古籍出版社，2011：1190.

③ （明）徐弘祖. 徐霞客游记（附索引）[M]. 褚绍堂，吴应寿，整理. 上海：上海古籍出版社，2011：1189.

④ （明）徐弘祖. 徐霞客游记（附索引）[M]. 褚绍堂，吴应寿，整理. 上海：上海古籍出版社，2011：1189.

礼科给事中。但也因此之后卷入了皇位之争，雍正时期，锡山秦氏家族屡受责难，秦道然受到打压而被拘禁，寄畅园被没收，家族陷入困顿。秦道然之子秦蕙田年少时在饥寒交迫中度过，他刻苦读书，乾隆元年（1736）获丙辰科探花，授翰林院编修，后在乾隆面前为父陈情，故秦道然年八十获释，秦氏家族由秦蕙田再次兴盛。乾隆在这件事情上显示了皇权，也收获了一个忠心耿耿的大臣。乾隆还是个多产的皇帝，南巡时期在无锡留下了大量的诗文遗产。据相关统计，1684 年至 1784 年间，清帝康熙、乾隆都曾 6 次下江南，共 14 次游历惠山，留下了 115 首诗文。之后乾隆还是念念不忘惠山，继续写了很多诗文，据无锡秦氏后人秦志豪先生在《康熙乾隆的惠山情结》一书中的不完全统计，乾隆"寄畅园—惠山园"诗歌有 169 首①。乾隆入江南境，曾对身边督臣说"惟惠山致为幽雅"，并将原虎丘山"去其第一名山额"②，后惠山得"江南第一山"的美誉。

而明清以后，随着上海由小渔村跃升为东方魔都，其周边地区逐步卷入了上海工业化发展的旋涡之中，同时，西方文明也顺着东南沿海一带进入了这里，其文化变迁经过了一个由被动植入到主动适应的过程，造就了近代上海"洋场文化"的性质。无锡离上海不远，1907 年沪宁铁路开通（经停无锡）后，使得沪锡两地来往的文人客商甚为频繁，据《无锡杂志》记载，1923 年无锡到上海的铁路时长为三个半小时左右③，每天有九班车，无锡到

---

① 秦志豪. 康熙乾隆的惠山情结[M]. 苏州：苏州大学出版社，2015：143.

② （清）黄印等. 锡金识小录等[M]//无锡文库：第二辑. 南京：凤凰出版社，2012：296.

③ 裘廷梁. 无锡白话报[J]//薛明剑，李钟瑞. 无锡杂志[M]//无锡文库：第二辑. 南京：凤凰出版社，2012：389.

上海的三等座单趟最低价为一元零五分，当时的一些民众尚能承受得起这个车价。1928 年，33 岁的郁达夫到无锡旅游时都不得不感叹“无锡究竟是出大政客的实业中心地，火车一停，下来的人竟占了全车的十分之三四”[①]，可见其盛况。抗战结束后，虽然物价飞涨，但是邮电车船价格涨幅不大，沪宁线能准时准点，“票价也便宜”[②]。1930 年“蓝钢快车”，1947 年的“飞快车”，曾屡次提速，交通愈加方便了。

无锡的电话开通也比较早，1912 年辛亥革命后辞官回无锡的杨翰西[③]筹资两万创办无锡电话股份有限公司，至此沪锡有电话通信往来。如此方便的通信和交通，民国无锡在沪锡两地之间经商、谋学、从教的人员非常多，民国无锡人深受上海开放性风尚的影响，觉得自己和上海的文化是融为一体的。他们在异地并不认为自己是外乡人，他们在本地也以开放的心态接受着文化的多元化。

然而，这个时期的近代中国，内忧外患，科举废止，西学兴起，民族工商业在这里起步，各种思潮也从沿海一带涌入，新旧观念产生了激烈的冲撞。人们的观念巨变，阶层跌宕，自身的身份都产生了急剧的变化。一些曾经的士族文人，由过去的“四民之首”，到后来的“士商相混”；再到后来，从以前的有地位、有钱有闲的可读书的精英阶层，变成了五四时期及以后，虽以思想

① 郁达夫. 感伤的行旅[M]//郁达夫全集：第六卷. 上海：北新书局出版部，1931：119.

② 朱东润. 朱东润自传[M]. 武汉：华中科技大学出版社，2019：318.

③ 杨翰西(1877—1960)，名寿楣，别号静斋，字翰西，以字行，无锡城内旗杆下人。清末举人，杨宗濂之子。1908 年 2 月—1908 年 6 月江督端方派其考察过日本陆军军制，1908 年因办理秦、晋赈捐有劳绩，保列为道员。辛亥革命后弃官回锡，1913 年起接办其父、叔家业，任业勤、广勤等公司董事长、总经理等。1938 年他出任伪自治会委员长。1960 年卒于中国台湾。

家启蒙者自居却也要自食其力的普通民众。他们失去了可以安身立命甚至步入仕途的通道，阶层分化激烈。在心理上，他们对传统文化持批判态度，却又割舍不断，面对崛起的工商新贵，鄙夷中又有羡慕和无奈。《围城》中无权无势的方鸿渐遭遇孙柔嘉财大气粗的姑母，在讲实际而世俗化了的价值观面前他感到受尽了侮辱。现实和理想之间产生了巨大的落差，这种落差也包含着对于过去无可奈何的留恋，用温儒敏的话来说就是“无所依持，没有主心骨”[①]。

相对于北方和内陆，吴地多属江南沿海，地处西学东渐的前沿，绅商崛起、国学渐衰、留学出国走上科技之路等现象，人们并不感到十分惊奇。知识分子不经仕途，通过各种专业学习和实践，成为专技人才，也不至于“茂椽蓬牖，瓦灶绳床”[②]。比如，随着近代稿酬制度确立（王蕴章等人功不可没），出版事业逐渐兴盛（沈缦云等人出资助推），人们可以用自己的精神产品来获得报酬和利益，养活了一批曾经穷苦潦倒的文士，“职业作家”因此诞生。

这个时期，都市文化、工商文化灿烂迭起。无锡自此有了江南文化名城与工商业名城的双重特质，其发展演变本身就吸引了人们的诸多关注，文人寄寓和吟咏，进一步丰厚了其文化积淀。如果不是民族危机和战争等因素的影响，恐怕当时无锡的发展就会更为迅速。

而这个时候，江南文化的诸多特征当中，更增添了市井性、商业性、开放性、互容性、多元性等特点，这也就使得江南的区域文

---

① 温儒敏. 北大文学讲堂[M]. 北京：中央编译出版社，2005：149.

② （清）曹雪芹，（清）无名氏. 红楼梦[M]. 北京：人民文学出版社，2008：1.

化表征更为明显了。当然，这些新起新收的文化文明与固有的江南文化交织在一起，互相融合，形成了以江南水文化和中华儒文化为底色，以开放多元的现代商业文化为特征的江南无锡区域文化。

（四）民国无锡的文化特质描述

区域文化既是自然地理空间向度，又暗含了在特定的历史中发展的时间向度。区域文化的发展与演变，是一个积累和渐变的过程，不会因为一次外来理念的冲击或一次政治性的运动就能骤然建立、改变或者取消。民国无锡作为"吴文化"区域的一部分，显示出其变化多元的一面，也显示出其积淀稳定的一面；既有吴文化的共性特征，又有其自身的区域性特征。从先秦的刚勇善武，宋元的文化转型，明清的多元发展，到近现代的创新繁荣、商儒结合，一脉而承，无不显示出无锡区域文化中"审时度势""传承延展"的吴文化延伸发展的脉络。到了清末民初，其行政区划进一步明晰，1912 年金匮县和无锡县合并[①]，民族工商业迅速发展，无锡区域文化含义中又强化和增加了多元理解，比如作为道德标尺的"尚德向善"，作为自然标尺的"智慧灵动"，作为利益标尺的"务实进取"，作为发展标尺的"兼容并蓄"等等，其最为核心的一点就在于"智性"特征。这种"智性"特征已经通过一代又一代的传承，成为一种本能的智慧和领悟力，流淌在人们的血脉当中。

民国无锡，工商崛起，贸易繁盛，交通便利，物流畅通，商客云集，游人如织，教育先进，名家辈出，有著《茹经堂文集》

---

① 清雍正二年(1724)，以直河为界(今中山路)将无锡县分为无锡、金匮两县，西部为无锡县，东部为金匮县，同城而治，属常州府。民国元年(1912)两县仍合而为一，复称无锡县。

的唐文治（创办无锡国专三十年）、著《经学通志》《现代中国文学史》的钱基博、写《扬鞭集》《瓦釜集》《汉语字声实验录》的刘半农、主编《小说月报》的王蕴章、撰《现代评论》周刊“闲话”专栏的陈源、著《国史大纲》的钱穆、著名学者作家钱锺书、戏剧家杨绛、创办“弥洒社”的胡山源、著以古喻今《岳传新编》的小说家沙陆墟、乡土小说家戏剧家陈瘦竹、文理双修的诗人戏剧家顾毓琇……

而无锡元素在文人的笔下往往是具体而微的：惠山泥人成双成对的圆润造型，寄畅秦园疏朗雅致的建筑风貌，古运河畔叠桥巷曲的水乡情致，漪澜泉水小龙团月的色白味甘，五里湖边陶朱西子的吴语嫣然，丝布鱼米南来北往的码头遗韵……这些都为了解无锡文化特色、风土人情等方面提供了诸多元素，也为研究无锡区域文化特征提供了某些阐释的基点。

三、文化符号：文学中的无锡印迹

（一）古典文学作品中无锡元素

古代历史上，无锡文学名人辈出，诗文迭现，其中不乏“无锡元素”。

1. 唐代李绅与惠山泉

李绅（772—846），字公垂，原籍安徽亳州，是唐元和至会昌年间著名的诗人。他是无锡第一位进士，也是无锡历史上第一位拜相者。其父曾任晋陵（常州）县令，迁居无锡梅里祇陀村[①]，

① 祇陀村，后改名长大厦村，唐大和七年（833），李绅任浙东观察使时，回乡之作《过梅里七首》，有一段题注“过梅里家于无锡四十载，今敝庐数堵犹存今”，可为证。

后父去世，从小由母卢氏教以经义，后九岁丧母。15 岁时就读于惠山寺，边劳动边读书。他曾两次进京应试不中。第三次终于在唐元和元年（806），考中了进士，时年 35 岁。他曾经作诗《别泉石》，其诗序极言惠泉水[①]之美：

别泉石

（唐・李绅）

惠山书堂前松竹之下，有泉甘爽，乃人间灵液。清鉴肌骨，漱开神虑，茶得此水，皆尽芳味也。

晴沙见底空无色，青石潜流暗有声。
微动竹风涵淅沥，细浮松月透轻盈。
桂凝秋露添灵液，茗折春芽泛玉英。
应是梵居连洞府，浴池今化醴泉清。[②]

李绅常常以此水送友人，他那嗜茶如命的好友李德裕，也对惠泉水垂涎三尺，以太尉之尊，令驿站“快递”（后称“水递”）供他享用，惹得日后皮日休作诗讽刺：

惠山泉（其一）

（唐・皮日休）

丞相长思煮茗时，郡侯催发只忧迟。
吴关去国三千里，莫笑杨妃爱荔枝。[③]

---

① 唐大历年间（766—779），有一位若冰和尚开挖了泉眼，无锡县令敬澄得知后组织工程队进一步挖掘，筑成了上池和中池。

② （元）王仁辅. 无锡县志[M]. 北京：中国社会出版社，2005：157-158.

③ （清）裴大中，（清）倪咸生修，（清）秦缃业等纂. 无锡金匮县志[M]//中国地方志集成江苏府县志辑：24. 南京：江苏古籍出版社，1991：515.

李绅精明能干，唐宪宗时期出任九品校书郎，升右拾遗。至穆宗朝转右补阙，一路做到翰林学士、五品上的中书舍人等。唐武宗会昌元年（841），已奔七旬的李绅从淮南节度使任上奉旨进京，出任兵部侍郎、同平章事，后又改任中书侍郎、右仆射、门下侍郎、监修国史、上柱国、赵国公，食邑二千户（宰相职），主管财政和军事，兼管文史。

他工诗善书，在京城与白居易、元稹等交好，作品多反映民生疾苦，早期曾是新乐府诗的最早实践者。他的《乐府新题》20首（已佚），元稹、白居易仿效之，元稹“不虚为文”写出了《和李校书新题乐府十二首》，白居易写出了《新乐府》50首。李绅的诗通俗易懂，针砭时弊，关注民生，呼号疾苦，成为一时风尚，而我们熟悉的《悯农》二首更是脍炙人口，其诗句“谁知盘中餐，粒粒皆辛苦”现今还镌刻在无锡惠山老街上。

他晚年回忆家乡时饱含深情，在诗文中把惠山亲切地唤作“家山”：

过梅李上家山（节选）

（唐·李绅）

上家山，家山依旧好。
昔时松桂长，今来容发老。[①]

惠山特色之一即“泉文化”，此地原有“九龙十三泉”之说，“九龙”一说即指九个螭首：

---

① （元）王仁辅. 无锡县志[M]. 北京：中国社会出版社，2005：157.

> 惠山泉自漪澜堂下池鲸吻流出（见于《元志》[①]），此物不识何年何人创造，数百年来不闻有重为更制者，盖尚元以前物也？余考惠山石鲸首有九：其在漪澜堂下池及寺塘泾者，游人共见之；尚有在华孝子祠二；秦氏寄畅园二，形质较小；此外，一在邵文庄公祠，砌入驳岸，此必文庄公建造二泉书院时所制；一在黄公涧丛莽中，其地本邹副使迪光邹园旧址，园废而此物独存耳；一在蒋氏废圃，当是康熙时钦玉蒋翁一梅亭前故物也。[②]

而这“十三泉”是指在此附近的多处泉水：二泉、若冰泉（二泉之上）、龙缝泉（春申涧上碧山吟社西北）、罗汉泉（云起楼“隔江尘”听松亭下）、龙眼泉（原大同殿后，今昭忠祠二门前）、惠照泉（已湮塞）、松苓泉（忍草庵旁）、逊名泉（尚德书院前）、滴露泉（尚德书院）、滤泉（至德祠）、松泉（竹炉山房上）、云泉（张中丞庙前）、珠帘泉（惠山石门水帘洞）、凤泉（石门石壁）、洞酌泉（璨山）、淮海泉（秦观墓左石壁下）[③]……

其中，以“二泉”最为著名，后世誉二泉有“三绝”：

一是唐朝陆羽的品评绝。唐陆羽《茶经·五之煮》中有言“其水，用山水上，江水中，井水下（《荈赋》所谓：水则岷方之注，挹彼清流）。其山水，拣乳泉，石池慢流者上……”，道出了其品茶的基础。而之后的唐张又新《煎茶水记》将《茶经》中

---

① 《元志》原句为：“（中池）池口有暗渠导泉，从龙吻出，注下池。……亭基下即通龙吻石渠，渠中泉自龙吻中喷出。”出自（元）王仁辅. 无锡县志[M]. 北京：中国社会出版社，2005：121.

② （清）周有壬辑，张文藻署检. 锡金考乘：卷十四[M]. 环溪草堂校本锡成公司代印：7-8.

③ 据《（嘉庆）无锡金匮县志》和《（光绪）无锡金匮县志》所列。

《五之煮》这一章继续发挥，并详细地阐述了陆羽品评天下水品二十种，“无锡县惠山寺石泉水第二”[①] 始称“天下第二泉”，又名为“陆子泉”，此一绝。

二是宋代苏轼的诗歌绝。其中名诗如下：

惠山谒钱道人烹小龙团登绝顶望太湖

（宋・苏轼）

踏遍江南南岸山，逢山未免更留连。
独携天上小团月，来试人间第二泉。
石路萦回九龙脊，水光翻动五湖天。
孙登无语空归去，半岭松声万壑传。[②]

熙宁六年（1073）十一月到熙宁七年（1074）期间，时任杭州通判来江南赈灾的苏轼，写了这一首诗，使二泉更显盛誉。

三是清时王澍的书法绝。清雍正五年（1727），吏部员外郎、著名书家《五经》篆文馆总裁官王澍的擘窠大字“天下第二泉”刻石于泉庭北侧墙壁上。

2．南朝宋湛挺与历山[③]草堂（惠山寺前身）

上述提到李绅年少时期读书的地方——惠山寺，可向前追溯到南朝宋武帝永初年间（420—422），有一个叫湛挺（字茂之，生平不可考）的士大夫，曾经担任司徒右长史，隐居于无锡惠山东麓读书，建“历山草堂”并作诗感慨人生：

---

① 乐砚仲．唐宋茶典手抄八册[M]．武汉：华中科技大学出版，2019：67.

② （元）王仁辅．无锡县志[M]．北京：中国社会出版社，2005：163.

③ 南朝时期，惠山称历山。惠山多古名，明末清初著名学者顾祖禹在《读史方舆纪要》（卷二十五）中记载，“慧山县西五里，一名九龙山。陆羽云：山阳有九陇，若龙偃卧然，南北延袤数十里，亦名冠龙山。《吴地记》：古名华山，一名西神山，又名斗龙山”。

历山草堂应教

（南北朝·湛挺）

闭户守元漠，无复车马迹。衰废归邱樊，岁寒见松柏。
身惭睢阳老，名忝梁园客。习隐非市朝，追赏在山泽。
离离插天树，磊磊间云石。持此怡一生，伤哉驹度隙。①

南北朝宋景平元年（423）舍堂为寺，改称“华山精舍”，是惠山寺的前身。

传说此山的开山禅师——西域僧人慧照来此地传教，后“历山”改名为“慧山”，谐音“惠山”。所以其寺庙自然也有了“惠山寺”之名。惠山正因其“幽雅闲静”，引来无数文人墨客前来酬唱，其中有被称为“亚迹陆机”的南平王刘铄（宋文帝刘义隆第四子），曾经写有《过历山湛长史草堂》：

过历山湛长史草堂

（南北朝·刘铄）

兹山蕴灵诡，凭览趣亦赡。九峰相接连，五渚逆萦浸。
层阿疲且引，绝岩畅方禁。溜泉夏更深，林交昼长荫。
伊子久缁涅，复得味恬澹。愿逐安期生，于焉惬高枕。②

此诗也是较早能见到的惠山泉的诗句了。还有早年即以文笔闻名，后来官做大了，却“江郎才尽”的江淹（444—505），留下了韵味凄清的诗句：

---

① （清）裴大中，（清）倪咸生修（清）秦缃业等. 无锡金匮县志［M］//中国地方志集成江苏府县志辑：24. 南京：江苏古籍出版社，1991：508.

② （清）裴大中，（清）倪咸生修（清）秦缃业等. 无锡金匮县志［M］//中国地方志集成江苏府县志辑：24. 南京：江苏古籍出版社，1991：508.

无锡县历山集

（南北朝·江淹）

愁生白露日，思起秋风年。
窃悲杜蘅暮，揽涕吊空山。
落叶下楚水，别鹤唳吴田。
岚气阴不极，日色半窥天。
酒至情萧瑟，凭尊还惘然。
一闻清琴奏，歔泣方流连。
况乃客子念，直置丝竹间。[①]

南朝梁大同三年（537）华山精舍新建“大同殿”，改名“法云禅院”。到了唐代及以后，文人吟咏寄寓，香火更为旺盛，虽几经毁损，多次重修，却也留下了诸多诗文墨宝，如唐代张祜、皮日休，宋代苏轼、秦观等的佳作。

题惠山寺

（唐·张祜）

旧宅人何在，空门客自过。泉声到池尽，山色上楼多。
小洞生斜竹，重阶夹细莎。殷勤望城市，云水暮钟和。[②]

惠山听松庵

（唐·皮日休）

千叶莲花旧有香，半山金刹照方塘。
殿前日暮高风起，松子声声打石床。[③]

① （清）裴大中，（清）倪咸生修（清）秦缃业等. 无锡金匮县志［M］//中国地方志集成江苏府县志辑：24. 南京：江苏古籍出版社，1991：508.

② 全唐诗（全二册）［M］. 上海：上海古籍出版社，1986：1292.

③ 全唐诗（全二册）［M］. 上海：上海古籍出版社，1986：1558.

同苏子瞻僧参寥和三唐人惠山诗

（北宋·秦观）

辍棹纵幽讨，篮舆入青苍。圆顶相邀迓，旃檀燎深堂。
层峦澹如洗，杰阁森欲翔。林籁含雨湿，岫日开云光。
涓涓续清溜，靡靡传幽香。俯仰任登览，悠哉身世忘。

使君厌机械，所与惟散人。顾惭蒹葭陋，谬附琼林新。
上干青磩磩，下属白磷磷。洞天不知老，金界无栖尘。
缅彼人间世，鸟瞻阅青旻。记得踵三隐，岩阿相与邻。

楼观相复重，邈然闷深樾。九龙吐青泠，瀌瀌曾不绝。
罂递驰千里，真味犹未灭。况复从茶仙，兹焉越葵月。
岸巾尘想消，散策佳兴发。何以慰游嬉，操瓢继前辙。①

苏轼和秦观对无锡念念不忘，苏轼曾来往无锡多次，关于无锡的诗作写了多首，除了《惠山谒钱道人烹小龙团登绝顶望太湖》、《和三唐人惠山寺》，还有《求焦千之惠山泉》（即《寄伯强知县求惠山泉》）、《赠钱安道兼寄其弟惠山山人》《钱安道席上令歌者道服》《赠钱道人》《游惠山诗》《奉赠惠山表大师》等，另有吟咏太湖的《又次前韵赠贾耘老》《赠莘老七绝》《无锡道中赋水车》等。而秦观的后代子孙则在无锡地区绵延而枝繁叶茂。②

---

① （清）裴大中，（清）倪咸生修，（清）秦缃业等．无锡金匮县志［M］//中国地方志集成江苏府县志辑：24．南京：江苏古籍出版社．1991：518．

② 秦观和苏轼当年道经无锡畅游惠山写下"记得踵三隐，岩阿相与邻"诗句，透露出归老后欲与惠山为邻、追寻"三唐人"足迹的愿望。秦观去世后，其子秦湛（任常州通判）将其葬于惠山二茅峰南坡以圆父夙愿。秦观第十一世孙秦惟祯（瑞五）"宋淳祐年间（1241—1252）婿于无锡富安乡胡埭王野舟家"是无锡秦氏的始迁祖。明后锡山秦氏家族在无锡城中有两支甚为繁盛，一支为秦夔，迁于城中师古河（今崇宁路），后称"河上秦"，另一支为秦金，迁于邑城之西，后称"西关秦"。

3. 宋代尤袤与束带河

尤袤[①]，西乡许舍（无锡雪浪镇许舍）人，南宋著名诗人、藏书家，字延之，自号遂初居士。南宋中兴四大诗人[②]之一。“尝从玉泉喻樗游。樗，龟山先生高弟也。樗以所得龟山之学授之，由是学益进”[③]，绍兴十八年（1148）中进士，初为泰兴令，后累迁至礼部尚书兼侍读，晚年多次告老还乡，相传七十致仕归，在无锡城内束带河旁梁溪河畔扩建尤宅造花圃，种植梅花和海棠，名“乐溪居”，《梁溪遗稿》中留有词作《瑞鹧鸪·落梅词》。

瑞鹧鸪·落梅词（一）

（宋·尤袤）

梁溪西畔小桥东。落叶纷纷水映红。五夜客愁花片里，一年春事角声中。

歌残《玉树》人何在，舞破《山香》曲未终。却忆孤山醉归路，马蹄香雪衬东风。[④]

束带河，“束带”二字，就是由尤氏家族而来。据元代王仁辅《无锡县志》记载，“束带河，河上即宋尤端明之故宅。河绕其居，故以束带名。自斥渎而下，皆引西溪水东入运河”。[⑤] 这里的尤端明，就是尤袤之孙尤焴（1190—1272），曾拜端明殿大学士。而在清康熙《无锡县志》上记载得更为明确：“束带河，直

---

① 关于尤袤的生卒多有争议，存疑待考。（元）王仁辅《无锡县志》记载“（尤袤）年八十三，以疾终于家”。

② 南宋四大家，指的是南宋诗人杨万里、范成大、陆游和尤袤。

③ （元）王仁辅．无锡县志[M]．北京：中国社会出版社，2005：94-95.

④ 章左声．无锡诗词[M]．上海：上海古籍出版社，1987：8.

⑤ （元）王仁辅．无锡县志[M]．北京：中国社会出版社，2005：64.

河，经中市桥南，又分而西，过学宫之前，而出西水门，环宋尤文简（尤袤谥号‘文简’）宅，故名。”①

尤袤的诗作和江西诗派好用僻典生词的风格相反，而追求平淡圆熟。举一首诗歌为例：

青山寺②

（宋·尤袤）

峥嵘楼阁插天开，门外湖山翠作堆。
荡漾烟波迷泽国，空蒙云气认蓬莱。
香销龙象辉金碧，雨过麒麟剥翠苔。
二十九年三到此，一生知有几回来。③

文集《遂初小稿》（60卷）虽已亡佚，但其后裔清初“老名士”尤侗为之辑编的《梁溪遗稿》两卷留存于今。

4. 元代倪瓒与长大厦村

倪瓒（1301—1374），元末明初杰出的画家、诗人，无锡梅里人（祇陀村即长大厦村，今东亭云林街道），号云林子，别号幻霞子。生于无锡“富甲一郡”的倪氏大户，从小家境优渥。倪氏家族因资助乡里祇陀村，广建宅第，形成长大厦，后祇陀村改称长大厦村。其父去世后，其位于道教上流的长兄倪昭奎对倪瓒成长影响很大，为他延请名师，如延请了侨居于长大厦村的道教真人王仁辅④等（后终身受倪瓒赡养）。

---

① （清）严绳孙、秦松龄.（康熙）无锡县志：卷三[M]//无锡文库：第1辑.南京：凤凰出版社，2011：65.

② 青山寺，这里是指华藏寺，位于无锡西华藏的华藏山上。

③ （清）裴大中，（清）倪咸生修（清）秦缃业等.无锡金匮县志[M]//中国地方志集成江苏府县志辑：24.南京：江苏古籍出版社，1991：521-522.

④ 王仁辅，字文友，巩昌（今甘肃省陇西县）人，终年61岁。编撰《无锡志》28卷，入《四库全书》。

在战乱不已、天下动荡的年月，特殊的家庭环境与家庭教育，使得倪瓒一生洁身自好，率性而为，不肯和官宦中人交往，所作所为常令人一时无法理解。清张廷玉纂《明史》中记载“至正初，海内无事，忽散其赀给亲故，人咸怪之。未几兵兴，富家悉被祸，而瓒扁舟箬笠，往来震泽、三泖间，独不罹患”[①]，由此可见其因避世清醒而显得先知先觉。倪瓒和方厓等佛教中人来往甚多，和他们一起流连于青山翠竹、池塘春草丛中，留下了颇多山水画和景物诗。其作品《清閟阁集》，意境甚高，不可绳束。

与伯雨登溪山胜概楼[②]

（元・倪瓒）

楼下清溪夏亦寒，溪头个个白鸥闲。

风回绿卷平堤水，林缺青分隔岸山。

若士振衣千仞表，何人泛宅五湖[③]间。

绝怜与子同清赏，拟向云霄共往还。[④]

岁月动荡，表面或许为洒脱，内心实为清冷，其晚年漂泊不定的游历生涯，自然不乏对故地的眷恋之作，这首词就是其典型代表。

5. 明代邵宝与无锡书院文化

邵宝（1460—1527），无锡南塘冉泾里人，字国贤，号泉斋，因从小生活在惠山二泉之旁，所以又号二泉。他的一生不断吟

---

① （清）张廷玉等撰，顾颉刚等点校. 明史[M]. 北京：中华书局，2011：7624-7625.

② 华瑛所建，倚惠山傍梁溪，观赏惠山和梁溪风光的佳所。楼有郑元佑书匾额“华君别墅”，并写楼记。

③ 即指太湖。

④ （元）倪瓒著，江兴祐点校. 清閟阁集：卷五[M]. 杭州：西泠印社出版社，2010：133.

咏，表达对清澈澄淡、洗濯尘埃的泉水的特殊喜爱，并且以泉明志：

泉亭卷

（明·邵宝）

此泉天下胜，公乃爱泉人。
吾道今犹古，空亭秋复春。
眼明曾作鉴，心渴几生尘。
最喜前川水，泠然却近真。①

邵宝于明成化二十年（1484）中进士，任江西提学副使，官至南京礼部尚书，谥号文庄。邵宝为官清廉、体恤民情，多次与刘瑾之流抗争，而被威胁和贬官。邵宝非常孝顺，为了侍奉母亲，曾经七次乞求终养。

邵宝诗文著述较多，为李东阳门人，故诗文皆宗法东阳，两人互相为对方作序。《明史》记载：

学以洛、闽为的，尝曰："吾愿为真士大夫，不愿为假道学。"举南畿，受知于李东阳。为诗文，典重和雅，以东阳为宗。②

邵宝酷爱读书，热心讲学和兴建书院，在无锡就建多处书院。年轻时讲学于城南东林（今保安寺）。晚年于正德五年（1510），在惠山听松庵旁创建尚德书院筑忠定祠；正德十一年（1516），在惠山寺旁建立"二泉书院"；正德十三年（1518），在三箭河（又名冉泾河，今槐树巷）建冉泾书院。晚年他在这些地方讲学不辍。

---

① （明）邵宝. 容春堂集[M]. 上海：上海古籍出版社，1991：44.

② （清）张廷玉等撰，顾颉刚等点校. 明史[M]. 北京：中华书局，2011：7246.

江南书院文化由来已久，自北宋范仲淹首开江南书院兴学之风后，江南一带的文化士族纷纷效仿。两宋时期统治者也比较重视文教，教育环境较为宽松，理学流派思想传播助推了私学书院的兴盛。书院的兴办聚集了相当一部分文人雅士。文坛领袖、状元进士很多都是从这些书院中走出来的。明清时期无锡人文之盛可谓称重江南。无锡地区明清时期的顾氏、秦氏、高氏很多都是如此。

无锡最有名的书院当属东林书院，北宋时期著名学者杨时师从“二程”，在东南一带讲学“浮沉州县四十有七年”①，政和元年（1111）建东林书院，后逐渐被废。有关于邵宝的城南东林和弓河边的东林，历史上对于两东林书院何其正宗，曾有所争执。据《东林书院志》所收录清康熙年间无锡人严珏写有《两东林辨》，文中所述：

> 以僧区言，则保安本也，东林支也（冯择贤《锡山志》：大寺各有所统，小寺各有所隶，故城内东林庵名保安寺下院，以为保安之所统也）；以书院言，则城东之东林本也，保安寺之东林支也，兹欲修复，盍专于本焉图之，一征也。孙少宰柏潭先生《东林庵纪略》曰：考邑志，龟山讲诵故在东林禅院右偏，而王文成（王守仁，谥号“文成”）所记东林书院在柏（伯）渎之上，东望梅村五十里而遥，此则又与弓河之东林相去辽绝，二征也。高先生撰《顾端文公行状略》曰：杨先生令萧山归来，依邹忠公志完（邹浩，字志完）于毗陵，忠公寻卒，依李忠定公伯纪于梁溪。凡十八年，往来毗陵、梁溪间，栖止东林，阐伊洛之学。后废为僧舍，邵

① （元）脱脱等. 宋史：卷四百八十二[M]. 北京：中华书局，1985：12743.

> 文庄公图修复之，不果。曰不果，则文庄讲学止在保安东林矣，三征也。繇是观之，两东林不可得而混也。然历观诸序记中，在文庄之东林，而或援龟山以为重，在端文修复之东林，而或援文庄以为重。[①]

上述文字的意思是，城南东林书院，那时尚未入仕的邵宝早在顾宪成和高攀龙之前就在城南的保安寺建成，《邵文庄公年谱》载“（成化）十七年（1481）辛丑二十二岁。会试不第，归。……至家，读书于保安寺之东林房，从学者至”[②]，这也就是城南东林（今南禅寺附近保安寺），主要用于邵宝读书和讲学，而城中的东林书院是在杨时讲学的原址上修建的，从时间上来讲比较晚。而三年后邵宝中进士入仕，就把城南东林交给了本地的一位华氏门人照应，这位门人后来让王阳明特意写了《东林书院记》以表纪念。后来顾宪成、高攀龙城中的东林书院建起，这里就“无过而问者”[③]。由此可以认为，邵宝所建城南东林应是城中东林的先声，邵宝在无锡创办的诸多书院被认为“上接龟山，下开顾高”，邵宝的接续传统、扭转时弊的精神，激励着后来的顾宪成、高攀龙。

6. 清代顾贞观与云门诗社

顾贞观（1637—1714），字华封，号梁汾，清代文学家。其曾祖父顾宪成是晚明东林党领袖。康熙五年（1666）中举，擢秘书院

---

① （清）严觳. 两东林辨. 东林书院志[M]//无锡文库. 南京：凤凰出版社，2011：239-240.

② （明）邵增，（明）吴道成. 邵文庄公年谱[M]//北京图书馆. 北京图书馆藏珍本年谱丛刊：第42册. 北京：北京图书馆出版社，1999：314.

③ （清）韩履宠，齐彦槐修，（清）秦瀛纂.（嘉庆）无锡金匮县志[M]//无锡文库. 南京：凤凰出版社，2011：680.

典籍、官内阁中书。曾于康熙十五年（1676）馆纳兰相国家，与相国子纳兰性德（字容若）交契，纳兰性德的《饮水词》和顾贞观的《弹指词》被誉为“双璧”佳作。康熙二十三年（1684）致仕，读书终老。著有《弹指词》《积书岩集》等，极情之至、质朴自然。顾贞观与陈维崧、朱彝尊并称明末清初“词家三绝”，同时又与纳兰性德、曹贞吉共享“京华三绝”之誉。

顾贞观的父亲顾枢，博学多才，是东林党另一领袖高攀龙的门生。母亲王氏也生长于无锡显赫的诗书之家。少年时代的顾贞观，参加了由吴江名士吴兆骞兄弟所主盟的“慎交社”。在这社团中他的年纪最小，却“飞觞赋诗，才气横溢”，之后又和严绳孙、秦保寅、姜宸英等互为唱和结成“云门社”。

南浦　西施庄玫瑰

（清·顾贞观）

夹城春晚，待重寻、遗迹访娇娃。踏遍寻常巷陌，邂逅女郎花。

不改昭容双袖，只生憎、蜂蝶掩篱笆。愿从今唤作，苎萝村里，一种旧桑麻。

追忆药阑多丽，左家香、何必让姚家？犹似烟笼沉麝，拂曙点檀霞。

和露摘来簪髻，九雏钗、璀璨映盘鸦。莫碎研紫粉，臂绡潜换守宫砂。[①]

相传，范蠡携西施泛舟五湖，在此地（梁溪夹城里）隐居。他们来到这里后开始务农、开垦、种桑麻，使这里的经济发展，生产

① 张秉戌.弹指词笺注[M].北京：北京出版社，2000：189.

力提高，也为范蠡致富终成一代“商祖”奠定了基础。两千年以后，一个春天的傍晚，顾贞观漫步在梁溪夹城里，探寻着美女西施曾经的踪迹。

明清时期，顾贞观所在的顾氏家族在无锡是文化大家。范衡伯在为侯学愈《续梁溪诗钞》撰写的序中描述：“世传唐宋迄明清，梁溪诗派更翻新。棣萼联芳邹与浦，凤毛济美顾兼秦。”[①] 可见当时无锡文化望族如邹氏、浦氏、顾氏、秦氏等家族在当时无锡文坛的影响力。

中国古典诗词中出现的大量吟咏无锡的诗句，不胜枚举：《无锡东郭送友人游越》[②]（唐代诗人刘长卿）、《晚春宴无锡蔡明府西亭》[③]（唐诗人李嘉佑）、《夜泊毗陵无锡县有寄》[④]（晚唐道家学者罗隐）、《山中月夜寄无锡长官》[⑤]（唐诗僧皎然）、《潘葑望惠山真如龙形（一）》[⑥]（宋杨万里）、《鬲溪梅令》[⑦]（南宋文学家姜夔）、《台城路·遥岑寸碧》[⑧]（南宋张炎）、《过无锡》[⑨]（宋文天祥）、《夜泊伯渎》[⑩]（元赵孟頫）、《太湖春涨》[⑪]（明冯善）、《太湖》[⑫]

---

① （清）侯学愈辑. 续梁溪诗钞[M]//无锡文库：第四辑. 南京：凤凰出版社，2012：200.

② 全唐诗（全二册）[M]. 上海：上海古籍出版社，1986：348.

③ 全唐诗（全二册）[M]. 上海：上海古籍出版社，1986：486.

④ 全唐诗（全二册）[M]. 上海：上海古籍出版社，1986：1659.

⑤ 全唐诗（全二册）[M]. 上海：上海古籍出版社，1986：2000.

⑥ 章左声. 无锡诗词[M]. 上海：上海古籍出版社，1987：61.

⑦ 诸葛忆兵. 唐诗宋词精品[M]. 哈尔滨：哈尔滨出版社，2001：281.

⑧ （宋）张炎著，黄畲校笺. 山中白云词笺. 杭州：浙江古籍出版社，1994：308.

⑨ （元）王仁辅. 无锡县志[M]. 北京：中国社会出版社，2005：186.

⑩ 谈汗人. 无锡县志[M]. 上海：上海社会科学院出版社，1994：1127.

⑪ 章左声. 无锡诗词[M]. 上海：上海古籍出版社，1987：134.

⑫ 章左声. 无锡诗词[M]. 上海：上海古籍出版社，1987：137.

（明文徵明）、《胶山万玉亭》[①]（明唐寅）、《踏莎行·鹅湖菱芡》[②]（清顾贞观）、《忆江南》（组词）[③]（清纳兰性德）[④]、《秦园》[⑤]（清袁枚）、《阖闾城》[⑥]（清严绳孙）、《芙蓉湖棹歌》[⑦]（清杨抡）……这些诗词章句，从整体上展现了无锡的山水静雅、人文闲逸，又从细微处着眼，一花一木、一巷一弄、一山一水，达到情景交融、物我相忘的意境。

7. 其他古典作品中的无锡元素

到了元明清时期，一些反映江南无锡社会风情和民间生活的话本、戏剧、小说、诗词和生活札记等多有出现，在《水浒传》中好汉们在四面深港的榆柳庄（今无锡锡山区东港镇）中喝酒商议攻打苏州[⑧]、《东周列国志》大将王翦口中道出"无锡"的传说和由来[⑨]、《警世通言》中唐解元特地让船家移舟取惠山泉[⑩]、《红楼梦》提到惠泉酒等等，古典名著中多有涉及，文学笔触已从山水吟咏延伸到了对于市井生活的描摹。

当年冯梦龙居所就在现在苏州相城区，距离无锡荡口也就二三十里地，他对于无锡没有距离感。而曹雪芹的祖父曹寅，曾受

---

① （清）韩履宠，齐彦槐修，（清）秦瀛纂.（嘉庆）无锡金匮县志[M]//无锡文库.南京：凤凰出版社，2011：574.

② 张秉戍.弹指词笺注[M].北京：北京出版社，2000：187.

③ （清）纳兰性德.纳兰性德词集[M].上海：上海古籍出版社，2016：153—157.

④ 《忆江南》组词中八首均为康熙二十三(1684)年九月到十一月纳兰性德扈驾南巡到江南时所作，其中"真个到梁溪""水是二泉清""唱得虎头词"直接道出其无锡情。

⑤ 袁枚.小仓山房诗文集：卷二十六[M].上海：上海古籍出版社，1988：630.

⑥ （清）韩履宠，齐彦槐修，（清）秦瀛纂.无锡金匮县志[M]//无锡文库.南京：凤凰出版社，2011：587.

⑦ 无锡文库：第二辑[M].南京：凤凰出版社，2011：615.

⑧ （明）施耐庵，罗贯中.水浒传[M].北京：人民文学出版社，1990：701-703.

⑨ （明）冯梦龙.东周列国志[M].北京：人民文学出版社，1979：1092.

⑩ （明）冯梦龙.警世通言：卷二十六[M].乌鲁木齐：新疆人民出版社，1995：258.

到寄畅园少主秦松龄邀请，在园里品茶吟诗。曹寅写过有关惠山秦园的诗作[①]颇多——《月夜舟泊惠山过秦园》《惠山题壁》《过无锡卖茶器处》《泊州锡山晚舟游泉上》《惠山纳凉歌》等，对于无锡的惠山秦园已相当熟悉。其后辈曹雪芹了解无锡也就不足为怪了，江南的市井生活都被他写入了诸多作品，如《红楼梦》中就出现两次“惠泉酒”：

> （凤姐）又道：“妈妈，你尝一尝你儿子带来的惠泉酒。”[②]
>
> （芳官对宝玉）道：“我先在家里，吃二三斤好惠泉酒呢。”[③]

好水酿名酒，惠泉酒和惠山泉早已闻名天下。

水乡泽土，市井吆喝、渔舟放歌，这是江南无锡普通百姓生活。乾隆时期的进士杨抡[④]曾经在芙蓉湖尖（今江尖上）寓居，用船歌的形式描绘出当年船家渔人忙碌的盛景，道出当年芙蓉湖的旖旎风光，留给百年之后的人们再次吟咏和回味。

春草轩诗存

芙蓉湖棹歌一百首（续）

（杨方叔遗著）

早辨双桅出海船，黄鱼满载趁冰鲜。
回来一本团圆戏，不谢天妃谢水仙。[⑤]
（黄鱼船到必在西水仙庙酬神）

---

① （清）曹寅.楝亭诗钞[M].刻本.清乾隆年间(1736—1795).

② （清）曹雪芹，(清)无名氏.红楼梦[M].北京：人民文学出版社，2008：207.

③ （清）曹雪芹，(清)无名氏.红楼梦[M].北京：人民文学出版社，2008：858.

④ 杨抡(1743—1806)，名抡，字方叔，号莲趺，著名戏剧家杨潮观之子，无锡金匮人，乾隆四十三年(1778)中进士，曾任浙江太平知县，著有《芙蓉湖棹歌》一卷，《春草轩诗存》四卷，《诗余》四卷。

⑤ 杨方叔.文苑：春草轩诗存：芙蓉湖棹歌一百首(续)[N].新无锡，1919-04-01(4).

芙蓉湖棹歌一百首（续）

（杨方叔遗著）

头号沙飞让戏船，排帮画舫自相连。
生憎对岸人如蚁，手搭凉篷眼要穿。①

（二）旧报刊上的无锡元素

清末民初，手工业发达、工商业崛起，无锡社会文化生活的各方面得到快速发展，新闻报刊事业也得到了有力的支撑，《无锡白话报》《锡报》《新无锡》等报纸陆续刊行，受到广大市民的欢迎，其中的商情、时评、小说等都是当时人们喜闻乐见的栏目。千里运河贯通南北，经济发达，商旅之人往来穿梭，陆路水路的闲情与繁忙亦各自呈现，很多人驻足赞叹，梁启超、许世英、康有为、马相伯、成仿吾、郭沫若、胡适、田汉、郁达夫、钟敬文、章太炎、梁思成等都对无锡各有褒赏之语。

无锡人自己更能抒写自己的无锡景，七尺场钱基博笔端的惠山景致有气势磅礴之感：

暮春约人游惠山书（节选）

（钱基博）

惠山在西郭外五里，深秀苍老；九峰高峙，五湖环映，烟波浩渺，夷光少伯之遗踪在焉；洞庭苕溪，可顺风而招也。北尽长江，东睇沧海，隐隐如见。西望阖闾之城，霸业之余烈，犹有存者，不亦足以系高人之躅，侈旷伟之观乎。而或者翻爱其户外一峰，阶前一壑，辄流连低徊不忍去，抑

① 杨方叔. 文苑：春草轩诗存：芙蓉湖棹歌一百首(续)[N]. 新无锡，1919-04-02(4).

亦浅之乎游斯山矣。足下风姿道上，有挟岱超海之概，吾知品二泉之茗，访若冰之洞，一邱一壑，不足辱吾子之啸嗷也。故敢以其说进，幸足下蹑屐过我，携手寻春，勿使东风归去，即颂春祉不既。①

诗文古雅简练，数百字间，西施、范蠡、吴王、若冰等古代人物频现，惠山、九峰、五湖、阖闾城、二泉等无锡地名连线迭出。来无锡不到惠山，到惠山不去品尝惠山泉，怎么不是件憾事？惠山、二泉、老街，从来都吸引着无数文人墨客、商贾大家、官宦名士到此一游，来这曾经让茶圣赞叹、令居士迷倒、使少游徘徊的地方，当然这也是无锡百姓“梁溪巷士”自己为之津津乐道的常去之处。

游惠泉山记（九）

（蒋霆音）

锡邑多山而峰峦秀特，岩壑幽深，最足供人游览者惠山也。山曷以惠名，开山禅师名慧照（“慧”与“惠”通），僧名以名山也。邑城与山相去五里，故往游之人，四时不绝，而以三月为最夥，景较美也。盖时际季春，草草含翠，花花斗妍，莺啼不倦，蝶扑似狂，望之灿然如红霞者，桃花林也。蔚然如绿锦者，杨柳丛也。阳春召我以烟景，大块假我以文章。惠山之游多在春季，良有以也。若夫殿宇巍峨，钟鼓锽聒者，山麓之寺观也。墙垣高耸、楼阁纵横者，城乡之宗祠也。水声潺潺涌出于石池间者，螭吻水也。泻出于巉岩下者黄公涧也。有泉泠泠，第二泉也。有亭翼翼，二泉亭

① 钱基博. 邑彦文选：暮春约人游惠山书[N]. 新无锡(第1287号)，1917-05-03(6).

也。品泉者谁，唐陆羽也。作亭者谁，宋高宗也。书额者谁，赵孟頫也。此惠山最名胜之处也。由亭而上，则山之径也。登山一望，白气弥漫、乍聚乍散者，云出岫也。鸣声清脆，忽远忽近者，鸟飞翔也。烟波万顷，帆樯点点者，震泽湖也。孤峦卓峙，一塔巍然者，锡山峰也。锡山下有绮塍街，其间联翩络绎往来于道者，邑人游也。俯仰长啸，响应山谷者，吾游而乐也。踞石吮笔，挥毫捷书者，乐而记其略也，记者为谁，梁溪陋巷士也。①

"布码头""米码头""丝码头""钱码头"等昭示着工商繁华，而这份繁华，依托了曾经极为畅通的水运航道。水运是最为经济实惠的运输方式。无锡的一跃而起，很多地方让人们甚至是无锡百姓都觉得匪夷所思，但细细想来，水网密布应该是"秘密"之一。繁荣的米市、布庄、丝行在无锡却有着别样的景致，让人直叹"神秘"。

商业社会之一角：北塘米市写真（一）（节选）

神奇的营业　陈设虽甚破旧　交易却极巨大

（袁鸣）

北塘米行的营业是有些神秘性。它们鳞次栉比，沿着芙蓉湖横列着，屋檐前大都搭着很长的过街棚。它们的门面，既多破旧低矮，行里面的陈设，更十分简单，除了不可缺少的桌椅柜台、纸墨笔砚、账簿算盘，和几只破铁木的较米斛之外，任甚么也都可以节省。在这里看到的都是些道地的国货。在这里可以不见洋货的踪迹，但是相离不远，便是大桥堍，那里充满着装饰华丽的店铺，并陈列着不少奢侈的外国

① 蒋霆音. 游惠泉山记(九)[N]. 小锡报(第 363 号), 1918-05-27(5).

货，两相比较，这里简直是别有天地。[①]

然而，“九一八事变”“七七事变”爆发，日寇肆虐，这样的繁华盛景，变得萧瑟和令人伤痛，“七七事变”之后，无锡人再无兴致：

雪浪山游记（下）——成性寺品云雾茶（节选）

（观蠡）

艺老诗先成，适值华北风云，不佞日夕繁忙，搁笔四五度，历时凡二旬。昨以失眠，始于破晓，拉杂终篇，鄙俚不文，且复愆期，深负诸老矣。[②]

眼前之景，苍夷满目：

劫后登临话惠山（节选）

（木林）

在战后，湖山也受了劫运；惠麓一带，到处是断垣残壁，即使骚人墨客，有游山玩水的雅致，但到此也未免触目凄凉，索然兴尽，更况萑苻不靖，遍地荆榛。于是惠山就好像人间弃妇，独自度着凄凉的岁月。[③]

真是有诗为证：

七绝五首（之四）

（叔子）

一别石门已十年，不堪回首话从前；
已无岭树重遮目，徒剩山泉泣晚烟。[④]

---

① 袁鸣. 商业社会之一角：北塘米市写真(一)[N]. 锡报，1932-11-7(3).
② 观蠡. 雪浪山游记(下)：成性寺品云雾茶[N]. 锡报，1937-07-30(2).
③ 木林. 劫后登临话惠山[N]. 新锡日报，1940-04-06(2).
④ 叔子. 惠山登临记(下)[N]. 新锡日报，1941-05-18(4).

红禅诗草：石门游诗二首

（龚其华）

龙山高处白云寒，九日来游不整冠；
衰草黄时秋色老，野枫红欲上栏干。

检点青苔有泪痕，四山风急欲黄昏；
十年多少伤心事，今日重来叩石门。①

（三）文学作品中的无锡元素

文学作品中多有对于土地山川、亲缘血脉的描写，有些是器具物质的，如茶楼酒肆、水道巷子、砖瓦灶台等；有些是灵魂精神的，如家族学脉传承、儒释道融合等；也有些是言行举止的，涉及衣食住行等多个方面。要分析某个地区的文化特征，受到了这些人文地理、民族特性等地方性因素的影响，这些符合生存法则的人情习俗通过自然选择，逐步积淀而成，呈现长久性、积淀性的静态特性（历史传延），所以，在江南，很少有“大漠孤烟直，长河落日圆”（王维《使至塞上》）中表现的雄浑，而更多体现“满街珠翠游村女，沸地笙歌赛社神”（唐伯虎《元宵》）中表现寻常人家的快乐。

但与此同时，时代变迁，道德准则、社会制度、政治导向、战事分界、行政区划、文化植入、人口迁徙等会导致一切变化可能发生，具体地表现为原有道德规范的瓦解、生活礼俗的变化、行政区域的划分、意识形态的转向、经济文化的发展、各类运动的发生、教育制度的变革等等。所以，某个地区的文化特征受到了意识形态、政治运作、经济状况等地域性因素的制约，呈现出时代

① 龚其华.红禅诗草：石门游诗二首[N].新锡日报，1941-10-30(4).

性、调控性的特性（现实保障），有时候还需要有国家机器对其的保障和认可。当上述两方面动静结合、趋同合一的时候，才共同促成区域文化的形成，也就完成了区域文化发展循环的一个周期。和其他地方相比，20世纪30年代前期，无锡有着和其他地方所不一样的经济生态、旅游生态和社会发展生态，这样的环境被诸多文学家有意无意地写进了自己的作品。这里仅以曹禺作品为例。

现代著名剧作家曹禺（1910—1996）从未到过无锡，话剧《雷雨》主要情节却发生在无锡，《日出》中的小曲以无锡传统小调《无锡景》为基础，其作品多能反映当时无锡的世风世情。这和他的家庭环境有关。曹禺继母薛咏南出生于武昌的一个富商家庭，长江沿岸，商贾往来，合汇东西，他们家有很多机会接触无锡商客。曹禺父亲万德尊与“南张北周”的周学熙一家关系非同一般，周家常常救助他们，“对周家，我是很感谢的”[①]，而这周家纱产与无锡棉纱巨头杨氏家族（近代锡商第一家）有着千丝万缕的关系，杨味云长期跟随周学熙，任职于周氏实业——华新纱厂、蚕桑传习所，多次到无锡招工招学员。与无锡人经常接触的周学熙一口“无锡腔”，曹禺继母薛咏南的干女儿——无锡人邹淑英都误认为“周家是无锡人”[②] 了。曹禺一家与夹杂着“无锡口音”的周家人来往甚多，彼此非常熟悉。曹禺作品多次提到无锡特产——纺绸丝织品，周朴园的五件“纺绸衬衣”，周萍“藏青的绸袍”“白绸手绢”，四凤的“白纺绸上衣”，陈白露的“丝绒旗袍”……这些都让我们联想到当时无锡缫丝行业发展之迅速，当时周家、杨家、薛家都有丝厂，而薛氏家族薛南溟

① 田本相，刘一军. 苦闷的灵魂：曹禺访谈录[M]. 南京：江苏教育出版社，2001：112.

② 田本相，刘一军. 苦闷的灵魂：曹禺访谈录[M]. 南京：江苏教育出版社，2001：272.

1925年于美国伊里诺恩大学毕业回国后接手管理家族的永泰丝厂，后来发展成为无锡丝业诸厂之首，所产“金双鹿”丝曾获美国纽约万国博览会金象奖，“1936年无锡缫丝业极盛时期，开工丝厂51家，有丝车16 000台，厂丝出口25 793担，占全国出口总量的54.6%”①，三十年代的民国无锡，普通人家穿着绢丝绸缎也并不稀奇：

> （1936年无锡的开丝厂数）占全省丝厂总数的百分之九十二点二七，超过了早先丝厂最多的广东省顺德县，成为国内拥有丝广最多的一个县城。当时拥有丝车一万五千五百六十二台，占全省丝车总台数的百分之九十五点一三，厂丝的年产量和输出量在全省均居首位。这年全国输出厂丝四万七千二百零四担，无锡约占百分之二十八点一八，在国内外享有“丝都”之称。②

“无锡经济的三大支柱丝业、棉纺织业、粮食业在1935年全面兴旺；1936—1937年上半年，各业都发展到顶峰状态”③“但‘黄金时代’没能持续长久，而被日本强加于中国的战争打断了”④。

曹禺的师友中也多有无锡人，王昆仑、孙浩然、孙毓棠、钱锺书、杨绛等等。王昆仑是他在南开中学时的国文老师，孙浩然与孙毓棠是曹禺从中学到大学的同学，钱锺书则是他清华的同班同学，这些同学之中有很多人出生于无锡富商家庭（如孙毓棠），或诗书之家，互相切磋间更直接地影响了曹禺的创作生涯，使他

---

① 朱邦华.无锡民国史话[M].南京：江苏文史资料编辑部，2000：192.

② 无锡地方志编纂委员会办公室，无锡县志编纂委员会办公室.无锡地方资料汇编：第1辑[M]. 1984：117-118.

③ 朱邦华.无锡民国史话[M].南京：江苏文史资料编辑部，2000：193.

④ 朱邦华.无锡民国史话[M].南京：江苏文史资料编辑部，2000：194.

无论对无锡民俗还是对无锡世情都甚为熟谙。

清末民初无锡教育发展较为迅速，“南通、无锡成为江苏义务教育模范区，无锡全县就学儿童占45%以上”[①]。无锡对教育的重视，在曹禺的作品中也能隐约体现，《雷雨》的主要人物如蘩漪和周萍受过“高等教育”、身处低微的侍萍和鲁大海能“读书写字”、侍萍被周家赶出后曾在学校里“伺候人”、周朴园更是留学德国……周朴园批评周冲时振振有词，质问：

> 你知道社会是什么？你读过几本关于社会经济的书？我记得我在德国念书的时候，对于这方面，我自命比你这种半瓶醋的社会思潮要彻底的多！
>
> 《雷雨》第一幕[②]

从周家两代人的这段对话中，可以看出当时新旧教育观念的交锋。周朴园并不认同西学在中国的实践意义，对固有家庭教育模式充满信心：

> 我的家庭是我认为最圆满，最有秩序的家庭，我的儿子我也认为都还是健全的子弟，我教育出来的孩子，我绝对不愿叫任何人说他们一点闲话的。[③]

再如曹禺的其他作品如《日出》中的《叫声小亲亲》曲调等，直接源自于无锡传统小调《无锡景》，无锡的民间艺人常常在茶楼酒肆弹唱。这种小调多采用比兴的手法，七字句、八字句、九字句，通过无锡方言唱出地方特色的风情画面，委婉清

---

① 熊贤君. 千秋基业：中国近代义务教育研究[M]. 武汉：华中师范大学出版社，1998：100.

② 曹禺. 雷雨[M]. 北京：人民文学出版社，1994：50.

③ 曹禺. 雷雨[M]. 北京：人民文学出版社，1994：56.

丽，朗朗上口，富有情韵。

（四）民国诗词中的无锡元素

明清时期，无锡影响较大的是秦氏的“十老社”，后来渐成气候，谓之“碧山吟社”。道光年间，民间诗情仍意兴盎然，经常自发形成消寒会、消暑会、饯春会等结社雏形，沈蓥是经常活跃在无锡诗社的词人，沈蓥《留沤吟馆词草·秋霁》词序：

> 寓馆延秋，同集者为华亭朱蔗根、仁和龚定庵、旌德江春舲、泰州程小松，主人则南昌万渊北也。①

他与龚自珍、朱蔗根等人频频在无锡、淮安等地举办延秋会。咸丰、同治年间，无锡词人俞敦培还和词友组织北京消寒会。1915 年春，无锡王蕴章、南京陈匪石、乌程（今湖州）周庆云等人在上海创立了春音词社，王蕴章在曾经《春音余响》中称“海上词社，以民初春音为最盛”②，金匮词人邓恩锡也与词友结有词社。而无锡国专成立以后，其内部就有多个诗社，如国风社、秋水社、芙蓉社等，1935 年 3 月无锡国专《国专月刊》创刊，其中有专栏提供给这些诗社成员发表诗词。

登鹅鼻洲

（谢学裘）

昔年啸傲鼋头渚，今日登临鹅鼻洲。
心与江云同洁白，身如风浪有沉浮。
登山自许飘飘气，临水还消黯黯愁。
他日倘能重到此，会当万里弄扁舟。③

---

① （清）沈蓥. 留沤吟馆诗存（一卷）：词存[M]. 赵氏（昆山赵诒琛）又满楼刊本：4-5.

② 王蕴章. 春音余响[N]. 同声月刊，1940-12-20：178.

③ 谢学裘. 登鹅鼻洲[N]. 国专月刊，1935-06-15(63).

寄畅园

（徐恩涛）

傲游随性往，松下可留连。
鸟负云边日，峰沉水底天。
泉鸣山竹里，花落石阶前。
桑里知何在，苍茫处处烟。①

国专学生在学习之余走入山林水边，无锡独特优美的湖光山色和人文景致激发了国专学生的灵感，秀丽风景时常被描绘于学生的笔端，如徐恩涛的《寄畅园》、顾时的《夜经无锡公园偶成》、张人骏《鼋头渚送别石溪》等等。诗词社团的建立，是文人趣味的体现，也是抒发感情或情绪的途径。五四运动前夕的旧体诗文繁兴，是近现代最后一次辉煌，我们可以说是上承明清之余续，下启文学之变革，但也可以看到新旧交替中旧体诗创作者队伍开始有所分离，一部分人踏上革命征程，一部分人踏上科教兴国之路，一部分人肩负存亡继绝的使命执着前行，一部分人始终彷徨又徘徊。

① 徐恩涛.寄畅园[N].国专月刊,1935-06-15(63).

第二章

无锡近现代文化嬗变

一、自救之路：无锡士绅家族的文化转型

（一）无锡乡绅世家典型举例

近现代无锡受吴文化浸润和工商文化的影响，有着特殊的区域文化特色。近现代无锡地区的望族，秉承了忠恕、仁和、中庸、孝廉等儒家文化传统，更增加了实干生利、公平信义等内涵。文化内涵的变迁，印证了整个社会的变化。笔者将无锡的乡绅世家，粗略地分为四个类型。

1.“书院式”家族：泾里顾氏

六朝时期吴郡四姓，陆顾朱张，其中顾氏是吴郡土著世家。相传无锡顾氏先祖可追溯至春秋战国时期的勾践，哀公二十二年（公元前473）越灭吴之后，一度称霸诸侯，所辖领域涵盖江、浙及山东南部地区，“越王勾践七代孙闽君摇，汉封东瓯”①，之后又封其子在顾余山（江阴的山名）为顾余侯，此后“因官命氏”而改姓为顾，此为江南顾氏的始祖，也有“江南无二顾”之说。

---

① 顾毓琇.百龄自述[M].南京：江苏文艺出版社，2000：7.

其后人三国时期顾雍是吴国丞相，颇受孙权信任。其孙子顾荣后来助司马氏东渡建康，顾氏迁到南方，到六朝时已然成为吴郡望族。到明清及以后，顾氏发展更为辉煌，簪缨累代，诗书传家。

明清时期无锡是理学重镇，这和顾氏东林不无关系。前可追溯到北宋政和元年（1111），杨时学成之后回南方传扬理学，创办龟山书院（后称东林书院）。无锡文脉逐渐清晰且代代相承，产生了多位学士大儒：识人善言的喻樗（据《无锡县志》记载喻樗曾定居无锡），少时从大学者杨时游学；而“南宋四大家”之一的尤袤少从喻樗、汪应辰游学；锡地首个状元蒋重珍曾经从尤袤为师，讲习伊洛理学；南宋著名理学家朱熹31岁时拜洛学程颐的三传弟子李侗为师（李侗师从罗从彦，罗从彦又师从龟山先生杨时，故谓三传），一般认为嫡传“二程”的杨时，也奠定了朱熹闽学的基础。后代学者认为，连接洛学和闽学的枢纽在无锡东林书院，所以东林书院也有“洛闽中枢”之称，无锡之后的理学之风兴盛。

东林领袖顾宪成是明朝著名学者和理学家，有传世作品《小心斋札记》《泾皋藏稿》等，他在江浙一带“多留绛帐”。万历八年（1580）做京官，任户部主事，“万历十年前后在京城私邸分别教授过大学士申时行之子申用懋、申用嘉以及后来成为明代‘关学’一代宗师的陕西长安冯从吾等人”①。明万历二十二年（1594）因“语侵执政，被旨切责，谪桂阳州判官”②，让“考功郎中赵南星尽黜执政私人”③，“忤帝意，削籍归”，在无锡泾里一带开设讲堂，被称为“泾阳先生”。万历三十二年（1604）组织

---

① 朱文杰. 东林书院丛谈[M]. 北京：方志出版社，2013：53.

② （清）张廷玉等撰，顾颉刚等点校. 明史[M]. 北京：中华书局，2011：6030.

③ （清）张廷玉等撰，顾颉刚等点校. 明史[M]. 北京：中华书局，2011：6031.

重修东林书院，和弟弟顾允成[①]一起参与讲学，为“东林八君子”成员。他们注重志节修养，推承程朱理学，传扬杨时学脉，纠正阳明弊端，再彰孔孟之德。他们于每月九至十一日大设讲堂，有约有法，提出了很多具有民本思想的创建，把“商经济事实”列入讲课内容，“讲习之余，往往讽议朝政，裁量人物”[②]，让人痛快淋漓，一时间，不仅仅是无锡地区，全国的学者都不远千里云集响应，也不仅仅是民间，“朝士慕其风者，多遥相应和”[③]，激浊扬清，声名鹊起，“忌者亦多”，引起了朝廷的惊慌和阉党的镇压。有学者认为，之后的江南文士由积极结党从政到谨慎谦退，逐步趋向于向文教科艺等路途，是因为“对‘东林党祸’的反思”[④]，“当东林学风经过血与火的洗礼和反思似乎变得‘灰暗’时，恰恰是它发展的时候”[⑤]。如果说宋朝“二程”思想本身就蕴含了丰富的“实学”元素，那么明朝以后，江南的文人志士经过这场痛苦的经历，加之顾炎武、黄宗羲等“经世致用”思想的推进，把学术研究和现实生活联系起来，更加关注于教育、科学与现实生活，而淡出政坛，成为清流。

而这之后的皇权，以软硬兼施的形式，加强了集权控制。一方面，对反朝廷的民间书院、集会和结社予以禁止，明朝万历初年（1573）政府就曾禁毁全国书院，清朝雍正年间曾发生了这些事：

如有生、监人等，假托文会，结盟聚党，纵酒呼卢者，

---

① 顾允成(1554—1607)，字季时，号泾凡，顾宪成弟。

② (清)张廷玉等撰，顾颉刚等点校. 明史[M]. 北京：中华书局，2011：6032.

③ (清)张廷玉等撰，顾颉刚等点校. 明史[M]. 北京：中华书局，2011：6032.

④ 蒋明宏. 东林学风与明清苏南望族[J]. 西北师大学报，2006(1)：59.

⑤ 蒋明宏. 东林学风与明清苏南望族[J]. 西北师大学报，2006(1)：59.

该地方官，即拿究申革。其有远集各府、州、县之人，标立社名，论年序谱，指日盟心，放僻为非者，照奸徒结盟律，分别首、从治罪。①

另一方面，宣传上层统治理念，加强乡约教化体系的构建，对于符合统治者规范的私塾义学则予以鼓励：

方今圣人御宇，道一风同，至于海隅，罔不率俾。又从而振德之，特颁圣谕，与斯民约，命大吏以时巡乡邑，立之约正、约副，以示劝惩。犹以文义宏深，编氓茫昧，译其意而申之，俾克易知易行，所以为风俗人心计者……②

朝廷对结社集会的禁止，使得江南的诸多讲学处不再称为“书院”，而称为“堂”“社”“会”等，其名虽异但其质类同。朝廷屡次打压，江南文士目睹身边人惨烈的境遇，深感宦海暗礁隐没，仕途险峻，愈加忍让谦退而不言人过。

清朝晚期，以朴学、科考、经世之学为主要重点的旧式学堂显然已经不符合时人对新学的期待。光绪二十七年（1901），清政府下令将全国书院改为学堂，一年后改制为“东林学堂”，“书院”由此终结。然而东林书院的这种讲学形式，对后世讲学影响深远。无锡地区南菁书院、无锡国专、梅园豁然洞读书处等在办学之初，也都是采用书院讲学的方式。

近代以后，新旧教育方式变革之际成长出来的一代，往往文理兼修，甚至朝多方面发展。典型如虹桥湾支顾晦农一家，“一门五博士”成为佳话。其子顾毓琇（1902—2002），字一樵，中

① （清）素尔纳等. 钦定学政全书：卷二十六[M]. 内府武英殿刊刻影印本. 1774（清乾隆三十九年）：2.

② （清）陈云煌. 淞南续志[M]. 刻本. 1813（清嘉庆十八年）：28.

国近现代科学家、教育家、诗人、戏剧家、音乐家和佛学家，出生于无锡虹桥湾（今学前街），是王昆仑的表兄，他们的住处离当时的“文庙”及东林书院旧址都不远，从小“一榜九进士”“六科三解元”美谈时刻激励着他，6 岁时（1913），以第一名成绩被当时有名的竢实学堂录取，国文考试题目是“志学说”，算术四题全对，品行为全校第一。当时钱基博是他的国文老师，他的诗文造诣、品行志向和这位饱学之士的谆谆教诲不无影响。在清华大学读书期间，他的科学和文学同步精进，他翻译了 12 篇短篇小说、两篇戏剧，写了 15 篇短文，1920 年 12 月 11 日还和梁实秋、吴文藻等人组织“小说研究社”（后在闻一多的建议下改为“清华文学社”），1923 年 3 月在《小说月报》发表了戏剧处女作《孤鸿》，1924 年中篇小说《芝兰与茉莉》出版……顾毓琇 1923 年赴麻省理工学院专攻电机工程，1928 年获得博士学位，回国历任浙江大学、国立中央大学、清华大学等校教授、电机系主任、工学院院长等。

2.“义庄式”家族：荡口华氏

提到无锡华氏，人们会想到南齐孝子华宝，他是无锡华氏的“孝祖”。而华原泉则被认为是无锡华氏的迁锡祖（南迁始祖）。北宋灭亡后，华原泉随宋帝南渡，居住在无锡梅里乡隆亭（今东亭）。无锡华氏通四支华悰韡（号贞固）是华原泉第十世孙，他是荡口华氏的始迁祖。华贞固曾经率领子孙筑堤垦田，铺路架桥，使原本荒僻的湿地变成了膏腴良田，他孝悌治家，收集古人嘉言美德，编辑为《虑得集》，其中《训蒙习书》有言“洒扫应对安详恭敬，言温气和意诚心正，笃学修身，孝弟忠信，格物致知，穷理尽性，仁熟义精，为贤希圣，书此训辞子孙是听”①，这

① 虑得集[M]. 嘉靖壬辰裔孙从智重刊：45.

是免费入学的蒙童必须熟读的章节之一，“为贤希圣”应是华氏教育子孙的目标宗旨，以训教后世子孙，这逐步形成的无锡荡口华氏孝义家风，为后来华氏义庄的产生奠定了思想基础。

人们更熟悉的是华太师华察。华察（1497—1574），少年早慧，能作诗文，明嘉靖五年（1526）进士，任户部主事等，后官至翰林院侍读学士、南京翰林院掌院学士，人称“华太师”。明嘉靖二十四年（1545），因得罪了严嵩，被降职流放，中年致仕还家。华察在乡里兴修桥梁、鬻田周济贫民。嘉靖三十三年（1554）时，曾资助无锡县令王其勤筑城抗倭，协助官府“丈田清粮”，建议在家族中建立“役田”（首捐土地八百亩，后动员族人共捐役田两千四百亩）[①]，这就是后来义田的雏形，被太仓王世贞记录在《延祥乡役田记》中（刻石碑现存于三公祠）。

那时候，地方兴办义学，蔚然成风。清朝时期，无锡和金匮两县很多望族都设有义庄和义塾，“多达 56 个家族（支族）”[②]，“耕读传家”，荡口华氏兴办的义学尤为典型，其五所义庄都设有专门的田产，称为“义学田”，所谓义学田，田产所获收益给老师和学生学习生活所用，宋代熊禾《考亭书院记》中曾有解释“诸名贤之胄与邦之大夫士翕然和之，合为田五百亩有寄，供祀之余，则以给师弟子之廪膳，名曰‘义学田’”[③]。华氏义庄订立了《规条十二则》[④]，其中的第六“训蒙童”（设立义塾及科考津贴）、第七“立文社”（每月设立会课，奖励优者）可以作为

① 中国历代食货典：二[M]. 扬州：广陵古籍刻印社：744.

② 蒋明宏等. 明清江南家族教育[M]. 北京：知识产权出版社，2013：15.

③（明）黄仲昭. 八闽通志：下[M]. 福州：福建人民出版社，1991：942.

④ 规条十二则. 通四三省公支：华氏新义庄事略[M]. 刻本. 鹅湖存裕堂藏版. 1901（光绪二十七年）.

明证。无锡望族的义庄义塾，其资金来源，很多都来自这些“义田”，还有一些来自个人捐赠，工商实业家族崛起之后也经常予以资金、屋舍的资助等等。华氏义庄保存完整，曾被誉为“江南第一义庄”，“四百年来高门巨阀，栉比鳞次，皆华姓也”①。

光绪三十一年（1905），华鸿模在荡口创办了果育小学（后改名为鸿模学校），此时无锡兴办新学之风大起，学校非常注重学生个性的发展和本乡资源的整合利用，荡口的果育小学之后在国学、数学、化学、音乐、刺绣、气象、农业、医学等多方面出现了全面开花的景象。华氏一族名人俊彦人才辈出：华夏、华察、华允诚、华隧、华坚、华秋苹、华蘅芳、华世芳、华鸿模、华绎之、华瑛、华君武等②。其培养目标从过去的“为贤希圣”转移到了“多元发展”的实学，无论怎样，这些都是他们顺应时代转型和变革的体现。荡口还有非华氏一族者，他们受义庄所惠颇多，钱穆、钱伟长、钱俊瑞、王莘等都是如此，他们无论在自然科学领域还是人文艺术领域，都成就丰硕，让人感叹。

3.“儒商型”家族：荣氏家族

江南一带普遍重视教育，明清以后，科举录取名额未大变，参与科考的人数激增，竞争残酷，一部分人退而求其次改走他途，加上当时官僚机构政策上可以“捐官”，坐贾行商不再成为人们的鄙夷对象，而丰厚利润却成为人们眼中的诱惑来源。儒家的伦理道德渗入商业文化，商人获利思想也深入人心。明清开始，传统的士农工商“四民”等级观念开始悄然发生了变化。

---

① （清）吴熙.泰伯梅里志[M]//无锡文库.南京：凤凰出版社，2012：498.

② 高侠.荡口古镇：灿若星辰的历史名人：全二册[M].南京：江苏文艺出版社，2013：6.

无锡荣氏家族在明代就有家训，“纵不能入学、中举，就是为农、为工、为商贾，亦不失为醇谨之善人”①，特别是到了近现代，工商文化兴起，观念的变化翻天覆地，人们变得越来越务实。少年荣德生不愿遵其父亲荣熙泰“四十五岁有子入泮”的期待，认为“刻已学商，回去读不成，被人窃笑，不如学商，当留心，亦可上进”②，宁可在上海闯荡“学生意”，也不愿意回家。

荣熙泰在弥留之际对儿子说：

> 治家立身，有余顾族及乡，如有能力，即尽力社会。以一身之余，即顾一家；一家之余，顾一族一乡，推而一县一府，皆所应为。并常看曾文正政书，研求国文，俾得应用；每日写字，以求通体。③

荣熙泰平时很注意自我修养，认为传统国学不可丢，发达时应兼济天下，也应量力而行，这是无锡儒商家族对后代子孙的要求：应有社会道义。

荣德生早年曾跟随父亲到广州学生意，经常逛市场、跑商店，购买《实业杂志》《美国十大富豪》等，开阔了眼界，学习孜孜不倦，从此立志以创办实业为正途，以“衣食救国”为宗旨，重新进行创业构想。我们可以认为，荣氏创办实业有追求获利的一面，当然也有愿意承担更多社会责任的一面。1912年，荣德生就著有《无锡之将来》，积极思考着锡邑建设，为无锡发展提供极具现代意识的城市发展规划。

---

① 荣福龄，等. 荣氏宗谱[M]//无锡文库. 南京：凤凰出版社，2011：330.

② 荣德生. 乐农自订行年纪事[M]//乐农史料选编：荣德生文集. 上海：上海古籍出版社，2002：11.

③ 荣德生. 乐农自订行年纪事[M]//乐农史料选编：荣德生文集. 上海：上海古籍出版社，2002：22.

自荣氏兄弟1900年与朱仲甫在西门外太保墩筹建保兴面粉厂，他们就真正走上了实业救国之路。

他们立志救亡图存，开办工厂：建成茂新系列面粉厂4家、福新系列面粉厂8家、申新系列纺织厂9家，另外还有鸿丰面粉厂和建成面粉厂等共计21家。他们的想法很质朴，就是想从根本上解决百姓的衣食温饱问题。

他们重视人才培养，创建学校：1906年开始，荣氏创办了公益小学4所（1906）、竞化女校4所（1908）、申新小学2所（1931）、公益工商中学（1919）、梅园豁然洞读书处（1927）和公益初级中学（1929，1946年扩展到高中部）等十几所中小学；在自家工厂创办女工养成所、职员养成所、机工养成所等；1947年又创办了无锡近代唯一的一所多学科四年制本科大学——私立江南大学，设立文、理工、农3个学院，培养高级人才。荣氏注重学生的实得，“和平耐劳”是1919年为公益工商中学题的校训，尊重劳动，坚韧不拔，团结协作，这些学生之后在社会的各个领域担任技术员、工程师等非常多。

他们牢记父亲嘱托，热心公益：1929年起，荣氏和王禹卿、薛南溟等发起“千桥会”慈善工程，通过公益的方式修缮或者建造大桥①；1912年，荣氏兄弟在荣巷筹建大同图书馆，1916年10月正式对外免费开放，让乡村百姓也能拥有在图书馆阅读的条件；1918年，曾捐款大洋一万元，资助上海交通大学建造图书馆，图书馆落成后，兴建荣熙泰铜像在校园内，唐文治亲撰《荣

---

① 2001—2003年，无锡市第一纺织厂曾经组织人员对荣氏所建的桥梁调查，合计荣氏在无锡、武进丹阳、宜兴等地共修造了100座桥梁（其中最为著名的是横跨五里湖的宝界桥）。另据不完全统计，荣氏捐资建造道路，加起来超过40公里（其中最著名的是从西门迎龙桥到梅园的开原路，从火车站到惠山的通惠路等）。

熙泰先生铜像记》；1912 年，荣氏购得东山小桃园旧址，建造梅园，终年对外开放，任人游赏，开启了无锡民族资本家建造园林的历史；1926 年捐款五千大洋，修复妙光塔，1947 年斥资五十万元，修复东林书院……对于公益事业，荣德生始终认为这项事业应“合力为之”（1942 年题词）。

然而，多年在商海沉浮，在官衙斡旋，荣氏兄弟逐步意识到世风的变化或来自社会本身的变革，或来自西学商风的传入，并且认为西学对中国来讲更似无根之木，要想让整个家族良性循环，为人做事还需尊重传统美德。1926 年荣氏编订大纲，请名士编撰传统文化的通俗读本，“前年鉴于世风日下，青年堕落日众，又复手订《人道须知纲目》①，出资延聘吴县江霄纬先生分别编辑成书，印刷数万册，分送各学校，以备学生课余补充之用”②。他们重视人才、培养人才，教重于赡，诚信勤勉。荣德生说：

> 吾辈办事业，亦犹是也，必先正心诚意，实事求是，庶几有成……不自勤俭，奢侈无度，用人不当，则有业等于无业也。③

之后他们还印了唐文治的《五德箴》等书赠给了当时无锡各界。荣德生把“欺戒室”的匾额放置书房中，时时提醒自己和后人，要遵守商业规则，要注重品牌和质量。

荣氏的家族观念如此，在无锡也不止一家秉持这样的观念，“凡属无锡人，在上海设厂，经营获利，必在其本土设立一私立

---

① 《人道须知纲目》即《人道须知目录》四人作序，荣（德生）序一，江（霄纬）序二，荆（梦蝶）序三，薛（明剑）序四；共八卷，孝悌、忠信、礼仪、廉耻、家庭、生活、自治、处事。前四卷第一版成书于 1927 年，后四卷第二版成书于 1930 年。

② 薛明剑. 荣氏昆仲创业史[N]. 锡报，1929-01-01.

③ 荣德生. 荣德生文集[M]. 上海：上海古籍出版社，2002：150.

学校，以助地方教育之发展”[①]，钱穆认为这是“重公尤胜于重私”的心理积习[②]，无锡儒商家族在获得一定的经济地位之后，通常都会回报乡里，以承担更多的社会责任。

无锡儒商家族掀起了一代民族工商业的振兴，民族工商业大家，在无锡除了荣家，还有城中的人称“丝茧大王”的薛南溟（薛福成之子，薛寿萱之父）家族、鸿山杨延俊（杨宗濂、杨宗翰之父）家族、东绛“煤铁大王”“缫丝大王”周舜卿家族、严家桥唐懋勋（唐保谦、唐骧庭祖父）家族、杨墅园匡仲谋家族等等。

4.“国学型”家族：钱氏家族

吴越地区的钱氏家族，被公认为“千年名门望族，两浙第一世家”，无锡钱氏是其分支。关于无锡钱氏的宗支，有堠山、湖头两大支。钱锺书的堂弟钱锺鲁[③]在《无锡故居绳武堂》中记载“我祖父钱祖耆是钱武肃王三十一世孙，是当时无锡钱氏家族族长，一直掌管无锡惠山最大宗祠‘钱王祠’”[④]，这个钱王祠是堠山支、湖头支在无锡有共同的宗祠。

无锡钱氏是典型的以中国传统文化教育为主要特征的书香门第，累世教书，有着良好的家风和深厚的家学渊源。钱氏堠山城西支七尺场钱绳武堂也是如此，但到了近现代，也颇受大环境的影响。清宣统元年（1909），22岁的钱基博[⑤]受无锡才子廉泉[⑥]力

---

① 钱穆.八十忆双亲 师友杂忆[M].北京：生活·读书·新知三联书店，2012：284.

② 钱穆.八十忆双亲 师友杂忆[M].北京：生活·读书·新知三联书店，2012：284.

③ 钱锺鲁，钱基厚的五子。

④ 孔庆茂.丹桂满庭芳：无锡钱氏家族文化评传[M].郑州：郑州大学出版社，2013：1.

⑤ 钱基博（1887—1957），字子泉、哑泉、子潜，号老泉、潜庐，陈衍称其“学贯四部，著述等身”。

⑥ 廉泉（1868—1931），字惠卿，1902年和俞复等人到上海创办文明书局。

荐，被聘为江西按察使陶大均的幕僚，“陶大均睹其文章，骇为龚定庵复生”[①]，任记室，月薪银百两，书生意气的他很想通过司法改良和监狱改良做出一点成绩，但很快就感觉到某种异常，一年不到，陶大均暴亡。1910 年，他辞职回乡到无锡竞志女学担任教员。恰逢那时同盟会反清斗争日盛，无锡革命党人秦毓鎏[②]，常会让他草拟一些文书等，处理事务的过程中，他看出了革命党内部的很多问题，多次提出未果，“革命情绪，从此萎缩”[③]。1913 年“二次革命”失败，秦毓鎏被捕入狱，钱基博决定要为他“断断力持平情之论”，写了《无锡光复志》[④]，分章节（匡复、军政、财政、民政、司法等）肯定锡金军政分府中秦毓鎏的功劳，也提出了自己的看法。

1913 年钱基博担任无锡县立第一高等小学国文等教员，自此投身教育，心无旁骛。1924 年钱基博受聘于上海圣约翰大学，1925 年“五卅”惨案爆发后，面对校长卜舫济对学生抗议的打击和阻挠，钱基博在教授会议上痛斥卜舫济，愤而辞职，他是第一批离校者，其耿耿丹心、铮铮铁骨可见，之后和其他离校师生一起投入了不久建成的光华大学……

钱基博为人谨严，做事一丝不苟，对子女教育是偏于传统的。钱锺鲁曾回忆说，钱家设立了“五不准”（不准抽烟，不准

---

① 傅宏星. 钱基博年谱[M]. 武汉：华中师范大学出版社，2007：257.

② 秦毓鎏(1880—1937)，字效鲁，近代民主革命家，华兴会的副会长。1902 年东渡日本，就读日本速成师范、早稻田大学政治科，组织青年会，以民族主义为宗旨，宣传革命。1911 年 11 月 6 日领导起义成功，宣告无锡推翻清王朝实现“光复”，任锡金军政分府总理，1912 年南京临时政府成立，任总统府秘书，“二次革命”时，负责编练锡军，与黄兴等起兵讨伐袁世凯。

③ 傅宏星. 钱基博年谱[M]. 武汉：华中师范大学出版社，2007：268.

④ 苏国强. 辛亥革命在无锡[M]. 苏州：古吴轩出版社，2011：211.

赌博，不准跳舞，不准玩女人，不准仗势欺人）[①]，老夫子平时不苟言笑，调皮的后辈有时候觉得他“迂得可爱”[②]，但子女在他面前从来都是毕恭毕敬的。在这样一个大家族，没有变节、欺诈、离异等现象，没有赌、嫖、酒等恶习，家风一贯使然，规矩谨严，不慕虚荣，耿直正义。

钱基博的长子钱锺书自小就过继给其大伯父钱基成。钱基成兴趣爱好广泛，除了精通经史外，还曾经研究过汽机之学，旁修医药、风水等多门学问，带着幼小的钱锺书看小说、听戏、到处玩耍。所以钱锺书幼年时候就已经熟知古典名著和传奇小说等，全没正经、早慧善辩的他引起了父亲钱基博的担心，给他取字为“默存（成）”[③]，出自《周易》“化而裁之存乎变，推而行之存乎通，神而明之存乎其人，默而成之，不言而信，存乎德行”[④]，大概钱基博希望儿子既要“默而成之”又要“存乎德行”，能静默地办成事情，让别人信服的关键在于德行。大伯父过世后，钱锺书又回归不苟言笑的父亲那里被管束教养，谈诗议理，经学考据，打下了扎实的国学底子。七尺场钱氏的家族教养之风相对传统保守，钱锺书和杨绛初识后，自小成长于相对自由、民主、开明家庭的杨绛在有些地方颇感不太一样，后笑称他们的婚姻“门不当，户不对”：《听杨绛谈往事》中记载在英国留学的日子里，杨绛经常会开心地写家书，表达思念之情，而“锺书没有阿季那

---

① 孔庆茂．丹桂满庭芳：无锡钱氏家族文化评传[M]．郑州：郑州大学出版社，2013：2.

② 吴学昭．听杨绛谈往事[M]．北京：生活·读书·新知三联书店，2008：88.

③ 钱锺书很多诗文署“默存”，又可见杨绛《记钱锺书与〈围城〉》一文记载。据钱基博署《堠山钱氏丹桂堂家谱·第二卷世表 十三》（1948）中记载：钱锺书，字默成，一字中书，宣统二年（1910）庚戌十月二十日申时生。

④ 周振甫．周易译注[M]．北京：中华书局，1991：250.

么想家，这和完全不同的成长环境缺乏家庭乐趣有关”[①]。老夫子家教甚严，做儿子的有点不敢亲近了。

少年钱锺书、钱锺韩，虽然不是毕业于无锡国专，但钱基博交往的人士中多为名家大儒，唐文治、梁启超、章士钊、章太炎、钱穆、顾颉刚等，而且钱家的七尺场居所和前西溪的唐文治住处很近，“谈笑有鸿儒”，兄弟俩能经常得到一些名流学者的教诲，据钱锺韩后来回忆[②]，他们俩到唐文治家谈天说地时很受启发，唐先生善于引导，让年轻人能有自己的见解。而钱锺书和石遗老人陈衍之间的忘年交也经常为后人所称道，钱锺书每年从清华回无锡，都要向其讨教诗学。《石语》开篇说道：

> 民国二十四年五月十日，石遗丈八十生辰，置酒苏州胭脂桥寓庐，予登堂拜寿。席散告别，丈怃然曰：“子将西渡，予欲南归，残年远道，恐此生无复见期。”余以金石之坚，松柏之寿，善颂善祷。丈亦意解。[③]

两人至交情深，离别时恋恋不舍，令人唏嘘不已，钱锺书先生此后一生诗词方面的文学倾向和喜好，受他影响较大。

而七房桥钱氏家族是吴越钱氏在无锡的另外一支。钱穆长兄、钱伟长父亲钱挚是无锡近现代较早的教育家之一，是吴越王钱镠第三十四世孙，曾任县立第四高等小学[④]、公益中学、无锡

---

① 吴学昭. 听杨绛谈往事[M]. 北京：生活·读书·新知三联书店，2008：113.

② 孔庆茂. 丹桂满庭芳：无锡钱氏家族文化评传[M]. 郑州：郑州大学出版社，2013：42.

③ 钱锺书. 写在人生边上；人生边上的边上；石语[M]. 北京：生活·读书·新知三联书店，2002：473.

④ 无锡县立第四高等小学，成立于1913年，校长谈学周，校舍原借用泰伯庙。今梅村中学的前身。

县立初中等教务主任和无锡乡村师范学校校长。其子钱伟长“自幼在家从父亲钱挚和四叔钱穆等学习古代文史”[①]，在无锡国专读书近一年，考入清华时因其文史成绩突出，陈寅恪建议其去历史系，当时正值九一八事变后爱国激情燃起之际，他最终选择了科学救国、教育救国之路。这符合了当时江南一带世家大族教育的通常做法，在家接受传统文化启蒙，进入新式学堂开阔眼界，考出本乡本土继续深造。

（二）时代动荡对文化世家的影响

1. 无锡传统文化望族的文化转型

无锡文化家族在清末民国初期之际，其培养子女从内容到形式都变得更为多元化。一方面有着时代和社会的原因，另一方面则是随着传统家族结构本身的变化，家族性、整体性转变为家庭性、个体性特质，以温良恭俭让为特点的传统家族管理规制和务本求稳的家族心理，与极具创造性、启蒙性、世俗性、平民化、利益化而为特质的现代性的社会重生机制有了一定程度上的冲突，是狂飙突进，是随势而动，或是循序渐进，都会得到时代和历史的考验。但无论是哪种方式，都会在外源性的因素引入的同时，主要依靠内源性的发展来完成某种转换和成长的过程，这也就是文化转型。

（1）经济因素：义田式微，家庭经济独立

清末，江南农业产品商品化，江南的一些乡绅富户，更愿意变农耕获利为出租田地的收益，这样就可以脱离农村，从事更迅捷的商品买卖。道光年间，一些家族的义田书塾多有被侵占和典出的现象，而那些雇佣的佃农们也愿意到城镇，学一技之长成为

---

① 刘桂秋. 无锡国专编年事辑[M]. 北京：中国大百科全书出版社，2011：62.

真正的手工业者（道光同治年间有大量的无锡佃农流入上海从事打铁业）。太平天国运动期间，江南一带农村人口流动加剧，土地荒芜，“各厅县册报抛荒者居三分之二，虽穷乡僻壤，亦复人烟寥落”①。道光以后，无锡受上海工业化浪潮的影响，无锡金匮一带的农村蚕桑开始发展起来，很快地成为工商业生产链条中的一环，农村经济结构发生了较大变化。

光绪《无锡金匮县志》记载：

> 自同治初，经乱田荒，人多植桑饲蚕，辄获奇羡，其风始盛，延及于各乡。②

又《申报》上记载：

> 向年无锡金匮两县饲蚕之家不多，自经兵燹（太平天国运动）以来，该处荒田隙地尽栽桑树，由是饲蚕者日多一日，而出丝者亦年盛一年。近来苏地新丝转不如金锡之多，而丝之销场也不如金锡之旺。③

传统的乡绅家族面对日益变化了的经济结构、社会结构，其文化重塑和转换变得不可回避。受战乱影响，晚清江南的一些义田书塾已经无法承受越来越多的贫寒的家族子弟，日渐式微。此时，家庭在经济上逐渐脱离了家族影响，家族和家庭之间的关系产生了变化。对贫穷之家而言，家族内部的资助已难以依靠，对富贵之家而言，也无暇顾及众多其他的家庭。原先每个家庭对于家族的依附被逐步剥离，其族人面临着自谋出路的现实情况。

---

① 显志堂集：卷九[M]. 刻本. 冯氏校邠庐. 1876(光绪二年)：5.

② 裴大中，倪咸生修，秦缃业纂. 光绪无锡金匮县志[M]//中国地方志集成江苏府县志辑：24. 江苏古籍出版社，1991：500.

③ 无锡丝盛[N]. 申报，1880-06-21(2).

(2) 教育目标：社会需要更多的专门性人才

20世纪初的中国社会已经历了鸦片战争、洋务运动、维新变法，人们不再满足于“器”“物”的学习和“中体西用”的口号，意识到社会需要在科技、教育、军事、外交、政治等各个方面培养人才。科举取士在先期实现了促进社会流动的积极作用后，到了封建社会末期日显僵化，无法培养出社会所需的专门性人才。1905年科举制度废止，1907年女学开禁，新式学堂兴起。无锡新学发轫较早，多由传统的书塾转型而来，并且大力开办女学和职业学校，也得到当时的一些文化家族的支持。光绪二十三年(1897)，“梁溪七子”① 之一的杨模争取盐商和官府的支持，与“恒善堂”② 世董秦谦培（秦毓鎏父亲）、单毓德、高汝霖、王镜藻等人创办了新式的学堂“竢实学堂”③，杨模自任总理（校长）④，此学堂取义韩愈“养其根而竢其实”⑤，是中国最早的新式学堂之一。学堂刚开始开设中文、算学、西文三科，后又添体操课等。光绪二十八年（1902）改“东林书院”为东林学堂，秦谦培为总董（校长），一时之间，无锡兴办新学之风骤起，其中有堰桥胡雨人创办的胡氏公学（1902）、张泾严毓芬创办的私立经

---

① 梁溪七子：杨模(1852—1915)、华世芳(1854—1905)、邓濂(1855—1899)、杨楷(即杨道霖，杨模弟，1856—1931)、裘廷梁(1857—1943)、秦坚(1859—1893)、秦敦世(1862—1944)。

② 据光绪《无锡金匮县志》记载：“恒善堂在崇安寺东，道光四年(1824)苏人许永祥倡建……咸丰十年毁，同治初(1862)赵彭渊、秦臻、赵棨募捐重建。”其成为处理地方事务的总机构，处理地方公款公产，开展公益活动。

③ 竢实学堂是我国开办最早的学校之一，创办之时全国尚无统一学制。学习年限自定初等4年，高等4年，入学年龄15岁至26岁。华蘅芳任总教习。钱基博、钱穆等曾担纲教学，顾毓琇、孙冶方、张涤生、唐君远曾就读于此。其为今连元街小学的前身。

④ 杨模，字范甫，号蛰菴，1903年考察日本教育，任东京留学生江苏同乡会名誉成员。

⑤ 庄适. 韩愈文[M]. 长沙：商务印书馆. 1938：69.

正学堂（1902）、荣巷荣氏兄弟创办的公益学堂（1904）、侯鸿鉴[①]创办的私立竞志女学（1905）、周舜卿创办廷弼学堂（1905）和廷弼商业学堂（1903）、荡口华子唯和华倩朔创办的鹅湖女学（1906）等等。

这一时期，无锡还兴办了不少女子学校。光绪二十八年（1902），胡和梅于堰桥村前创办胡氏公立蒙学堂（后称胡氏小学），三年后将家塾中已有的女子部并入胡氏公学，此为无锡女学之始；光绪三十一年（1905），侯鸿鉴于城中水獭桥（今中上塘）创办竞志女校，开无锡女校之先，同年鹅湖、振美两所女校与荡口等女校也开始建办。到了民国初期，无锡创办女校进入鼎盛之时。以 1913 年为例，除了美国人办的德慧、圣婴等女校，还有在旗杆下的女子师范学校、白水荡的女子职业学校、张泾桥的泾皋女子职业学校三所公校；竞志、翼中、济阳、振秀、志成、幼慈、振美、镜秀、陶欧、竞化、荣氏、鹅湖、致和等十三所私立学校，计学生一千四百三十一名，教职员一百四十六名，其中最大规模的是竞志女中[②]。

受新式教育和当时世风影响，江南一带的文化家族不再以传统的翰墨科名作为读书识字的最终目的。“因时势之刺激，师友之切磋，志趣因之大变”（秦毓鎏语）[③]，职业分化日渐明显，人们投身于各个领域和行业当中。新形势下教育的内容、方向及方式发生着根本性的转变。西方的政治、经济、文化（包括教育）、军事、

① 侯鸿鉴(1872—1961)，本名侯保三，族名侯鸿鉴，号梦狮、铁梅、病骥、沧一。清末秀才，1903—1904 年赴日弘文学院师范科留学，归国后 1905 年创办竞志女学。

② 无锡地方志编纂委员会办公室，无锡县志编纂委员会办公室. 无锡地方资料汇编：第六辑[M]. 1986：161.

③ 石雨. 辛亥革命无锡风云录[J]. 无锡文博，2011(3)：27.

宗教、科技等新的理念通过学校、报刊和教会等多种渠道传入国内。江南世家也多有子女去西方欧美学习新的技术和文明的，有些则东渡日本借鉴社会政治变革的某些经验，有些直接投入社会现实做时代的缔造者。《无锡市概况》中称“据一八九八年统计，留学日本的无锡学生已有五十余人。留学欧洲的有十余人”[①]，据统计，清末（1898—1911）无锡留学生有 115 人[②]，其中的留日学生回国后，在政法和文化革新等方面中起到更多作用，如胡雨人[③]、秦毓鎏等，而留学欧美的学生回国后，很多都成为技术、科教方面的专家学者，如孙鸿哲、程文勋、“胡氏三杰”[④]，当然也有一些是先留日后留学欧美，如张肇桐、杨荫杭[⑤]、杨荫榆[⑥]等。到了 20 世纪前期，就有大批的留学生出国回来，成为改造社会的一股新起的力量，他们的知识结构、心理素质、世界观、行为方式等都已经发生了跨越式的变化，他们推介科学的知识和方法，创办

---

① 无锡地方志编纂委员会办公室，无锡县志编纂委员会办公室. 无锡地方资料汇编：第一辑[M]. 1984：7.

② 无锡地方志编纂委员会办公室，无锡县志编纂委员会办公室. 无锡地方资料汇编：第八辑[M]. 1986：45.

③ 胡雨人(1867—1928)，近代教育家、水利学家，原名尔霖，以字行。1902 年留学日本弘文学院师范科，加入孙中山先生组织的同盟会。回国后其出任北京女子师范学校等多所学校的校长。与兄胡壹修(1865—1931)于 1902 年(光绪二十八年)胡壹修、胡雨人兄弟得其父胡和梅帮助共同创办“胡氏公学蒙学堂”(今堰桥中学前身)。

④ “胡氏三杰”为无锡村前胡氏家族胡壹修的三个儿子，被称“一门三博士”：胡敦复(1886—1978)，男，数学教育家；胡明复(1891—1927)，中国在国外获得数学博士学位的第一人；胡刚复(1892—1966)，物理学家、教育家，中国近代物理学事业奠基人之一。

⑤ 杨荫杭(1878—1945)，字补塘(堂)，中国近代史上著名法学家，1898—1902 年由南洋公学公费派出赴日本早稻田大学攻读法政专业，1907—1911 年在宾夕法尼亚大学获法学硕士学位。民国时期女教育家杨荫榆是他的妹妹，杨绛是他的女儿。

⑥ 杨荫榆(1884—1938)，杨荫杭妹妹。1907 年公费东渡日本留学，1918 年教育部选派赴美留学，进入哥伦比亚大学学习，获教育学硕士学位。1924—1926 年曾任北京女子师范大学校长，被称“中国近代史上第一位女大学校长”，因反对学生运动，被免职；后到苏州任教。抗战期间，不畏侵华日军，1938 年 1 月 1 日被日军杀害于盘门外吴门桥，表现了她作为中华儿女的民族气节。

报刊，翻译或宣传西方的观念与文化，他们反对封建专制，提倡独立人格、公民意识以及女权主义等等，他们积极投入于推翻“圣文神武”的皇帝，建设“科学”和“民主”社会的活动当中。

（3）文化观念：文化选择的多元性

20世纪初，中国社会文化发展到了需要突破的瓶颈期，各方面加速发酵酝酿并产生了分化、裂变和演进。很多人认为中国近现代“现代性”的变革，脱离不了西学、媒体和宗教的渗透，通过壮大后的新式学校（包括教会学校等）进行着传递和蔓延，通过成长中的年轻人，在日常生活、道德伦理、政治意识、经济生产等各个方面影响着各自的家庭成员、师友同人等，推动了一些地区区域文化的进一步形成，近现代无锡在这样的文化变迁中更成为典型。当儒学演变、史界革命、教育革命、文学革命、音乐改良等进行着一系列连锁反应的时候，其文化转型还必须面临异常动荡的时代背景，其整体上从启蒙改造，到服务于政治革命和军事御敌，到解救民族危机和社会危机等，发生了前所未有的变化。

一方面，江南地区受海派文化影响，各种观念思潮冲击着人们的思维，一些有识之士往往能较先体悟社会文化的震动和变化，其中的一些人能较先尝试和开辟着各条途径，以实现自身的价值，当时的年轻人崇尚“走出家庭”（如巴金的“激流三部曲”中所反映的那样），一方面，逐渐脱离传统家族体系的个体，在得不到以前宗族资助的同时，开始不受家族约束，甚至自称为“大逆不道”①。在推进“科学”“独立”“民主”的个人主义伦理实践过程中，“各行其是”的年轻人他们拓宽了自己的选择，他们参与了学潮、他们奔赴沪上、他们出国取经……他们走上了各自不同的道路。

---

① 宦浩坤，王鹰. 无锡工人运动的先驱秦起[J]. 无锡史志，2002(5)：11.

传统家族的入世情怀是以伦理、政治和文化作为轴心的，其表现形式是“学而优则仕”，是“致君尧舜上，再使风俗淳”[①]，是修身、齐家、治国、平天下，那么当科举走向末途，工商文明兴起之时，这些家族的入世情怀则转为以科教兴国、革命救国、实业兴国为轴心。

然而，另一方面，因其家族内部每个家庭对家族依附性的减弱，在选择不同路途，进行着不同的社会实践的过程中，则呈现出个体性和多元性的特征。

过去人们比较多的阐述是因为有着最根本而客观性的阶级性的现实存在（马克思语）。而法国布迪厄发展了马克思关于“资本”的概念，借用布迪厄所提出的资本的四种形式（即经济资本、文化资本、社会资本、符号资本）来分析，随着近现代社会的教育变革及文化多元，文化选择差异从根本上归因于占有生产资料多少（即阶级性差异），但也不能忽视诸如学脉传承、党团组织、文化习性等原因。人受家庭氛围、成长经历、教育环境、生活习惯等影响而形成了一定的价值观，当其经济资本、文化资本、社会资本等某一方面的影响力足够大，且被自身在某一阶段所形成的价值观认可的时候，往往会做出与那个方面正向的选择，反之则相反。

近现代时期，战争频扰，西学东渐，内忧外患，社会危机和民族危机加剧，“天下兴亡，匹夫有责”[②]，包括无锡在内的很多文化世家弃笔从戎者甚众。另外，国学由过去的显学变成了专业

---

① 全唐诗(全二册)[M]. 上海：上海古籍出版社，1986：509.

② 原句：保国者，其君其臣肉食者谋之；保天下者，匹夫之贱与有责焉耳矣。出自(明)顾炎武，(清)黄汝成. 日知录集释[M]. 栾保群，吕宗力，校点. 杭州：浙江古籍出版社，2013：767.

性学习，文人士大夫阶层分化为各个行业的专门人才，有一些还留洋海外……文化世家族人尝试探寻治家救国的新的路途，他们突破了过去文化士绅的身份和界限，在新的社会层级中转换为多角色主体，应着现代中国社会“启蒙、觉醒、反思、兴国、平俗”等本土性特征，更多体现了现代意识和“革命性”的特点，在他们身上，有着文化传承的自觉，影响地方社会变革，也取得了情志上事实上的个人价值及社会价值。

2. 工商业崛起带动工商意识的觉醒

传统农耕社会中，人们对待自我的生存能力有种普遍的担忧，对于未来的不确定也有所恐惧，节衣缩食、安土重迁是常态的生活态度和生活选择。而过去的传统观念更有重农抑商的成分，所以敢于冒风险的意识、投资意识、进取意识、市场意识相对薄弱，说到有消费意识、享乐意识往往会自省自责，而这些情况在近现代以后有所改变。无锡自然条件涵育鱼米之乡，工商业也起步较早，又得运河之便，水网之利，加上铁路畅达和媒体发展以及宏观环境刺激的影响，大量的无锡人奔走在沪锡之间，跑单帮、学生意、做实业，无锡本土文化中的务实开放、自强不息被快速地激发出巨大的能动性，在20世纪30年代，无锡的缫丝、纺织、棉布、面粉等产业已经达到繁盛时期，现代意识逐步增强，社会生产力迅速发展。

3. 民国无锡区域文化的特点

（1）得天独厚的环境

江南形胜，锡地繁华。无锡有着独特的自然气候和水运条件，既是大运河和锡城运河交汇处，又属太湖水网平原。南宋谚语“苏湖熟，天下足”，早在宋元之时就是江南主要的产米区，王世性在《广志泽》中记载：

天下马头，物所出所聚处。苏、杭之币，淮阴之粮，维扬之盐，临清、济宁之货，徐州之车赢，京师城隍、灯市之骨董，无锡之米，建阳之书，浮梁之瓷，宁、台之鲞，香山之番船，广陵之姬，温州之漆器。[①]

明清起始，无锡更是先后形成了布码头、米市、丝市，贸易往来十分活跃：《无锡县志》记载，“无锡的土布业，在明代中叶即已兴盛，曾有‘布码头’之称”[②]。清诗人杨方叔在《芙蓉湖棹歌》（节选）曾经这样叙述当时布码头的盛景：

晓听机声夜纺纱，不知辛苦为谁家。
长头卷好郎欢喜，冒雨冲寒去换花。
花布开庄遍市廛，抱来贸去各争前。
要知纺织吾乡好，请看江淮买卖船。
（邑中布匹多行于江淮一带）[③]

布匹交易连带着米棉酒瓷交易，城乡贸易异常频繁；而在光绪年间已成为全国四大米市之一的无锡，到了抗战前夕，更处在鼎盛时期，粮食每年集散量在600万石（4.5亿公斤）左右，最高达1 200万石（9亿公斤），粮食的集散总量、加工能力、仓储容量、运行能力都在全国四大米市中均居首位，民国二十六年（1937），粮行总数达392家[④]；自泰伯奔吴传播渭河流域先进的

---

① （明）王世性. 王世性地理书三种[M]. 周振鹤，编校. 上海：上海古籍出版社，1993：244.

② 谈汉人，无锡县志编纂委员会. 无锡县志[M]. 上海：上海社会科学院出版社，1994：342.

③ （清）邵涵初等，锡山游庠录等. 无锡文库：第二辑[M]. 南京：凤凰出版社，2011：623.

④ 谈汉人，无锡县志编纂委员会. 无锡具志[M]. 上海：上海社会科学院出版社，1994：511.

栽桑养蚕技术，锡地养蚕已有三千多年历史，清光绪六年（1880）新安乡蚕农张少甫改良蚕种，产出的蚕茧丝量多，后逐渐成为全国重要的丝茧市场，“民国19年（1930）全县有茧行549家，占全省茧行总数的40%”①，缫丝业也发展迅速，周舜卿、薛南溟（薛福成长子）两家发轫，特别是薛寿萱（薛南溟三子）开办华兴制丝养成所、组建通运生丝股份有限公司，进行丝厂改革后，无锡成为全国缫丝行业的“领头羊”。

（2）繁盛的商品贸易

民国前期，无锡随着沪宁铁路和津浦铁路的连接和民族工商业的发展，其小商品贸易和服务业非常活跃，商店鳞次栉比，集市密集，逐渐成为苏南的经济中心。②《无锡县志》记载，“民国18年（1929），城区有私营米店113家，粮行143家、绸布业44家，百货业91家，粮油业13家，苎麻业37家，五金业18家，鞋帽业48家，书店13家，粮食堆栈28家，丝茧堆栈13家，钱庄23家，另有山地货业、服务业等店家分布各地”③，1935年无锡城区已发展到商店7 530家，且名店云集，如拱北楼面馆（1863）、过福来馄饨店（1864）、时和绸布庄（1867）、聚丰园菜馆（1867）、真正的老陆稿荐（清同治年间）、世泰盛绸布庄（1889）、慎馀肉庄（清光绪末年）、聚鑫源菜馆（1910）、李同丰参药号（1911）、王兴记馄饨店（1913）、亨达利钟表店（1917）、光明眼镜店（1923）、三凤桥肉庄（1927）、三阳南北货商店

---

① 谈汉人，无锡县志编纂委员会. 无锡县志[M]. 上海：上海社会科学院出版社，1994：487.

② 谈汉人. 无锡县志编纂委员会. 无锡县志[M]. 上海：上海社会科学院出版社，1994：467.

③ 谈汉人. 无锡县志编纂委员会. 无锡县志[M]. 上海：上海社会科学院出版社，1994：468.

(1929)、功德林素菜馆（1930）、横云饭店（1934）、迎宾楼菜馆（抗战前）、状元楼菜馆（1938）、湖光照相馆（1939）等等。民间的商品经济意识较强，沿街沿巷住户都会做买卖，当然县乡区大部分都是小本买卖——小本经营的夫妻儿女店，有的雇一两个学徒，而投资多、雇工多、经营量大的有茧行、制种场、糟坊、酒坊等，另有许多设摊经营的摊贩和走村串巷肩挑叫卖的小贩。①

民国初期的时局并不十分安稳，无锡地区先后遭受到了齐卢之战、1920—1930 年的经济危机等，但是较全国的其他地区，总体上来说还是好的。但到了抗战时期，特别是“七七”事变以后，之前所营造的繁荣面貌就发生了变化，无锡地区城乡遭受战乱重创，经济凋敝，人口流失，城镇破毁，米行十之八九被烧毁。汪伪国民政府时期，日军一方面由城镇到农村对无锡进行多次经济封锁、清乡扫荡，另一方面进行经济掠夺，火烧商业用房 5 万多间，致使物价全面飞涨、日用品奇缺，“跑单帮”商贩从上海等地贩卖紧俏商品到无锡②，“抢米抢棉”事件时有发生，民国二十九年（1940）城区出现了两次大规模的抢米风潮，1941 年底，大米每石破 200 元大关，是战前的 20 多倍，米市地位名存实亡。③

抗战胜利后，无锡商业有所复苏，到了民国三十七年(1948)，城乡各业商户 16 217 户，从业人员 52 945 人，另有商贩

---

① 谈汉人. 无锡县志编纂委员会. 无锡县志[M]. 上海：上海社会科学院出版社，1994：468.

② 谈汉人. 无锡县志编纂委员会. 无锡县志[M]. 上海：上海社会科学院出版社，1994：467.

③ 谈汉人. 无锡县志编纂委员会. 无锡县志[M]. 上海：上海社会科学院出版社，1994：511.

8 156 户，18 179 人。[①]

(3) 发达的民族工商业

无锡密布的水路连接了大运河、太湖、长江等，当年一条贯通南北的直河[②]，是古运河穿城而过的一段。密布的水运网络，给工商业的发展提供了价廉的交通运输。民国十一年（1922），无锡辟为商埠（杨味云[③]为督办），其政策的开放一定程度上加速了无锡走上近现代工商业发展的道路。传统的封建经济迅速解体，加上航运畅通的地理优势，商业经济的迅速崛起，无锡的这些工商实业家，先是从棉纺织、丝织、面粉等行业起步，带动了整个区域的民族工商业的崛起，使无锡成为中国民族工商业的重要发祥地（如表 1 所示）。

表 1　无锡在中国六大工业城市中的地位[④]

项目		上海	天津	武汉	广州	青岛	无锡
工厂	企业数/家	3 485	1 224	787	1 104	140	315
	占全国/%	18.6	6.5	4.3	5.9	0.7	1.7
	名次	一	二	四	三	六	五
资本额	总金额/万	19 087	2 420	2 086	1 302	1 764	1 407
	占全国/%	39.4	5.0	4.3	2.7	3.6	2.9
	名次	一	二	三	六	四	五

① 谈汉人. 无锡县志编纂委员会. 无锡县志[M]. 上海：上海社会科学院出版社，1994：467.

② 直河，又称城中河、弦河，20 世纪 50 年代被填没，形成了如今车水马龙的中山路。

③ 杨味云（1868—1948），名寿枏（一说寿枬），初名寿棫，字味云，以字行，晚号苓泉居士，杨宗济（杨延俊的四子）之子，清末光绪十七年（1891）举人，曾随载泽到日本考察政治。曾任无锡商埠局督办。

④ 本表来自中国民族工商业博物馆，为 1937 年 2 月国民政府军事委员会发表的统计资料，转引自日本兴亚院华中联络部《无锡工业实际情况的调查报告》(1939)。

续表

项目		上海	天津	武汉	广州	青岛	无锡
总产值	总金额/万		7 450	7 329	10 156	2 709	7 726
	占全国/%	45.9	4.7	4.6	6.4	1.7	4.8
	名次	一	四	五	二	六	三
工人数	总金额/万	245 948	34 769	48 291	32 131	9 457	63 760
	占全国/%	31.1	4.4	6.1	4.1	1.2	8.1
	名次	一	四	三	五	六	二
总名次		第一	第二	第三	第四	第五	第三

江南富庶，物产丰富，气候宜人，自古远离政治中心，较少接触权力顶层，从人文地理条件来看，江南并不占有更多的政治和军事资本，却有着大量的多余劳动力来发展商贸和文化，所以无锡的乡绅邑人多是靠走工商经济发展的道路来积累财富、争取特权。他们遵守规则，尊崇道德，勇于开拓，救世安邦。无锡实业家也较少受到官僚资本的压制，心态开放务实，实业家群体相继崛起，“煤铁大王”周舜卿，“电气大王”祝大椿，“面粉大王”“棉纱大王”荣宗敬、荣德生，“丝茧大王”薛南溟、薛寿萱，“香烟大王”丁厚卿，“桐油大王”沈瑞洲，“电池大王”丁熊照，“养蜂大王”华绎之[①]，“呢绒大王”陈梅芳，等等，他们互相影响，逐渐壮大，目光不仅仅停留于实业领域，更与教育文化界有着密切的往来，是近现代意义上的无锡新士绅阶层——儒商阶层；他们的发展也不仅仅着眼于无锡，更是放眼于全国，特别是

① 钱穆于1956年为这位小学兼中学的同学华绎之专门写了一杂文《华君绎之家传》，盛赞这位小时候就“敬畏之”的同学，18岁时就继承了庞大的祖业，在祖父华鸿模酿酒、典当、仓储的基础上，进一步将产业发展和扩大，把产业延伸到养蜂、商贸等领域，成为享誉海内外的“蜂业大王”“无锡第一隐富”，钱穆年轻时经常出入华绎之家的藏书楼，尽享书蠹之乐。

无锡和上海的关系非常密切，因此无锡也有“小上海”之称。

但是这一切却因日军的入侵而尽毁。街上到处都能看见避往乡间的人们，商店闭市、作坊关门、厂房遭毁，市面萧条。大家东躲西藏，有人多远遁内地，有人回到老家，有人逃至上海……外界世事纷乱，小家艰难维持，“我们沦陷上海期间，饱经忧患，也见到世态炎凉。我们夫妇常把日常的感受，当作美酒般浅斟低酌，细细品尝。……我们把所见所闻，剖析琢磨，‘读通’许多人、许多事，长了不少学问”①。无锡的工商企业在抗战期间损失严重，很多实业被炸成一片废墟（业勤纱厂、申新八厂等），一部分设备资金内迁至重庆、成都、全州、天水等地，还有一部分转移到香港甚至海外。

（4）上海的辐射影响

上海最早是一个渔村，元代开始建县，自道光二十三年（1843）成为五口通商之一之后，被推上了国际化舞台，迅速成为全国经济和外交中心，有“十里洋场”“东方巴黎”之称。在这里，各种新兴的文化产业和门类被催生起来，一些驳杂的社会思潮、价值理念互相冲击，兼容并包。上海以巨大的魔力吸引了全国各地的商贾贵族、文人墨客、革命志士等大量涌入，并且将自己的影响辐射至周边。

锡商一直是上海重要的商帮之一。不论是清末的“官办资本”还是民国时期的民族资本，都曾经到上海学技淘金，杨宗濂、杨宗瀚兄弟（包括第二代杨翰西、杨味云等）的杨氏家族，周舜卿、周肇甫父子的周氏家族，薛南溟、薛寿萱父子的薛氏家族，荣宗敬、荣德生兄弟的荣氏家族，唐保谦、唐骧庭两支的唐

---

① 杨绛. 我们仨[M]. 北京：生活·读书·新知三联书店，2012：121.

氏家族等都形成了强大的工业群体，在纺织、丝织、面粉、棉花等多个大工业门类发展迅速。

另一方面，工商业发展推进了整个区域文化业和娱乐业的发达。在上海，文学创作繁荣，图书出版业、印刷业迅速发展，经过了十多年的沉淀，到了 20 世纪二三十年代逐步形成了一个庞大的文化消费市场。这个市场显然不同于北方的五四新文化场域，东南沿海一带的商业化、功利化的趋向非常明显。鸳鸯蝴蝶派、“礼拜六”派、新感觉派、意识流小说、心理分析小说、左翼文学等等就是在此起彼伏的各类文学思潮的推动下、在各种各样的商业背景下催生的，并受到了越来越多不同民众的青睐和关注。商务印书馆、中华书局、申报馆、开明书店、世界书局等机构出现，报刊业呈现出空前繁荣，在商业化运作的机制下，文学和商业之间的关系日益密切。对文化经销商和报刊业界而言，利润是终极目标，对于创作者来讲，创作是谋生手段，一定程度上，这些都刺激了创作者对读者的迎合，文化商品化、创作市场化和功利化变得不可避免。沈从文曾评之为“海派文化”，这样的“海派文化”显然和步履从容、古雅滞后的京派文化有着强烈的对照。周氏兄弟 1924 年在北京创办《语丝》时还指认其为“同人刊物”，意在这个刊物非商业性的创作。1927 年北方由于战乱动荡和政治高压，《语丝》南迁至上海后，则开始大张旗鼓地刊载商业广告。创作和办刊物成为很多文化人的生存方式，即便对鲁迅也是如此。很多避难的文化人涌入上海，游学归来的年轻学子也涌入上海（如徐志摩、巴金、戴望舒等），特殊的地域条件和文化环境使得上海逐步取代北京而成为新文学营地。创造社、语丝社、左联、新月社、七月社等流派在此竞相争鸣，一些极具影响力的作家和文化人都云集在此。近现代文学革新，有西方现代化植入的影响，更是在工商业文明的崛起之时，在新的时代语境下作出的回应，这样的回应通过上海向周边地区辐射。沪锡之间，交通便捷，人们来来往往之间，并没有过多“离家别子”“千里迢迢”之感，他们和故地的父老乡亲关系密切、来往频繁，还带出了更多的人走向更广阔的空间。

4. 民国无锡区域文化的表现

（1）尊师重教

传统尊师重教的东林世风在无锡近现代望族世家中得以流传。自 1905 年科举制度废止以后，各地兴办新学，无锡开一代风气之先，教育发展尤为迅速，竢实学堂、三等蒙学堂、东林学堂等相继开办，许多后来有所成就的文史大家都曾经聚集在无锡的某个学堂，或受启蒙或受教导，或教课或讲座，这些学堂是他们互相切磋、互相增进学问的场所，也是他们体验人生、尝试实践、回报社会的基点。

钱氏家族湖头支的钱穆幼时读过一段私塾之后，其小学阶段是在荡口果育学堂度过的，四年中受到多位良师的教诲，钱伯圭[①]、华倩朔、顾子重、华紫翔在蒙童受教时期就读过宋朱熹的《大学章句·序》，明王阳明的《拔本塞源之论》，清章学诚《文史通义》，甚至还进行了中西文化的比较[②]等等，这为他以后的文史学成就夯实了基础。文化教育世家出生的陈源初小时光是在三等公学堂度过的，其父亲陈仲英与当时无锡的清末名流多有熟

① 钱伯圭(1883—1947)，名秉瓒，以字行世，晚年号逸庵，是钱临照、钱令希的父亲，人称“院士之父”。曾就读于南洋公学(上海交通大学前身)，是啸傲泾(今无锡新吴区鸿山街道)第一位大学生，曾在果育小学襄助华鸿模办学，后在 1908 年创办南下初等学堂，是学堂第一任校董。

② 钱穆. 八十忆双亲 师友杂忆[M]. 北京：生活·读书·新知三联书店，2012：49-50.

识，俞复、吴稚晖[①]、丁宝书、杜嗣程等人共同编撰的《蒙学读本全书》是陈源当时及同时代小学生的课本。这本课本体现了爱国保国思想，荟萃无锡地方民俗，且图文并茂，当时人称它为书、画、文三绝，为中国教科书之先，对陈源的影响很深。

教育是帮助人们走向文明的通道，而图书馆则是体现区域教育文化的标志。一些有识之士早就看到了这一点，并为之努力。李毓珍（薛明剑之妻）1923年在《无锡新报》上发表《对于无锡社会教育之商榷》，指出要构建“正于有道”[②] 的社会教育体系，并主张妇孺同学。当时无锡的图书馆“有县立一所，市立四所，私立一所，附设学校者两所”[③]，《无锡杂志》记载，民国元年（1912）原来三清殿旧址改建而成了县立图书馆，有藏书 64 616 种，210 177 卷，并备各种日报杂志等，分特别、普通、儿童、妇女等阅书室。[④]

民国九年（1920）十一月，无锡国学专修馆创于无锡惠山之麓[⑤]，唐文治为馆长，钱基博后来任教务主任（1928），自此无锡高等教育开始。无锡国专创始之初，招生点有三个：无锡、上海和南京，“三地投考者踊跃，其中上海报考者有二百数十人，南

① 吴稚晖(1865—1953),原名吴朓,后改吴敬恒,清末举人,江苏武进人。他幼年长住于无锡江尖外婆家,自称半个无锡人,常住无锡。1901—1902 年留学日本、1903—1911 年在英法两国辗转多年,为中国留学生排忧解难,在中国留学生中间有一定声望。

② 李毓珍. 对于无锡社会教育之商榷[N]. 无锡新报,1923-07-13(3).

③ 李毓珍. 对于无锡社会教育之商榷[N]. 无锡新报,1923-07-13(3).

④ 裘廷梁. 无锡白话报[J]//薛明剑,李钟瑞. 无锡杂志[M]//无锡文库：第二辑. 南京：凤凰出版社,2012：269.

⑤ 无锡国学专修馆,施肇曾、陆勤之、唐骧庭捐资创办,唐文治任馆长。无锡沦陷后,辗转于长沙、湘乡、桂林(冯振任“桂校”校长),后 1939 年在上海设立分部(唐文治任“沪校”校长),抗战胜利后,“桂校”回无锡复校,1947 年“沪校”合并入本部。

京报考有一百数十人，无锡报考者有四百多人"[①]，可见当时大家对这种办学主张的认可和职业未来的期待。刚开始条件很艰苦，教员才 4 个，学生 72 人[②]。"自上年学潮后，学风愈觉不靖"[③]，唐文治感时伤怀，创办之时，曾借鉴江阴"南菁书院"[④] 的方法，着力继承中国传统的书院精神，注重培养学生提高修养品性、自我管理的能力。纳入政府正规高等教育机构之后，面对新文学的强势呼声，学校既能保持自己国学特色，又能吸收新学合理的办学机制，设学分制，分选修、必修课程，经常聘请国内外的经济学或教育学专家前来开讲座。这在当时属于"逆行"而为，为国家储蓄了大批国学专才，据粗略统计，无锡国专办学三十余年，一共只招了约二千余名学生，其中因时局变动、辗转流徙等原因，正常毕业者不到一千人。但是，就是在这一两千名学生中，涌现了一大批文史大家，其中王蘧常、蒋天枢和钱仲联曾经被称为"唐门弟子"的"三鼎甲"[⑤]。在他们的身上我们看到的更多是老派知识分子的勤奋、敦厚、质朴诚实的品质，他们在促进地方文化事业发展、为国学研究的继续推进等方面，发挥了突出的作用，很多学生后来在上海交通大学、光华大学（今华东师范大学）、复旦大学、大夏大学、南京师范学院（今南京师范大学）、江苏师范学院（今苏州大学）、上海师范专科学校（今上海师范

---

① 刘桂秋. 唐文治年谱长编：上卷[M]. 上海：上海交通大学出版社，2020：642.

② 裘廷梁. 无锡白话报[J]//薛明剑，李钟瑞. 无锡杂志[M]//无锡文库：第二辑. 南京：凤凰出版社，2012：269.

③ 唐文治. 茹经先生自订年谱[M]. 无锡民生印书馆，无锡国学专修学校学生会校印，1935：84.

④ 南菁书院，光绪八年(1882)成立，由江苏学政黄体芳、两江总督左宗棠大立支持下创办而成，"专课经学古学，以补救时艺之偏"。

⑤ 刘桂秋. 无锡国专编年事辑[M]. 北京：中国大百科全书出版社，2011：63.

大学)、东北大学、燕京大学、北京大学、山东大学、暨南大学、中国人民大学、清华大学、武汉大学、南开大学、安徽大学、福建师范大学、浙江大学、浙江师范学院、杭州大学、天津师范学院、上海政法学院、安徽师范大学淮北分校(今淮北师范大学)、安徽教育学院(今合肥师范学院)、贵阳师范学院、云南大学、山西大学、徐州师范大学等大学任教，这也是无锡国专对后世的贡献之一。

当然，教育的兴盛，其经济后盾还是实业的兴盛，正如无锡邑人李毓珍说“吾邑各私立学校勃兴之时，皆在实业兴盛之际”[①]。无锡国专的成立和发展离不开无锡开明富户乡绅的资助支持，唐文治当年来无锡定居就得到了周舜卿家族的帮助，而薛南溟家族和钱基博、钱基厚也是旧交。1936 年 7 月成立的学校董事会名单如下：钱基厚(孙卿)、俞复(仲还)、顾倬(述之)[②]、顾宝琛(彬生)、丁福保(仲祜)、邹家麟(同一)、蔡其标(虎臣)、孙家复(飕香)、钱基博(子泉)、穆藕初(湘玥)、荣德生(宗铨)、唐保谦(滋镇)、华绎之(士巽)、程炳若、蔡缄三(文鑫)、荣宗敬(宗锦)、杨寿楣(翰西)、刘鸿生、丁彦章、陆仁寿、陈纶(谷岑)、秦冕钧(祖同)、陶守恒(达三)、杨寿枏(味云)、任传榜(筱珊)、孙宗海、高阳(践四)、周毓莘(伊耕)、冯振(振心)、惠美珊、侯鸿鉴(葆三)、杨仁溥等[③]。从这份名单中，我们可以看到几乎当时无锡的名门望族都参与其中，

① 裘廷梁. 无锡白话报[J]//薛明剑，李钟瑞. 无锡杂志[M]//无锡文库：第二辑. 南京：凤凰出版社，2012：299.

② 顾倬(1872—1938)，字述之，以字行，别号云窝。1893 年考中秀才，江苏省第三师范学校创办人。1903—1904 年赴日留学，进入弘文学院师范科学习。

③ 刘桂秋. 无锡国专编年事辑[M]. 北京：中国大百科全书出版社，2011：73.

十个经济校董每年共承担经费五千元，又呈请省款补助，每年得三千元。[①]

在全国推行白话文的浪潮之下，无锡国专以特立独行的姿态，坚持自己的办学理念，在国学研究、文史教育等方面培育了大批高质量的人才。古有东林书院，近有无锡国专，这两张文化“名片”，可以见证无锡的文教底蕴。

（2）民智初启

清末之际，西学渐进，言论和出版自由的意识也得到了逐步的启蒙和认知，1912 年《中华民国临时约法》的颁布，其第二章四条规定“人民有言论、著作、刊行及集会结社之自由”。以此作为民国时期“宪法性”的大纲，使得广开言路得到法律性的保护。1917 年，陈独秀在《新青年》发表《文学革命论》，将文学和社会革命紧紧联系在一起，文学革命运动更是得到大力推进。受其影响，之后无锡的业界革新热情更为高涨，大力提倡白话文，民声民言得以畅通，新闻通讯广开言路，纷纷组织党团办报刊，无锡当时的新闻报刊业界可谓是相当活跃。

无锡人创办报纸敢为天下先。早在 1898 年的四五月份裘廷梁、裘毓芳（裘廷梁堂侄女）等就创办了《无锡白话报》，这是无锡最早的白话报纸，也是中国早期白话报之一。其旨在启民智，推动变法，一方面为戊戌变法做出政治文化方面的积极回应，另一方面又为报刊走向现代化起到一定的示范作用。五日一期，每期有十多页，到“百日维新”失败前夕，栏目有中外记闻、海外丛谈、海外奇闻、五大洲邮电实录、海外妙喻、海外拾遗等

---

① 唐文治. 国学专修学校十五周之过去与未来[N]. 新无锡，1936-06-20(4)，1936-06-21(4)，1936-06-22(4).

等，大多是转载转录了大量国外要闻，介绍欧洲国家的兴衰沿革、史地风情、政策举措，宣扬新政，稿源不太多且略显滞后，但对于无锡民智开启、理解支持新政等方面，无疑起到了极大的推动作用。《无锡白话报》的第五期和第六期开始合为一期，改名为《中国官音白话报》出版，这和上海的《演义白话报》[①] 等多种刊物一起，共同推动着沿海沪苏杭地区出现了白话期刊群落。裘廷梁的白话文主张在清末民初具有广泛的影响，他的文章《论白话为维新之本》一文，曾被梁启超主办的立宪派的先锋报纸《清议报》所转载，可以看作晚清白话文运动对十多年之后的民国新文化运动的铺垫。

当时的无锡，有一大批主张白话文的学者在积极响应这样的呼声：

> 无锡做白话文头一个人，是吴举人名眺，号叫稚晖。他两三年前，做出好几种白话书，个个看了佩服，可惜都未做完。
>
> 但现在城里举人秀才，个个想做白话书，除本馆做书的几个人，不必再说，另外还有七个举人，是窦士镛号晓湘，高翔号伯安，杜嗣程号香如，杨寿棫号味云，俞复号仲培，许士熊号侣憔，华申祺号硕甫，一个优贡，是秦瑞玠号晋华，一个廪生，是秦宝钟号鼎臣，四个秀才，是蔡檝号荫阶，顾祖玑号子重，祝简号汉青，华文祺号纯甫，都要拣天下有用的书，演成白话，这十个人，都是有学问有名声的，有几个说要做公法律例书，有几个说要做格致工艺书，

---

① 《演义白话报》1897 年 11 月 7 日创刊于上海，刚开始是日刊，后改为五日刊，是中国最早以“白话”来命名、以白话来撰稿的报纸。

做成白话，都叫木馆代刻，这白话风气开了，以后做白话的，越出越多，可以做到中国四万万人，个个有见识，有学问，白话的功劳，比文理极好的书还大，这都是天下人的福气。[①]

无锡早期的许多其他的报纸和《无锡白话报》一样，都承担着地方的文化启蒙任务，但其实它们办刊风格各有不同，这和办报者群体有关。《锡金日报》创刊于1910年（1912年后改为《锡报》）。《锡报》编辑吴观蠡是当时的文化名人，自号半老书生，这份报纸反映商情的报道非常多，而谈论国家大事的社论就显得很少，运用春秋笔法、四平八稳。《新无锡》（日报）创刊于1913年9月11日，创办者杨楚孙受到了杨翰西的资助，报纸分为“国事纪要”“地方要闻”“市乡所闻”“官厅披录”“小说”“文苑”“锡铎”“滑稽专电”等栏目，多反映商界情况，时有商情，受到市民的欢迎，于1937年8月因日军进犯而停刊。五四运动以后，马克思主义在无锡广泛传播，报纸起到不小的作用。《五七月刊》[②] 就是无锡早期宣传马克思主义的报纸，于1920年9月25日出版，由唐光明主笔，伸张正义、呼吁抵制日货和日币。《无锡新报》（日报）创刊于1922年9月1日，由李柏森任社长，宣传新文化，还特别邀请进步学子撰稿。没过多久又有增刊，每月1日增出《无锡新报·文学月刊》，每月15日增出《无锡新报·思潮月刊》，均为四开四版，由钱基博主编，提倡国学，所刊发的时论，多体现了社会教育功能。《人报》在图书馆路创

---

① 裘廷梁. 无锡白话报[J]//薛明剑，李钟瑞. 无锡杂志[M]//无锡文库：第二辑. 南京：凤凰出版社，2012：3.

② 《五七月刊》，这个名字因“救国五七团”而起，意思是不忘1915年5月7日袁世凯接受的“二十一条”。

刊于1932年2月26日，王昆仑筹措资金并担任社务委员会主席，这社务部是一群青年人聚集的地方，比较重视社论，常常在国家大事上评头论足，个性鲜明。

此外，1923年1月薛明剑、李毓珍主编《无锡杂志》。1924年11月张云耕创办《益智报》。1924年11月钱之清创办《华墅报》。1925年6月以五卅运动为背景创办的《血泪潮》。1924年成立“锡社”，《无锡评论》创刊，此刊物由旅沪大学生创办，以“提高国民的常识，促进无锡社会生活为宗旨”。1925年9月《无锡通俗教育报》创办。1928年3月杨重远在光复门外创办《民报》。1928年8月仲哲书院弄创刊《国民导报》。

从无锡办报人群体来看，到了五四时期前后，国内革命情绪进一步高涨，有一定现代意识的从新式学堂培养出来的知识分子群体也已经形成，他们改变了洋人办报、士绅办报的历史，为报刊业的兴盛奠定了人员基础。加上留洋学生归国，更是壮大了这支队伍。

而在办报的形式上，白话文作为媒介取代文言文是历史的选择，语言和文化不再是知识阶层的专享之物，其必然与语言的平民化、文学的平民化互为因果，共同推进了无锡当时的区域文化发展的进程。报刊出版业的兴盛，也培养了最早的一批平民文学阅读者，培育了通俗文学的消费市场。无锡工商业的发达在一定程度上为报业的发展提供了资金资助，也促使了报界进行技术革新。

（3）职业分化

科举制度的废止，传统的“士农工商”地位发生了急剧的转变。一方面，自鸦片战争之后，江南一带成为中国传统经济结构最早受到冲击的地区，到了20世纪上半叶，中国社会危机、民族危机加剧，不同阶层的人们都在思考着同一个问题：怎样挽救中国？文化救国、教育救国、实业救国、革命救国、科学救国等救国途径兴起。多元化的社会思潮不断地冲击着人们的观念，给人们指出了多条可能行得通的救国路途，有许多无锡志士，他们或走革命救国之路，如潘梓年、王昆仑、陆定一、潘汉年、秦邦宪等；或走科技兴国之道，如胡敦复、顾毓琇、钱钟韩、钱伟长等；也一些人改走实业报国之途，如匡仲谋、杨宗濂、杨宗翰、荣氏兄弟等；还一些留学生群体，他们走出国门进行更为广泛的中西文化的比较、借鉴和融通，如钱锺书、陈源、杨绛等。职业分化源于明清以后重农抑商的农耕思想逐步瓦解，人们的从业理念发生了根本性的转变，“文人”与传统意义上的士大夫阶层已有所不同，以至于出现了专业途径的多向分化，比如造就了一批以文为生的“职业作家”，从林纾用文言翻译外国名著，到向“鸳鸯蝴蝶派”主办的杂志投递通俗小说，“职业作家”从此诞生，这为文人在社会上找到了新的定位，成为寻找生存途径的有效出路之一。而报刊出版业兴盛，培育了一大批普通民众的阅读者，同时也养活了一批文人，很多人早年以向出版社、杂志社投递文稿为生，如刘半农、王蕴章、徐枕亚（旅居）等。另一方面，无锡的近现代职业教育起步早，诸多的职业门类开始清晰：1903 年创办廷弼商业学堂，1911 年创立“泾皋女子职业学校”，1911 年创县立初等工业学堂[①]，特别是 1919 年荣氏家族的公益

① 县立初等工业学堂于 1911 年 2 月 22 日正式招考，开课时仅有 2 位学生，陶守恒为堂长，校址首选在崇安寺西禅房右军涤砚池旁，1912 年招生已达 70 人，经县议员大会决议，将于年末(旧历)迁入学前街学宫旧址，后学校搬入新址学前街学宫内明伦堂旁，于 1913 年 2 月 22 日正式开学，改名为乙种工业学校，校长为杨曾谦(怀古)。1922 年，改名为商业学校，1925 年 8 月改名为县立初级中学(今无锡市第一中学前身)。

工商中学成立，分工、商两科，设工厂、商店和银行，在当时是设备较为齐备先进的职业学校。学科的专业化、知识分子的平民化是一种必然趋势和普遍现象。

职业学校逐步建立，打破了过去人们“重政轻技”“重道轻器”的观念，无锡的近现代职业教育体系逐渐形成，为本地区培养和储备了大量的专技人才，涌现了大批工程师、实业家等，在推进地区职业分化、推进民族工商业发展、满足本地区职业需求等方面起到了至为关键的作用。

（4）开放兼容

民国时期，无锡人们面对新旧交陈的现象安之若素。年轻一辈追逐时尚，铺张浪费，《无锡杂志》主编薛明剑曾经感慨：

> 无锡民风，素称淳朴，近十年来，渐染苏申繁华之习，日趋奢靡。每庆婚丧喜庆之事，辄不量家之有无，极尽铺张，以炫耀于一时，此仿彼效，相习成风，甚或不惜借贷变产，以贻日后之忧戚。[①]

在街市上，穿着洋装的青年和穿长袍褂子的人互相行礼并不少见，相邻的两条街新旧风格也可以迥然不同。以北塘门米市的古旧神秘和大桥堍缎庄的洋气华丽为证：

> 在晚上，大桥堍是多么的光明耀眼，在北门塘，却都已静悄悄的，紧闭门户，路上一片黑暗，往来行人，几乎要执起灯笼来引路。在白日，大桥堍是摩登男女来去不绝，在北门塘，几乎都是些大帛之冠，大布之衣的老古董。但考其实际，北门塘的营业，反着实要比大桥堍的缎庄京广货来得伟

① 薛明剑.改良礼俗之商榷[N].无锡通俗教育报，1927-06-20(2).

大。……以破旧不堪的米行，谁也不信一年要做几十万的营业。这不是使人无从捉摸，难以相信，而又十分神秘的商业吗？[①]

20 世纪 20 年代初，新文化运动就进入了一个新的阶段，西方思潮随着留学生归国而涌入了中国，和当时中国的固有文化产生了冲突和交融。这些留学归来的学子和未曾出国的本乡邑人相比，对中西文化的差异则有着不同层面的体认，虽然中国的固有传统早已深入地融入了他们生活圈、职业圈（对其影响更为深入久远），但是在他们眼里，却有着这样或那样的比照。陈西滢曾经在他的《模范县与毛厕》中说，“往往吃食店与毛厕，比邻而居”[②]，而钱锺书也曾经在小说中表达“土气”的印象。民国初年（1912）无锡虽有“小上海”之称，也有“小伦敦”的理想，但似乎也总能让人发现一些不尽如人意的地方。

（5）进取务实

无锡人积极进取，“三让之乡”的人们在进取的同时更愿意谦让而不愿意显山露水。无锡地处沿海，自古离政治中心较远，人们的聪明才智更多地用于发展经济，提高生活质量。到了 20 世纪，传统的民族手工艺生产受到西洋舶来品的冲击。以无锡泥塑为例，明清的这种极具江南乡土特色的彩塑艺术发展迅速，其制作成本不高，得到了普通百姓的喜爱，是娃娃们童年的“耍货”。民国初年（1912）却出现了危机，当时的中国已经成为西方列强们的商品倾销地，小到连玩具杂耍也是如此：

① 袁鸣. 商业社会之一角：北塘米市写真（一）[N]. 锡报，1932-11-07(3).

② 西滢. 闲话[N]. 现代评论，1925-08-22(13).

> 惠山泥货固吾邑出品之一，然墨守旧法，物品简陋，仅可为小儿玩耍品，即为玩耍品，犹为日本品所夺。崇安寺正月内之地摊，举眼一望，皆舶来品，而惠山泥人竟不能分其片席，此所以日人之输入吾国者，耍货亦为大宗，而吾邑乃以固有之工艺品且不能与抗衡，言念及此，可胜浩叹。[①]

头脑活络的无锡人，在积极地探寻着挽救之道，开设惠泥美术馆，开办艺徒学校，派学徒到上海传艺所学习天津泥人张的捏塑手法和西洋石膏翻模技术，改良工艺。当时惠山泥人坊，通过对专门技术人才的培养，使得这些传统的手工作坊逐步发展为规模生产的手工工厂，没过几年，就有了明显的变化：

> 惠麓泥人遐迩驰名，业此者昔日只有二十余家，近来逐渐添设多至七十余家，制作者共有三四百人，其销路之畅旺，营业之发达，于此可见。去年抵制劣货，提倡国货之呼声甚高。该业知振兴土货，时机已至，于是力图改良，大加刷新，颇为顾客所嘉赏。销路更形推广。今岁新正，外埠批去者亦属不少。故该业前途大有供不应求之概云。[②]

此外，锡商自有其特点，哪怕生意或名声已经很大了，都能守拙自立，当周围谈天聊起自己的时候，也往往恬然自持，似乎讲的不是自己。行走在无锡南门外薛南溟旧居旁的里弄里，青砖黛瓦，门头并不宽敞，低调得有似寻常百姓家。荣德生身价亿万，穿长衫，吃便饭，“节俭有如寒素”[③]，思虑周密而处

---

① 参观惠泥美育馆记[N]. 无锡日报，1916-02-09(5).

② 惠泉山之新年杂话[N]. 新无锡，1920-03-07(3).

③ 钱穆. 八十忆双亲　师友杂忆[M]. 北京：生活·读书·新知三联书店，2012：285.

事稳妥，说他精明理性也好，说其谦让、有智慧也罢，“务实”方是根本。

(6) 现世享乐

民国时期，无锡的风景名胜很多，惠山锡山小箕山、蠡园、梅园、寄畅园、渔庄、锦园、鼋头渚，城中公花园，二泉名胜，太湖风景，运河沿岸……文人墨客流连忘返，留下了许多墨迹和游记。民国时期无锡人好“白相”，追求现世享乐，工商大佬对此还推波助澜，无锡的多处园林，除了寄畅园外，多是民国时期建造或扩大的。《锡报》记者曾经记载当年胡适博士游览鼋头渚后痛赞其“阔大壮丽”，“谓将买地一弓，终老此乡，惜此愿不易偿耳。迟至来年夏季，必买舟重游，领略湖光山色”①；周瘦鹃当年畅游无锡东大池、梅园、鼋头渚之后，发出了感慨“无锡的富翁，真真会白相，比了任何那一地的富翁都来得会白相”②。对此，无锡人有自己的理解，薛明剑认为“世界繁华之地，皆有天然之风景名胜，且未有不尽人工之巧者，西人谓风景为发达地方之原素，非虚语也”③，薛明剑夫人李毓珍进一步说明，公园建设对于社会教育的形成有“实益”，是社会教育的重要的组成部分：

> 东西各国，凡居民较繁之处，皆设公园，通都大邑，虽寸地千金，亦莫不设有公园也。大者附设博物、图书、游艺、技术、铜像及体育等类，小者仅仅栽花种竹，引水穿池。要皆足以培养美育启发智育，借以养成高尚之思想，锻

---

① 德先述，观蠡记. 胡博士一席谈：下[N]. 锡报，1928-02-03(4).

② 穆. 无锡富翁会白相[N]. 锡报，1928-05-06(4).

③ 裘廷梁. 无锡白话报[J]//薛明剑，李钟瑞. 无锡杂志[M]//无锡文库：第二辑. 南京：凤凰出版社，2012：210.

炼健全之身体。①

无锡民族资本家、乡绅家族他们忙于修建公园、铺路搭桥，如兴筑开源路、通惠路、通惠桥、宝界桥等，他们有着自己的打算，《锡报》记载荣德生曾对人说过“若建筑风景区，盛理名胜，即能吸收外埠来锡游览人士之金钱。且工商业尚有失败之虞，名胜却无失败之日”②。荣氏梅园连连扩充，“梅园占湖山之胜，自开辟以来，日事布置，益臻美备，以是莅园游览者，络绎不绝，近闻该园主人，复拟扩充，现已购定附近之许山，约计幅员七十余亩，将从事布置云”③，民国时期的无锡因其独特的自然和人文环境吸引了许多文人到此驻足。无怪乎曹禺在创作话剧《雷雨》中通过周朴园的口道出了“无锡是个好地方”的感叹。

5. 结语

民国时期的无锡在挣脱小“县城”迈向“小上海”的路途中跋涉，迅速崛起的民族工商业，提高了人们的生活质量，促进了贸易的频繁往来，这个地区的社会结构、阶层结构也发生了较大的变化。经济繁荣是地区文化发展的一个强有力的后盾。新式学堂、职业学校的开办，为无锡地区之后产生了诸多文史大家和职业专业的分化奠定了基础；无锡新闻报刊业的涌现，则是为新文学的普及和现代性的传播提供了重要的传播媒介和主要载体；无锡出版业的兴起，为学堂提供了读本和教材，为新闻报刊的出版提供了技术上的保障，同时也孕育了一大批热衷于通俗文学的读

① 裘廷梁. 无锡白话报[J]//薛明剑，李钟瑞. 无锡杂志：梅园号[M]//无锡文库：第二辑. 南京：凤凰出版社，2012：331.

② 锡山通讯社. 鼋头渚游记：新气勃勃迥非昔日之比 沿湖一览尤足豁人心胸[N]. 新无锡，1933-10-05(2).

③ 梅园有扩充消息[N]. 锡报，1920-10-18(3).

者。民国无锡区域文化的特殊性，对于这些生于斯、长于斯的人们，其影响是甚为深远的，它使得相当一批文化人在处理社会问题、历史问题和艺术方法上，存在着与其他地区显然不同的选择，一些诗人、作家和学者，先后走出了这座城市，以各自不同的精彩，成为现当代文学史上一次又一次被关注的焦点。

二、精神内守：传统儒生与无锡国专

（一）无锡学堂转制和新学的兴起

19世纪后半期开始，经洋务运动、戊戌变法，一些有识之士对近代中国遭遇“内忧外患”有着深刻的体认，他们走出国门，探究救亡图存的良方。“曾门四弟子”之一的薛福成，其父亲薛湘八股文极佳，被称为当时的“薛调”。但薛福成对科举看得很淡，面对兵燹动荡，百姓离乱，他逐步意识到教育和变革的重要性。他关注和学习西方的科技、文化和教育制度，早年在《选举论》《上曾侯相书》等文章中表达了他对于国家人才的重视，指出了科举取士的弊端。当他出使西洋对西方教育制度作了细致考察之后，有了更深刻的认识，他重视教育的普及和专业化，主张学科专业化，他在游记中写道：

> 西洋各国教民之法，莫盛于今日，凡男女八岁以上不入学堂者，罪其父母。男固无人不学，女亦无人不学，即残疾、聋瞽、暗哑之人亦无不有学。……夫观大局之兴废盛衰，必究其所以致此之本原。学校之盛犹如今日，此西洋诸国所以勃兴之本原欤？①

① 薛福成，蔡少卿．薛福成日记：下[M]．长春：吉林文史出版社，2004：607.

清末民初，无锡建立了竢实学堂、三等蒙学堂[①]、东林学堂[②]、胡氏公学、果育两等学堂[③]、廷弼学堂[④]、竞志女学[⑤]、鹅湖女学[⑥]、匡村初等小学堂[⑦]、公益小学校[⑧]、省立第三师范学校[⑨]等新式学堂，其中大多废除了《癸卯学制》中“讲经读经”的课程，并且这在光绪三十一年（1905）科举制度废止前就已成气候，“晚清以下，群呼教育救国，无锡一县最先起”[⑩]，一时开中国新教育风气之先声。民国元年（1912），学堂改学校，无锡的教育更是发展迅速，全县有小学 145 所（其中公立学校有 63 所），新式教育的兴起，为后来的新文化运动蓄势。到了民国二十四年（1935），全县有小学 402 所，儿童入学率达到37.9%[⑪]。新式学堂发展迅猛，使得中西文化的冲突由背后的鼓荡走到正面的

---

① 三等蒙学堂成立于光绪二十四年(1898)9 月，吴朓(稚晖)、俞复(仲还)、丁宝书(芸轩)、曹铨(衡之)、陈育(字仲英，陈西滢之父，吴稚晖的表兄)等人得到裘廷梁赞助而创办，课本由丁福保、秦晋华、曹衡之等人自编《蒙学读本全书》，开中国教科书之先。

② 东林学堂，其前身是著名的东林书院，于光绪二十八年(1902)改制为新学堂，秦邦宪、陈翰笙、薛暮桥、钱锺书、杨荫浏等曾就读于此，今为东林小学。

③ 果育两等学堂成立于光绪三十一年(1905)，华鸿模创办，后民国二年(1913)华绎之(华鸿模长孙)继任，并易名“鸿模”，钱伟长、王莘、华君武、钱临照曾就读于此，今荡口小学的前身。

④ 廷弼学堂成立于光绪三十一年(1905)，周舜卿创办。无锡东绛小学前身。

⑤ 竞志女学成立于光绪三十一年(1905)，侯鸿鉴创办，开创了锡地女子学堂先河。今东林中学的前身。

⑥ 鹅湖女学成立于光绪三十一年(1905)、华子唯(华世芳长子)、华倩朔创办。

⑦ 匡村初等小学堂成立于光绪三十三年(1907)，匡仲谋(名启镛，以字行)创办。现省锡山高级中学前身。

⑧ 公益小学校成立于光绪三十三年(1906)，荣德生、荣宗敬创办，今育红小学的前身。

⑨ 省立第三师范学校成立于 1911 年，顾倬(述之)创办，合东林讲学之精神，立“弘毅”为校训，无锡高师的前身，培养了杨荫浏、薛暮桥、钱松嵒等一大批杰出人才。

⑩ 钱穆. 八十忆双亲 师友杂忆[M]. 北京：生活·读书·新知三联书店，2012：286.

⑪ 谈汉人，无锡县志编纂委员会. 无锡县志[M]. 上海：上海社会科学院出版社，1994：794.

交锋。

（二）无锡国专、学衡派和南方文化圈

民国前期“学分南北”，北方学人清新洒脱，南方学人皓首穷经，学人依托大学的平台来传播各自的文化观，当时的北大派和南高派有着文化观念上的诸多不同。1920 年 1 月，北洋政府教育部下令学校以国文作为语体文，同年 7 月，习惯于文言笔法的钱基博编撰了白话文教材《语体文范》，而裘廷梁从中读出了钱基博对白话文家的“愤愤不平”，于是在 1921 年第 2 期的《无锡县教育会年刊》上发表了致钱基博的公开信，并与之来回论争，引发了无锡范围内的“文白之争”。1920 年 6 月 22 日美国教育家杜威到无锡讲学，西方文化理念深入锡地学界，此后，以胡适为首的北方新潮派与以吴宓为主的南方学衡派掀起了“文白之争”，在一定程度上影响了无锡整体文化指向。

无锡国专和南京文化圈多有联系，1928 年大学院（教育部）派南高派代表人物王瀣、汪东和柳诒徵等人到无锡国专考察，鉴定结果为成绩优良。钱基博也经常给学衡派的主阵地《国学丛刊》《武汉日报·文学副刊》等杂志发表文章，从这一点来讲，无锡国专和学衡派可以说是同声相应，同气相求的。钱基博在《国学文选类纂》中曾经对学衡派有如下评价：

> 丹徒柳诒徵，不徇众好，以为古人古书，不可轻疑；又得美国留学生胡先骕、梅光迪、吴宓辈以自辅，刊《学衡杂志》，盛言人文教育，以排难胡适过重知识论之弊。一时反北大派者归望焉，号曰“学衡派”。①

---

① 钱基博. 国学文选类纂[M]. 上海：上海古籍出版社，2012：10.

也有学者认为南高派有时过于顽固（比如坚决抵制白话文）。但在今天看来，南高派和国粹派并不一致，学衡派的脉络中流淌着西方哲学和人文主义的血液，也更注重世界性的一面。西方文化从 19 世纪的浪漫主义到 20 世纪的现代主义的演进，其重物质和重自然的理念，在提升人类自身价值方面功不可没，但放任其泛情，引起了一些学者的警觉，如新人文主义者白璧德。学衡派将白璧德的新人文主义引入中国，主张对西方文化要慎重择取，质疑激进的西化，认为应在自然发展中寻求变化；主张博雅文化，展现精英姿态，反对文学对大众的迎合和屈就，反对普众文化……这些都导致了时代对他们迎头痛击，被当时的新人斥为"假古董""复古派""保守"等。学衡派为了旗帜鲜明，难免意气用事，"'学衡派'的刊物上绝不允许白话新诗出现，东南大学—中央大学也不允许新文学进入课堂"[①]，这遭到了一些人的诘责，《学衡》杂志后来也销量日减，"平均只有数百份"[②]，和胡适、吴宓等双方关系都不错的陈寅恪也认为"对社会无影响，理应停办"[③]。

中西方历史文化发展并非同步。五四时期，大多数国人"人的觉醒"意识才刚刚开始，狂飙突进也是矫枉过正。南高派主张虽有理性的作用，但有着苍凉的悲情。学衡派如果换一种方式进行温良纠偏的话，或许两者之间可以达到良性的平衡。正如乐黛云先生在论述保守主义、自由主义和激进主义时所说的，"他们主张在原有基础上渐进和改良，不承认断裂、跃进和突变。事实上，保守主义、自由主义、激进主义三者往往在同一框架中运

---

① 沈卫威. 民国大学的文脉[M]. 北京：人民文学出版社，2014：85.

② 沈卫威."学衡派"编年文事[M]. 南京：南京大学出版社，2015：193.

③ 沈卫威."学衡派"编年文事[M]. 南京：南京大学出版社，2015：193.

作，试图从不同途径解决同一问题，它们在同一层面上构成的张力和冲突正是推动历史前进的重要契机”①。西学之鉴，不能简单平移，也不能隔断传统，“将盆中之小儿亦随之弃掷也”②，而应该建立一种新的良性秩序和规则。

无论是国专教员还是学衡导师，这些同属南方文化圈的文化人大致有着相同或相近的文化志趣。他们有着一定的理想主义，也相对有一定的保守主义因子，他们期待以更为温和的、循序渐进的方式去改变这个世界。

（三）无锡国专“逆行”及“国专”人的诗情取向

民国二年（1913），教育部颁布号令，正式将文学分为国文学、外国文学与言语学，“中国文学”开始日趋独立和专业化。民国十一年（1922）政府废止了文言文教材（除了专门的国学专业），使用语体文（白话文）。新式教育制度和留学生制度的实施和推行，让知识阶层的努力方向和方式都发生了较大的变化，传统儒家知识分子成为国学专家，还形成了一批新型的作者与读者群体。他们对于中西文化的内容和表达形式进行了重新审视和整合。

虽然说新文化运动在一定程度上对旧体文学造成了冲击，在20世纪20年代也取得了辉煌的胜利，但是旧体文学在一定程度上和一定范围内仍然被人所重视这个现象却不能被遮蔽。民国文学界、学术界仍然有着偏向传统的志趣，要讲学养功底，人们更认可的是古典文学研究者，狂狷如刘文典就放言讽刺过白话文小说家，钱锺书也曾经在《围城》中曾调侃“只有做旧诗的人敢说

---

① 乐黛云. 世界文化语境中的《学衡》派[J]. 陕西师范大学学报(哲学社会科学版)，2005(3)：28.

② 白璧德. 白璧德中西人文教育说谈[J]. 胡先骕，译. 学衡，1922(3)：4.

不看新诗，做新诗的人从不肯说不懂旧诗的”。这是一个新旧交融的时期，或者说复古和革新本身就是交织在一起的。

当然能够表达国专人审美价值取向和精神旨归的，可以有很多方面的描述，这里仅以诗歌创作为例。20 世纪上半叶，很多人认为旧体诗受到西方诗学影响，蕴含了体现现代性的某些特点，在旧体诗的框架下接受了诗学革命者所提出的范式转型，正所谓“以旧风格含新意境”[①]（《饮冰室诗话·六三》）。在此背景中，《国专月刊》[②]《变风社诗录》[③] 等大量收录了国专师生的旧体诗作品，其所呈现的范式转型和诸多情怀可供后赏者观览。一些老派文人，他们并非泥古不化，很多也是清醒者、社会文化变革的支持者，有些是区间速度问题，而不仅是共时方向问题。1911 年 8 月还在学部任职的陈衍（即石遗老人）听说辛亥革命爆发，就曾经公开地说“惟有请今上逊位”[④]。一些欧美、日本留学归国人员，他们古典文化根底深厚，家学渊源也是根植于传统文化，陈寅恪受父亲陈三立的引导和影响，虽然留洋多年，但却一辈子都用文言写文章，等等。

1920 年，无锡国专开办在白话文运动蓬勃兴起之际，被称为桐城派文人的聚集地。唐文治早年就与桐城派吴汝纶[⑤]旧识，

---

① 梁启超. 饮冰室诗话[M]. 北京：人民文学出版社，1959：51.

② 《国专月刊》是无锡国学专修学校学生自治会（1935 年 3 月—1937 年 6 月）发行的，创刊于民国二十四年（1935）三月十五日，每月一期，每学期五期，合称一卷，两年多里一共刊发了五卷二十五期。栏目有论著、文苑（诗词）、谈丛等。

③ 1940 年，无锡国专上海分校的学生严古津等人发起结成的“变风诗社”，“变风”两字是教务主任王瑗仲（蘧常）命名的，诗社成立后，征集诗歌作品四次，由钱仲联挑选，王瑗仲审查，结集出版命名为《变风社诗录》。

④ 林东源. 坚守在荒寒之路：陈衍评传[M]. 福州：福建教育出版社，2006：252.

⑤ 吴汝纶（1840—1903），字挚甫，安徽省桐城人，晚清文学家、教育家，是“曾门四大弟子”之一。

“（1901年）11月（十月）先生谒见吴汝纶，向其请益为文之法与读文之道”[①]“辛丑（1901）十月，先生访余于绍（马佳·宝琳之子绍英）宅之愚园……先生见余，欢然如旧相识”[②]，1902年唐文治到日本访问时在庆亲王载振所住会馆与吴汝纶“不期而遇，至为欢洽。屡次相约夜谈，论古文源流，并曾文正行谊宗旨甚晰”[③]，“余大心折，如是者纵谈三夜不倦”[④]，而著名的“唐调”吟诵法，一向被认为是桐城派“因声求气”读文法的继承和发扬光大。无锡国专的学生中有颇多后桐城派人物，如桐城“殿军”马其昶之长孙马茂元、马其昶之外孙舒芜之兄方重恂、“桐城最后一位大师”吴孟复等。

20世纪二三十年代后，白话文已成气候，旧体诗词慢慢退出了主流，成为人和人之间表达情志、闲暇之余娱宾遣兴的某种方式和交往手段，所表达的内容则可以“旧瓶装新酒”，不刻意用典，务求近香山乐府之作，平易通俗。而一场新文化运动，之后也伴随着整理国故运动，胡适高举实验主义的旗帜整理古文，在当时引起了驳杂的评论。无论文学向哪个方向发展，都割不断和传统文化志趣的关联。

五四时期，旧体诗被看作是需要被革新的某种文学符号。五四时期的激进派人士认为旧体诗严苛的格律要求及格式规范严重束缚了诗人的情感，从而被他们指斥为僵死的文学。虽然旧体诗创作失去了诗歌的主导地位，但是其发展并没有中断过。传统的

---

① 刘桂秋.唐文治年谱长编：上卷[M].上海：上海交通大学出版社，2020：156.

② 唐文治.茹经堂文集[M]//民国丛书：第五编.上海：上海书店，1996：23-24.

③ 唐文治.茹经先生自订年谱[M].无锡民生印书馆，无锡国学专修学校学生会校印，1935：48.

④ 唐文治.茹经先生自订年谱[M].无锡民生印书馆，无锡国学专修学校学生会校印，1935：49.

文学志趣，桐城遗脉以上海的《青鹤》杂志为代表，传统诗学以陈衍等同光诗人团体为代表，国学研究以唐文治执掌的无锡国专为代表，都已体现了时代变革的表征。江南一带的文人偏向传统的审美文风，是受其家学影响，他们对于文言旧体的使用习惯和审美喜好贯穿他们一生。而很多曾经在新文学阵营摇旗呐喊的文学先锋们，他们曾经对旧体文学口诛笔伐"现在已成假诗世界"[①] "选学妖孽，桐城谬种"[②]，从抒发情志到格律音韵都做了全面批判。而到了20世纪30年代以后，其中的一些人重新开始写作旧体诗歌，郁达夫就曾经自嘲为"骸骨迷恋者"[③]，还有沈尹默、俞平伯、郁达夫、周作人、朱自清、老舍、郭沫若、叶圣陶、田汉、闻一多、聂绀弩等，举几例诗人及作品：郭沫若《题兰》（1937）、《写给横滨友人》（1937）、《黄山探梅》（四首）（1943）、《山容》（1943），叶圣陶《挽鲁迅先生》（1936）、《鹧鸪天》（1937）、《卜算子》（二首）（1937）、《浣溪沙·战事初作苏州即事》（1937）、《水龙吟》（1939），老舍《贺全国文艺界抗敌协会成立》（1938）、《哭王礼锡先生》（1939）、《蜀村小景》（1942）、《桂渝道中杂诗，寄桂友》（四首）（1942），田汉《御街行·香港》（1929），茅盾《渝桂道中口占》（1941），等等。诗人们用旧体诗再现了当时的战事和时代生活。哪怕是胡适，到了晚年也曾写过"旧诗"，对"古文、诗、词，出口成诵"，对郑孝胥的诗歌尤为激赏，"律诗难做啊！要做到郑苏戡那样的律诗要下几十年的功夫啊！"[④]

---

① 刘半农. 刘半农文集[M]. 北京：线装书局，2009：175.

② 钱玄同. 致陈独秀[N]. 新青年，1917-02-01(12).

③ 郁达夫. 郁达夫全集：第四卷[M]. 上海：北新书局出版部，1929：145.

④ 木令耆. 海外华人作家散文选[M]. 广州：花城出版社，香港：生活·读书·新知三联书店香港分店，1986：209-210.

新文学阵营中有一些抒写旧体诗者，除了有家学传统者因一时兴致所至创作旧体诗，有一些甚至是成年以后才开始学习创作旧体诗的，如闻一多、老舍、沈从文、应修人等。他们的转向当然有着复杂的原因，诸如旧体诗的形式经过千年的发展形成了独特的审美价值和文化内涵，新诗在音韵、声调等方面尚不够成熟，需要更长时间的打磨等等。而钱玄同早在 1906 年日本早稻田大学师范科留学期间就拜入章门，因“极端地崇拜”而“对章氏执弟子礼”①，也没有断过他研究“小学”（文字训诂、音韵方面的学问）及其他传统学术，晚年辅助章太炎整理著作，帮助刘师培整理遗作等等，思想趋于平和。刘半农也曾经感叹旧体诗典雅的审美魅力，对旧体诗赏读的喜爱也经常流露笔端，提出改韵和非主流“并存”的想法，1933 年 9 月 16 日刘半农开始在《论语》第 25 期上陆续发表《桐花芝豆堂诗集》，采用了文言笔法、旧体诗的形式，他解释道：“正如十年前，我们对于文言文也曾用全力攻击过，现在白话文已经成功了气候，我们非但不攻击文言文，而且有时候自己也要做一两篇玩玩。”② 20 世纪 30 年代，白话文已然成为主流，新旧文体、新旧诗歌逐步走向了融合。

清末民国的旧体诗作品，既有着古典诗歌的体例，又被赋予了现实性的诸多体现，“其述事也，举今日之官书会典方言俗谚，以及古人未有之业，未辟之境，耳目所历，皆笔而书之”③，即后来的“以旧风格含新意境”（梁启超《饮冰室诗话》）、“以新材料入旧格律”④（吴宓《空轩诗话》）等主张。清末黄遵宪曾是这

① 曹述敬. 钱玄同年谱[M]. 济南：齐鲁书社，1986：9.

② 鲍晶. 刘半农研究资料[M]. 天津：天津人民出版社，1985：228.

③ 黄遵宪. 人境庐诗草[M]. 上海：商务印书馆，1937：1.

④ 吕效祖. 吴宓诗及其诗话[M]. 西安：陕西人民出版社，1992：241.

种尝试的先驱者，他在《今别离》四首[①]中描写到了轮船、火车、电报、照相等事物，用乐府杂曲歌辞旧题，将其又赋予了新意，让人觉得有新奇之感，梁启超赞誉“要之，公度之诗，独辟境界，卓然自立于二十世纪诗界中，群推为大家，公论不容诬也”[②]。钱锺书虽然指出了黄遵宪的诗歌“俗艳”的不足，但还是称之为“霸才健笔”。以此观之，旧体诗歌在过渡转型期体现着一个变化的过程，由生硬到自然，如现代意识伴随着社会时代、时空变化推延，也呈现出不断延展的过程一样。清末民国旧体诗创作主体，因其本身的社会角色、教育背景、知识结构、文化理念等也在发生着不断的变化，其采用旧体诗形式更多反映文化认同、自娱自乐、传承守护、身份认同、写作习惯使然等心理，但其所反映世态风物，早已具有了适时的内容，甚至对于现代的新体诗歌产生了很多关联及影响，白话诗人及作家在创作的同时，也会采用遣词炼句等传统手法。

清末民国时期的旧体诗，在近现代文化发展的进程中，有着过渡期独特的审美价值内蕴。无锡国专的国学宗旨、民族道义、方式选择、传统人格等都体现着时代的某些方面，其中有一批颇具影响力的诗人，他们的作品流传于世，如钱仲联和王蘧常的《江南二仲集》(1927)、陈衍《石遗室诗》(1929)、冯振《自然室诗稿》(1933)以及《自然室诗续集》(1942)等等。无锡国专学生自治会主办的刊物《国专校友会集刊》《国专季刊》《国专年刊》《国专月刊》中留存着大量的旧体诗词作品。

---

① 黄遵宪. 人境庐诗草[M]. 上海：商务印书馆，1937：71-72.

② 梁启超. 饮冰室诗话[M]. 北京：人民文学出版社，1959：24.

中国传统的诗歌理论中，“诗言志，歌永言，声依永，律和声”（《尚书·尧典》）[①]，其“诗言志”被认为是中国古典诗歌的本质属性，朱自清在《诗言志辨·序》中将此作为古典诗论的“开山的纲领”[②]。“志”，可以认为志向、抱负和政治理想，却又不便明说，而是通过委婉吟诗的方式表达出来，这样就形成了诗。所以中国古典诗歌的入世情怀，为社稷苍生而呼号，从来就没有阻断过。进入近现代时期，在诗歌当中反映时事生活的越来越多，新旧之间、传统和现代之间，表现出较为复杂的社会内容、思想立场，《国专月刊》中大量的作品反映了当时时代的人们内心的某种情绪，也反映了当时时代的某种情绪。我们把“文苑”中留存的师生诗词主题分为四个类型（并举例拾零）：

1. 思念亲友，抒发怀乡离情

减兰（减字木兰花）题张鉴先生十年浪迹图[③]

（杨铁夫）

十年瞬耳，沧桑笑裂麻姑齿。晏子狐裘，抵债寻常入酒楼。
鲲鹏斥鷃，大小乾坤皆过眼，柳雪葭霜，到处吾家第二乡。

2. 托物言志，书写个人旨趣

谢客画松[④]

（卢寄沤）

西风萧瑟响寒蛩，天半传来一纸松。
三径早标征士节，五株不受大夫封。

---

① 王世舜，王翠叶. 尚书[M]. 北京：中华书局，2012：28.

② 朱自清. 诗言志辨[M]. 上海：华东师范大学出版社，1996：4.

③ 杨铁夫. 减兰题张鉴先生十年浪迹图[N]. 国专月刊：国风社诗选，1935-10-15(71).

④ 卢寄沤. 谢客画松[N]. 国专月刊，1936-05-15(77-78).

梦中霜雪疑飞鹤，腕底风雷欲化龙。
我夙盘根坚素志，丹青点染若为容。

3. 感时伤世，表现沧桑世事

忆江南　呻吟曲

（郝肃仪）

歌当哭，身世本浮鸥。我自多愁春莫管，两行泪寄海西头。心事逐波流。

无限恨，芳草碧连天。惆怅梁鸿溪夜月，梨花枝上五更鹃。幽怨葬寒烟。[①]

4. 因事而发，抒发豪迈情怀

国技课练大刀有感口占[②]

（邓戛鸣）

关河风雨正防秋，
立马中原志未酬。
吾世不堪疆宇失，
要将铁血铸神州。

这些旧体诗的创作主体有着深厚的古典文化学养，诗词作品是他们在那个时代对国家兴衰的某种表达方式，他们用自己的方式思考和抒写关于家国之难、民族危亡、文化传承等现实问题，其中不乏激奋人心之作。正如冯振所说：

国家之变，离乱之苦，战士捐躯之壮烈，民众赴难之奋勇，不特生平所未经，抑亦亘古所稀有。其惊心动魄，可歌

① 郝肃仪. 忆江南 呻吟曲[N]. 国专月刊,1937-02-25(79).
② 邓戛鸣. 国技课练大刀有感口占[N]. 国专月刊,1935-11-15(74).

可泣，固足以播之诗章，传诸天下后世而不朽。[①]

而到了20世纪40年代初，战火纷飞，丧乱之世，内外交困，诗人们感叹民瘼，实为切切心声。很多文人通过旧体诗歌表达这份情感。无锡籍的很多诗人、无锡国专的师生们也在各地通过各种方式表达着或沉郁顿挫或慷慨激昂的时代情绪。

1940年无锡国专上海分校的学生结集出版了《变风社诗录》，大量抒写了对侵略者的愤怒、对战争胜利的渴望。

江边

（陶希之）

沧波东望海连天，如此河山正惘然。
落照明边余鸟影，暮云多处杂狼烟。
千艘战舰横江立，异国旌旗闪日妍。
传语蛟龙休跋扈，扶桑濯足待他年。[②]

在特殊的时代背景下，诗歌作品更多表现了伤乱忧生的、爱国抗敌的主旋律，抗战进入相持阶段以后，这种悲愤满怀和抗战必胜的信念更是激发着中国人民团结、共同抗敌的信心。

当然，除爱国主旋律之外，一些旧体诗人还会表达出对现代人性的揶揄、对个人情怀的抒发、对寻常生活的感喟等。但是无论何种类型诗歌，都离不开现代生活关于“现代性”的某种体现。有些壮怀激烈，有些则隐而不彰。

20世纪上半叶，无论是黎锦熙、刘半农、赵元任等人对古典

---

① 冯振著，党玉敏、冯采苹编校点．自然室诗稿与诗词杂话[M]．桂林：广西师范大学出版社，1989：110．

② 陶希文．江边[N]．变风诗社录，1941-02-09(26)．

音韵的改造，还是鲁迅等用旧体诗表现了现代觉醒者的启蒙立场，或是“国专”诗人们推敲炼句进行国学传承，这些都是现代旧体诗改造中值得重视的点滴过程。

从无锡国专留存的几份刊物来看，除了诗歌创作以外，更多收录了对儒家典籍及诸子学说的再阐释或考证、传记铭文、随笔感想、游记散文等，可以看出这些文章都是师生在平时教学过程中、在日常生活中再进行思考和感悟的成果。他们对于古代诗文音韵、文字和训诂进行研究，为国家和民族培养了一批古文字学家。

第三章

20 世纪前半叶无锡作家分类概说

作家的创作活动深受地方区域文化影响，但问题并不简单。区域文化的形成自有其静态沉淀和动态变化的特点。作家的创作对象、创作内容和创作方式随之不断地调整，作家的自我身份在不断地变化，体现了具有代表性的区域文化选择，而文艺作品作为载体也正重塑着区域文化。近现代无锡区域文化是吴文化、儒文化、工商文化等共同作用下渐进形成的。而作家作为区域中的一分子，本身就代表了一种文化的存在，反过来又能为这个区域的文化特质塑型。所以，以无锡作家作品和现代文学作品中的无锡元素为研究的着力点，重视那个时代中的人文历史的复原和场景的还原，为探讨区域文化与现代作家创作的关联性，进一步解读相关作品提供了重要的维度。

可以这么认为，区域文化以一种变化不居、组合重构、多元共生的现象存在着，区域文化与次区域文化、区域文化与本土同质文化、区域文化与外来异质文化之间有着互动和交流的过程。受上海经济影响和南京政治辐射，民国无锡是一个多变多元、新旧交陈、务实进取、开放包容的城邑，“西服洋装”和“长袍褂子”互相行礼，新旧街道“毗邻而居”，异质文化间的对照显而易见，让我们联想到《围城》中鲍小姐的开放和苏文纨的矜持、行人着装的洋气和土气之间的比照，其本质上反映了 20 世纪三四十年代的江南本土文化与外来文化之间不同价值观导致的对立和融合。民国无锡的一批具有远见卓识的儒商乡绅，他们培养和支持子女远涉重洋，寻求真理和真知，这批学子归来以后，成为改变固有文化的新质，成为重塑文化无锡的重要力量。

在某些时候，区域文化中相对稳定的质性会成为那个时代主体性意识文化的对抗争鸣的一部分，如无锡国专在如火如荼的新文化运动时期的逆向而行，在民国无锡的文化圈里，还存在着坚持旧体诗、文言写作的文人群体，所谓坚持，未必是全然反对白话诗文或仅孤芳自赏，更多是想要传承文化和道德理想，以及从小写作习惯和个人审美志趣等等因素使然，如钱基博所言，不论是文言文还是语体文，“不过是人生一种应用的技能”① 而已。

在中国厚重的文化史册中，无锡到了近现代开始崭露头角，并大放光彩。1912 年无锡、金匮两县合一，民族工商业文明在此崛起，让这个含蓄的江南县镇名噪一时。它携带吴文化、东林文化的基因，承受工商文明的突变，展现了不同于周边的文化特色，获得了可阐释的基点。一座城市开始突破过去的固有形象，必然会迎来其内部和外界四面八方的评论或书写，无论何种声音，无不体现出新型城邑形象的崛起。这些书者的笔端可能会触及两个方面，一是他者对于无锡地区文化状态的体验和感受，一是无锡人自己对于包含着自身在内的社会人生状态的书写。

前者更多是偏感性的比较和陈述，他们对无锡的感受各有不

① 钱基博. 潜庐诗文存稿[M]. 武汉：华中师范大学出版社，2016：284.

同。鲁迅曾经讽刺无锡为“中国模范的名城”①。郁达夫则感叹无锡的乡村是“住家避世的最好的地方”“营五亩之居，筑一亩之室。竹篱之内，树之以桑，树之以麻，养些鸡豚羊犬，好供岁时伏腊置酒高会之资”②。民俗学家钟敬文饱览无锡太湖，即将作别之际，心怀依依不舍之情喟然感叹“我的心情是怎样比湖上的波澜还要泛滥啊”③。

而后者则关联着无锡人的出生区域、生活时代、成长经历、志趣爱好，以及其他因素，所以只有把不同质和不同时代的文化流变重新梳理之后，才能真正地把握近现代作家作品与无锡区域文化之间的内在联系。虽说一些作家往往会强调其小说的虚构性，反复说明小说中的人物与作家实际生活中的人物没有必然的关联，反对捕风捉影和对号入座，“角色当然是虚构的，但是有考据癖的人也当然不肯错过索引的机会、放弃附会的权利的”④，也有一些作家会谦虚地说“我之所思，实在也与世无补”，而只是一些“不关痛痒不着筋节的闲思虑”⑤，但他们所反映的价值取向和人生气度与在本地区生活着的人们中间有着某种隐性的体现。

一、社会变革：“现代文学”与“现代性”

（一）中国现代文学“现代性”的显现

受1940年《新民主主义论》的影响，过去很多人认为五四

① 鲁迅.鲁迅选集：第二卷[M].北京：人民文学出版社，1983：95.

② 郁达夫.郁达夫全集：第六卷[M].上海：北新书局出版部，1930：121-122.

③ 钟敬文.钟敬文散文[M].合肥：安徽教育出版社，2010：95.

④ 钱锺书.围城　人·兽·鬼[M].北京：生活·读书·新知三联书店，2009：9.

⑤ 钱穆.湖上闲思录[M].北京：九州出版社，2011：序页1.

新文化运动产生于1919年，作为“新文化运动的一翼”的新文学，应该是从1919年开始的（如周扬写于1940年的《新文学运动史讲义提纲》[①]）。而近年来研究者对于新文学的原点定标产生了诸多分歧，把新文学起点从五四运动推移到1917年（文学革命）、1915年（《新青年》的初创）、1912年（民国元年）、1898年（戊戌变法）、1892年（《海上花列传》的发表），甚至追溯到鸦片运动时期，以至于在断代分期上，就出现了很多个语词，之前的“现代文学”“新文学”，到之后的“民国文学”“二十世纪文学”等。无论哪个语词，多是从“现代性”着手，区分中国现代文学不同于过去旧文学的新质。丁帆认为：

> 翻开一部中国文学史，从古到今，其文学史的断代分期基本上是遵循一个内在的价值标准体系——以国体和政体的更迭来切割其时段，亦即依照政治史和社会史的改朝换代作为标尺来划分历史的边界。[②]

而从中国近现代历史来看，1911年爆发的辛亥革命无论如何都是一个非常关键的时间点，它给中国社会各个层面带来的影响是多方面的，经济的、阶层的、文化的……在之后短短的几年内就有了变化。即便是现代文学，到1919年，从形式上到内容上都已完成了“现代性”的革命。或许出现一些论争是研究者进行本土化探索的一种表现，无论哪一种观点，无不都显示了其背后所强调和突出的东西。《青年杂志》（1916年9月改名为《新青年》）创刊号上说得很清楚：

---

① 周扬. 新文学运动史讲义提纲[J]. 文学评论，1986(2)：20.

② 丁帆. 新旧文学的分水岭：寻找被中国现代文学史遗忘和遮蔽了的七年(1912—1919)[J]. 江苏社会科学，2011(1)：161.

> 天下之是非，方演进而无定律，则不得不假新旧之名以标其帜。夫既有是非新旧则不能无争，是非不明，新旧未决，其争亦未已。①

新文化运动，其“新”和“旧”只是一个相对的称呼。但是界限在哪里，人们的观点就各不相同了，新旧冲突曾经一度显得相当尖锐，或许至今都未间断过。而 20 世纪 30 年代国外首先提出了“后现代”这个语词并传入国内，以代替不断更新着的“现代性”。哪怕到今天，什么是真正意义上的现代性，谁也没有道出最后的定论，相反地，人们在对于“现代性”的继承和反叛、纠偏或走极端的过程中，我们所理解的“现代性”正在不断地丰富着它的内涵。如今人们普遍认可的是，20 世纪上半叶所发起的新文化运动，曰新曰旧，显示出在那个历史阶段中，新文化体系内出现了与旧有文化决裂的决心。这种决裂的决心究竟从何时开始，不同的划分方式和立场或许会有不同的节点，无论如何，是否具有“现代性”特质的文学作品，通常被认为是否是现代文学的标志。

诸多论争的焦点还在于离意识形态有多远，离文学内在发展有多近，抑或是将两者部分的重合，既可分又不可完全地分。早先的周作人曾做过这方面的探究，他将 20 世纪二三十年代所发生的那场文白之争、新旧之辩，向前推进到晚明时期，认为明朝的文学运动和民国的文学革命“主张和趋势，几乎都很相同”②。周作人将文学源流分为“言志派”和“载道派”，言志派是随性所至一挥而就的，以明末公安派为代表的言志派散文，袁宏道

---

① 汪叔潜. 新旧问题[J]. 青年杂志，1915(1)：1.

② 周作人. 中国新文学的源流[M]. 北京：北京出版社，2020：34.

《叙小修诗》的“独抒灵性，不拘格套”①是其文学核心主张；而载道派则有意而为之，他避开了李白等人的浪漫主义作品，认为唐宋文学显然属于载道派，认为文学史是在这两者之间不断地切换和轮回。他还认为中国文学的发展从晚周时期到民国，“所走的并不是一条直路”②，而是在“言志派”（重抒情）和“载道派”（重“有物”）的中轴线上左摇右摆，寻求平衡和突破，所以中国文学始终是这两种潮流的起伏，他惊呼：“奇怪的是俞平伯和废名并不读竟陵派的书籍，他们的相似完全是无意中的巧合。”③周作人的话不无道理，自有其苦心之处，力图建立“言志”文学谱系，却失之粗糙，将“言志”“载道”两者对立起来，表面看来是试图打破时代的界限，探寻文学发展内在的规律，但是实际上自有其意图，用历史循环的方式来追本溯源，为新文学合理性作注解。

钱锺书则对于一切的简单对立持有怀疑的态度。他力图还原历史语境和文本语境，屏蔽先入为主的观点，以文学批评的方式，审慎地梳理。他博闻强识，可以将古今中外的文学现象串联起来；他心态开放，可以谨慎地去处理和评判某一个历史阶段中文学作品的特质，其中包括所谓的“新”和“旧”。他认为，到底是“启蒙”还是“复古”，有时恐怕不易说清楚，“复古本身就是一种革新或革命”④，暗示了五四新文化运动中的某些新质正是新一轮的“复古”而已，或者改头换面了的复古。但是两者并不

---

① 袁宏道. 袁中郎文钞全稿[M]. 上海：中央书店，1935：6.

② 周作人. 中国新文学的源流[M]. 北京：北京出版社，2020：23.

③ 周作人. 中国新文学的源流[M]. 北京：北京出版社，2020：34.

④ 钱锺书. 写在人生边上；人生边上的边上；石语[M]. 北京：生活·读书·新知三联书店，2002：333.

对立，“骖驔比美，正未容轩轾”①，钱锺书的文学实践和他的文学观也是相互印证的。他认为，对文体选择无论使用的是白话文还是文言文，都应该是自由的，白话文可以“唱主角”，但与文言文未必非得“割袍”断交，有时甚至可以丰富白话的内蕴，作为补充则未尝不可。《谈艺录》和后来的《管锥编》《七缀集》，无论是文言还是白话，他都能做到运用自如。他还认为，“言志”“载道”是两种并不相悖的文体表达内容和表达方式，不应将言志的“诗”和载道的“文”混为一谈，哪怕同一文体中对于言志和载道的分辨，也并不是非此即彼的。所以钱锺书肯定了周作人对言志文学本质属性和发展规律的探求，却也认为言志文学也绝不能成为单一的模型，那必将是另外的一种形式的非自由。钱氏的“诗分唐宋”，是将文学从风格意蕴上进行划分的，但是唐诗的天籁醇厚，并不是只存在于唐代，宋诗的理趣新奇，也不仅仅呈现于宋朝。钱锺书一向反对所谓的“概念”和“定义”先行，认为这是一种机械化的认识论。他认为，很多文章从体裁来讲并没有归入文学作品一类，但其文质兼美，语言表达的高度艺术性完全可以划入文学。钱锺书的这种超越两极对立，对新旧文化、中西文化进行比照融合，以其特有的角度所进行的文学批评，既从根本上保留了本民族文学的特色，又能借鉴吸收西方文学的各种观念思潮，所以他能做到在传统和现代之间、在东西方文化之间自由切换，在新和旧的交汇中极为理智地处理传统文化的留存和发展。

上文所述的是 20 世纪上半叶，国内一些学者关于中国现代文学发展的某些观点；而在海外，从 20 世纪 60 年代起，以夏志

---

① 钱锺书. 与张君晓峰书[N]. 国风半月刊,1934-07-01(14).

清、李欧梵、王德威为代表的学者以新批评的方法研究中国文学和文学史的热潮正在兴起。20 世纪 80 年代开始，一些研究成果，如夏志清《中国现代小说史》等逐渐呈现于国内，并获得热议，从而出现了人们所说的“夏志清现象”[①]。经过前期的铺垫，20 世纪 90 年代后，一些有关于“现代性”的关键词，如“被压抑”“没有晚清”“上海摩登”“后现代”“抒情传统”“想象中国”更是让国内的研究者熟悉了李欧梵和王德威。这些海外研究，打破了社会历史学范畴的实证主义批评模式，开创了新的研究范式，规避了外部的（社会的、政治的）研究角度和宏大叙事的方式，而以纯文学的日常生活叙事那样的点评方式来书写文学史；他们挖掘或让人们重新认识了沈从文、张天翼、张爱玲、钱锺书等一批作家，对于鲁迅、茅盾、老舍等作家则进行了去政治化的解读；他们反思五四运动，反思现代性和启蒙主义，认为“感时忧国”“家国情怀”为中国现代文学的主旋律，并突出了晚清的“现代性”对中国现代文学的重要作用和意义。

海外研究者以“现代性”为核心的文学史观显然和国内观念有很大的不同，很长时间里，一直受到国内研究者的质疑和挑战，却也在一定意义上激起了国内研究者对文学史重构的热情。1985 年钱理群、陈平原、黄子平三人提出的“二十世纪中国文学”，摆脱了意识形态对于文学的某种干扰，打破了近代、现代乃至当代文学之间的界限，将“二十世纪文学”定义为以“改造民族的灵魂”[②] 为主题的文学。1988 年，王晓明、陈思和也在

---

① 王海龙. 西方汉学与中国批评方式[J]. 扬州大学学报(人文社会科学版)，1998(5)：31.

② 吴秀明. 文学史与学科史料卷[M]. 杭州：浙江大学出版社，2017：46.

《上海文论》提出“重写文学史”[①]，虽然刚开始的过程也并非一帆风顺。

时至今日，一般认为的文学革命（1917）作为新文学的起点，已得到了国内学者的普遍认同，摆脱过去的阐释框架，还原文学自身的发展逻辑，而把前后那段时期统称为“五四时期”。出现这样的提法是在国内研究者内在的重述激情和海外学者新的研究视角的推动下共同发酵完成的。其实这也很好理解。人们总是在某一个特定的社会历史条件和社会地理环境下展开对于文学作品的创作和研究的（其中包括文学史和文学批评），这个特定的社会历史条件有着特定的存在、感知、取舍和建构，研究者对此进行现实意义上的理解和重构，从而推动对未来的发展。而无论是创作主体还是客体，其自身也是活动于一定的社会历史条件下的，思维认知和关于这些文学作品的阐述和表达，也带有所身处的这个社会历史条件下形成的固有观念、意识和潜意识的取舍，从而不断地重构已知，探知和想象未知，并留下这样或那样的痕迹。

（二）中国现代文学“现代性”的特点

既然如此，就有一个问题，作为中国现代文学的“现代性”到底有哪些特点？无锡在逐步走向“现代”的过程中，体现在作家身上、呈现在文学作品中的独特性有哪些？这或许不是一些容易回答的问题，就从“改造民族的灵魂”这个主题上来说，每个人的回答也都是不太一样的。

大家普遍认同的观点是西方现代性与中国现代性产生的基础

---

① 陈思和，王晓明，王雪瑛. 论文摘编“重写文学史”[J]. 中国现代文学研究丛刊，1989(1)：285-287.

并不相同。西方的现代性是在基本完成了“蒸汽革命”“电气革命”“科技革命”的近代化进程后产生的，它对物质生产力发展进行着不断的反思。西方的意识形态和社会结构等与当时的生产力发展较为和谐配套，其启蒙性和理性成分占得更多。而中国的现代性则是在经过了漫长的封建宗法时代，承载了厚重的儒家文化，遭遇了列强肆虐入侵的环境下成长起来的，其“近代化”时间太短，又遭遇了社会动荡和军事入侵，相对来讲其产生的基础并不稳固。

而一战爆发，列强无暇东顾，给东南沿海一带的民族工商业的崛起带来了时机。民族工商业者作为新起的社会阶层，需要争取更多的社会资源，他们在敲打着原有的社会结构，不断地传达着自己的声音，“工商业为立国要素，是故世界列强无不注重工商业之发展”①，从而中国的“现代性”在江南一带及沿海沿江地区表现得更为突出且内涵丰富：启蒙、觉醒、兴国、民主、科学、自由、平等……

当然，“现代性”在社会历史维度和在文学审美维度，有其不同的阐释。前者体现的是一种现代意识下的理性和智慧，是反思性的；而后者却体现为对人的潜在意识的尊重和对于人类一切的有意为之进行怀疑和批判，又似乎是反理性的。这两者缠绕在一起，造成了对其阐释的困难。

近代中国社会的特殊性更加剧了这种复杂性。从 19 世纪中叶起，开眼看世界，一系列的挫折让人们意识到首先要开启民智，让最普通的人认识自己，建立理性智慧，并作用于社会。从

---

① 陈文源，荣华源，周维沛. 中国民族工业先驱荣宗敬生平史料选编[M]. 扬州：广陵书社，2013：38.

戊戌变法到清末新政，改八股取士为策论，开启民智被撕开了一角。民国初年（1912），政府也曾经在广开报社言路、破除封建迷信、兴办新式学校等方面做出了多种尝试。加上精英代表的著书立说，梁启超“变法之本，在育人才；人才之兴，在开学校；学校之立，在变科举，而一切要其大成，在变官制”①，在流亡日本后则更加意识到“新民”的必要，主张开设新学堂、大办书局，且身体力行。中国式的“现代性”意味着和过去的蒙昧决裂，意味着对几千年封建宗法观念的颠覆，意味着可以离“家”出走……而王德威认为中国的“现代性”成为人们的自觉追求，并非五四时期出现的，早在晚清就已萌芽，反倒是“五四”的“单一性”压抑了晚清现代性的生生不息。时至今日，我们可以这样认为，五四运动以前的文学并不能简单地被认为是作古的文学，这不符合作为社会历史“现代性”的尺度，也不符合文学审美“现代性”的标准。如同一切过渡时期的产物，总会遭遇前后夹击的困境，晚清文学面临的尴尬即是如此。矫枉过正的五四运动中的激进派意图将晚清文学彻底与现代文学隔断，为的是更有力地摇旗呐喊，然而用晚清文学来代替五四运动作为新文化原点，很多学者对此也持有谨慎态度，表示应该“保持比较清醒的认识，并进而有所抉择，有所修正”②。可见，晚清“现代性”元素对于现代文学的深远影响，已被学者们普遍认可。而晚清及以后“现代性”的呈现，不仅仅存在于小说、散文等文学领域之中，其除旧立新存在于社会的各个层面，也体现于生活在这段时间里面的所有人，它是时代性的，是农业文明向工商文明转换的

---

① 梁启超.梁启超散文[M].上海：上海科学技术文献出版社，2013：11.

② 陈平原.假如没有“文学史”……[M].北京：生活·读书·新知三联书店，2011：18.

过程中都会出现的社会现象。

20 世纪初的中国，专制瓦解，王纲解纽，礼乐崩坏，人们时刻都能感受到这种变化，存在于衣食住行、风尚习俗、文字语素，存在于人们的内心深处，这也是社会历史发展到一定程度，必然会产生的震荡。可是中国的这种“现代性”，如上述那样，并不完全是完成了“近代性”之后，由生产力发展和丰富的物质基础作为有力支撑后自然产生的，中国的现代性是人们在遭受列强打击，又对晚清的御敌能力彻底失望之后，内外因共同作用下产生的，其发展的复杂程度远高于西方本土，有激进、有回转、有冲突、有调和……

20 世纪 20 年代中期以后，新文学显然已经占了上风，“成功了气候”，新文化运动转入了落潮期。当人们再次向四周张望的时候，这种决裂、颠覆和出走，收获的是阵阵“彷徨”和不无遗憾的“伤逝”。西方所标示的现代理性，也被一战的爆发证明是颓败了的，于是更为行之有效的“革命性”替代了茫然四顾的“现代性”，一切以激情澎湃的方式向前推进，这也是“现代性”成长的必然历程。

当然，“现代性”本体的多指向性和多元化，注定了这个概念是个综合体，不同学科、不同人群对此进行了不同的打造和阐释。哪怕同属文学领域、同属“现代文学三十年”时期，也有着不一样的视角和丰富的层次感、时期性。审美层面的“现代性”，能够既站立于本土和本时代，又以自己的方式去突破它们的限制，不断地产生和成长，替代原有的东西，代代更新；审美层面的“现代性”，还可以由社会存在入手，直指人性深处，体现了更长远更广泛意义上的社会价值。在小说中，表达主题的现代性时，同样是描写的知识分子，孔乙己和方鸿渐，一个是“过去”

知识分子中的典型，一个是“现代”知识分子中的代表，从这两人身上，我们可以感受到知识分子在不同时段下的压力，以及他们的追求、挣扎和尴尬。小说《孔乙己》诞生于五四时期，写于1918 年，反映的是二十多年前的社会，而小说《围城》诞生于抗日战争后，隐约反映的却是抗战时期，无论是这两部作品的诞生年代，还是作品内容中所反映的年代，中间都有着二三十年的跨度。这两部作品中的人物形象，代表着不同的人生经历，展示了对于具有局限性的自我意识的认同和理想境界的追寻，同时又显示出了现实人生的悲剧性。在孔乙己的身上，我们意识到的是封建制度对人的毒害，造成了一些知识分子的可悲、可恨和可怜，加深了我们对于这种僵化制度的反感和否定；在方鸿渐的身上，我们不仅仅意识到对于旧观念、旧制度的否定，更多是对人生历程极具艰难的感喟，对面临人生困境的无奈感和无力感。孔乙己让我们意识到要赶紧推翻这样可怕的吃人的社会，而方鸿渐让我们看到了那一只脚仍留在过去、一只脚已伸了出去的尴尬时代及其尴尬人生。

鲁迅在沉郁中表达出来的是荒凉和悲哀，他在《野草》中用更曲折隐晦、悲情的方式来表述这种冷：

> ……于浩歌狂热之际中寒；于天上看见深渊。于一切眼中看见无所有；于无所希望中得救……①

钱锺书在戏谑中表达出来的是我们的追寻或许有非凡的意义，或许又都是盲目的，人类的理智自有局限性。一切都无法定论，一切都悬而未决，一切都“尚未完成”，这也是中国式的

---

① 鲁迅. 野草[M]. 哈尔滨：北方文艺出版社，2021：78.

"现代性"的困境。

西方的"现代性"历程从 17 世纪开始，其发展较为稳健，中国虽然早在明清时期社会结构、社会心理和文化心态就已产生了某些变化，但是真正意义上"现代性"的出现则是要追溯到清末民国初期，东南沿海出现了繁荣的城镇文化，商品经济发展应和着西风吹进，西方的启蒙思想、工具理性、意志主义等驳杂的观念对中国的思想界进行了渐变的改造。人们开始关注和比较东西方文化的不同，开始寻求合法规制、追求平等和民主，开始审视自己的内心，甚至开始追逐世俗享乐。有所先知的精英们将他们的理念，通过报纸杂志等多种渠道，逐步向已接受新学的学生、市民阶层、妇女群体等扩大影响，在沿江沿海一带演化生成了某种"新质"的滥觞。而众多作家笔端所传达出来的，无论是从形式还是从内容来看，都在不断地尝试，标新立异，"重估一切""为艺术""为人生"，文学阵营里异彩纷呈。

综上所述，晚清民国中国文学的"现代性"，产生于本国工商文明崛起之时，产生于新旧文化转型之际，无论是历史层面还是审美层面都受到了西方强势文化的影响。它的产生和形成，没有经历西方两百年那样漫长的历程，也没有稳固强大的工业文明作为经济后盾，甚至还遭受异常剧烈的社会动荡和民族危机，所以其发展的复杂程度远超想象。它不是直线前行的，但也并非随西方现代性亦步亦趋，其反思传统、启蒙觉醒、主张实业兴国、追求世俗平民化等特征代表着中国式的现代性中更为主要的部分，这是在中国现代社会内需加外力推动下进行的。那个时期的中国现代文学作家，表达了一定时期内人们的生活状态和所思所想，以无锡作家为例，不管自觉或不自觉，他们都有着"改造民族的灵魂”的共同主题，他们在自己的视野框架内，以自己的方式在寻求更合适的路径和更合适的方法。

二、文学归类：无锡作家在现代文学史上的三个类型

如前面篇章所述，近代无锡有着较为特殊的区域文化。无锡在近现代的崛起，给作家创作带来很多可以阐释的基点。它既是作家成长的土壤，又是激发作家创造力的源头活水。在具体阐述近代无锡逐步走向“现代”的过程中，体现在作家身上、呈现在作品之中的独特性到底有哪些之前，我们不妨先把无锡的现代作家大致地归为三类：通俗文学一派、白话文阵营一派、新型文化士绅一派。但是中国现代文学现象本身的复杂性、作家自身成长路径的复杂性，使我们又不能过于机械化地区分，如有很多人前期给“鸳鸯蝴蝶派”投稿，后期又投入新文学阵营；有些人是新文化背景下成长起来的，兼有江南传统士绅旨趣品味和西方自由主义做派风格；等等。所以，笔者试图依据作家作品中的更主要的方面来归类。

（一）通俗文学一派——以王蕴章、徐枕亚为代表

清末民初，无锡乡绅墨客常常参与江南一带的结社活动，传统的文学形式和文学主张得以传承，也应和着民主革命的兴起，他们积极参与当时影响较大的如苏州南社、沪上春音词社、金陵如社等团体，在频繁的文学社团活动中，有一些作家被归为“鸳鸯蝴蝶派”人文群体，王蕴章、徐枕亚（旅居）等就是其中代表。以“鸳鸯蝴蝶派”和之后的“礼拜六派”为代表的通俗文学

曾经在江南都市城镇中赢得了一大批读者。

1910年8月创刊于上海的《小说月报》是“鸳鸯蝴蝶派”的主阵地，首任编辑王蕴章（1884—1942）是无锡人，他擅辞赋，长骈文，戏剧、书绘、英语无一不精。小说《碧血花传奇》《鸳鸯被传奇》《玉鱼缘》等透露出他偏于旧派文人的文化旨趣，他在《小说月报》创刊号陈述的“编辑大意”中点明，这本杂志的定位是《绣像小说》的进一步发展，这也反映了他当时的办刊风格，总体突出文艺性、趣味性、娱乐性，多用骈文和诗词，内容驳杂，各体皆备，这份杂志创办之初就受到了市民阶层和青年学生的喜爱。年轻人很容易受它影响，创造社成员、无锡人士陶晶孙曾这么评价青年学子的“摩登”倾向：

> 知识青年是从古以来之读书大众，他们也爱娼妇之敷衍，所以三角四角恋爱之通俗小说可卖，春画美女画报有销路，他们喜时髦，所以欲谈革命，但是怕死，所以无毅力……①

学生群体和受教的女性群体，在当时不是一个可忽视的读者范围，愿意写、乐意看，他们和通俗文学作家间似乎有着共生作用。

而常熟徐枕亚可以算是半个无锡人，他把在无锡西仓度过的三年时光，写成半自传性小说《玉梨魂》，其凄婉悲怆的风格，亦骈亦散的文体在当时引起了极大的轰动，一版再版，供不应求，并被上海明星公司搬上了大银幕。作品受到热捧的背后，是当时的青年人对爱情自由和人格独立的期待和踌躇，小说最后，三位主人公以死亡悲剧收场，预示当时困难重重的现实情况下，一场变革即将到来，这种时代感对于青年学生、市民群体有着较强的吸引力，

① 陶晶孙. 大众文艺的“史的考察”[J]. 读书月刊，1932，3(5)：47.

这部小说不断再版，也对之后的通俗文学兴起产生了较大影响，一般认为这部小说是“鸳鸯蝴蝶派小说”的鼻祖。

当然，《玉梨魂》的再版，依托了当时江南地区报刊出版业的兴盛、电影业的催化、江南市民文化的崛起和女性地位的提升。有读者就有市场，就有稿源。当时“鸳鸯蝴蝶派”的主阵地《民权报·副刊》《小说月报》等杂志社以可观的稿酬吸引着一批文人向它们投稿。顾毓琇就曾写反映婚恋心理的四幕话剧《孤鸿》于1923年3月在《小说月报》（第十四卷第三号）上刊载。钱基博、刘半农、杨荫杭（杨绛父亲）等也纷纷向其投稿，于娱乐中显教化，聊以贴补家资。通俗文学类杂志稿源庞大复杂，文人群体性质并不单一，通俗文学界也并非仅限于“鸳鸯蝴蝶派”情爱一隅，武侠、侦探、党会和历史演义等类型都有，钱基博就曾用文言写成一组《技击余闻补》多篇，属于江湖武侠轶事类，陆续刊于《小说月报》，1916年恽铁樵将其与许指严、江子厚等人的作品合编成《武侠丛谈》一书。从一定程度上讲，通俗文学的兴盛促使了当时传统文人的转型，能使他们脱离对权势的依附，从而成为职业文人。

（二）白话文阵营一派——以裘廷梁、刘半农为例

“梁溪七子”之一的裘廷梁是前清举人，却是科举制度的叛逆者，他是新学的支持者，是白话文运动的先驱。在晚清风雨飘摇之际，他发出了“倡导新学，造就人才”的呼声。他提倡新学，助建竢实学堂、三等学堂、东林学堂，他反对死记硬背的学习方式，主张开设外语、数、理、史、地、工艺等课程，主张采用新式课本，注重德智体美。1904年担任“锡金学务公所”总董，将当时米商举办赛神会的“米厘”改作办学经费，办学堂数

十所，使入学人数从七八十人增至两千八百余人。他提倡白话文，1897 年在《苏报》上发表了《论白话为维新之本》，1898 年 5 月 11 日创办了无锡最早的白话报——《无锡白话报》，其内容分为三类——“演古、演今、演报”，主张人人可读、人人能读，传播科学、介绍西学。同年 8 月，创办了我国历史上第一个白话学会——无锡白话报馆，旗帜鲜明地提出“崇白话而废文言”的观点，为之后的白话文运动蓄势。之后还发生了无锡地区的“文白之争”，裘廷梁曾与钱基博进行学理上的论争。

刘半农则毫无争议地是文学革命和白话文运动的主将之一。其早年家境贫寒，曾以为“鸳鸯蝴蝶派”杂志撰稿为生，后入北大新文化阵营，逐步割断了与前者的联系，成为新文化运动的一员猛将：积极响应胡适、陈独秀文学革命的号召，并推波助澜地发表《我之文学改良观》（1917），提倡白话文写作并使用新式标点符号；与钱玄同双簧联唱（1918），激起“文白之争”，扩大《新青年》的影响力；造一个“她”字，1920 年发表于《时代新报》的《“她”字问题》中提出指代女性时用“她”来代替过去的“伊”，厘清了白话文中第三人称的混乱，使女性文化向前推进了一步；他发表的新诗《教我如何不想她》，风靡一时，赵元任还为之谱了曲，被广为流传；创办第一个语音乐律实验室，将民歌和方言纳入新诗创作，采集整理《江阴船歌》20 首；翻译国外散文诗作品，引入中国“散文诗”创作的概念，他提倡写诗要有真情实感，其作品清新、质朴，被认为是中国现代散文诗的先驱；他曾积极投入报纸杂志的编撰工作，1911 年参与编辑《江阴杂志》，1912 年被招入上海《演说报》当主笔，1926 年从法国学成归来又曾经一度担任北京《世界日报（副刊）》主撰者，他把这些报纸杂志当作推行白话文的阵地，发表了大量的诗歌散文；

他晚年成为一名学者，其研究涉及语音、语法、乐律等多个方面，他还反对五行说对于乐律的嵌入……

此外，还有许多文士学人投入了白话文阵营：自称半个无锡人的吴稚晖，也是白话文的倡导者，曾经放言要把线装书扔进茅厕里，当时被称为“无锡做白话文头一个人”，1907 年他在法国巴黎主编《新世纪》周刊，成为当时革命党人海外宣传白话文、反对封建统治的喉舌；清华学子顾毓琇在校期间组织文学社，大量发表创作白话文小说诗歌，翻译国外作品，是中国现代话剧发轫者之一……他们顺应中国近现代文化发展的大趋势，助推了语体文发展，成为当时一股革命性的文化力量。

（三）新型文化绅士一派——以陈源、钱锺书为例

过去对于无锡人陈源（1896—1970）的主流评价并不高，他早年离开锡沪，留学英国伦敦大学，未受到国内革命运动的洗礼，却养成了“挑剔”的绅士做派和思维领域的自由主义倾向。1922 年回国后，陈源与徐志摩等人创办的《现代评论》，内容涉及政治经济、文艺哲学、教育科学等多个方面，针砭时弊。他主张循序渐进，对当时疾风暴雨式的激进形势很不适应。20 世纪二三十年代，白话文以摧枯拉朽之势战胜了文言文，激进风潮乘胜而行，当时尚属“左派”的吴稚晖说要把线装书扔进“茅厕”时，陈源却悠悠地说：

> 老百姓的话虽然不见得怎样丰富，实在有许多很优美的达意表情的字句。可是白话文不得不采用文言文的字句，而且得大大的采用，是不能避免的事实。①

① 西滢. 闲话：线装书与白话文[N]. 现代评论，1926-02-13：9.

陈源和胡适走得很近，他们还和徐志摩等一起创办新月社，但陈源也认可民间语言的魅力，还反对彻底地否定文言文，他认为白话采用文言点缀是必然的。

陈源以绅士自居，自视较高，不跟风随流。他政治上反对段祺瑞政府的独裁，却又怀疑“民治政府”的可能性，引用萧伯纳的言论：“人民是不能主持政府的。他们连戏都不会得写。”[①] 实质上他认为民智未开。他对于诸如中国的工艺、科学、法律、哲学、艺术等有着较为复杂的情绪，对于当时摈弃旧戏、国故、中药、汉字等想法也都持有保留意见。他在《民众的戏剧》《小戏院的试验》中提倡新戏，认为可以给人带来快乐，但又笔锋一转，“我们不信旧戏是可以永久的，但是我们又相信它有不可掩蔽的动人的魔力”[②]，提出“纯粹对话剧”和“民众的戏剧”两条路走；《庄子秋水篇》中，他不无哀伤地认为，包括文学在内的艺术都比不过欧洲，荷马、维吉尔、弥尔顿超过了中国所有作家，而等他的这种情绪发泄一通之后，又峰回路转，认为中国诗“是天幕上新发见的一颗明恍恍的星辰，将来一定会成西方诗人的新的‘烟士披里纯’”[③] ……对于很多议题，到最后他都没有说出个定论，这引起了很多人的反感，因为这种方式并不符合其“前行者”的立场，非旧非新，亦旧亦新，两边都不讨好。透过陈源的文字，我们看到了一个焦虑的人在自顾自地说着悲伤而尖刻的话语。

民国时期，无锡很多士绅家族的子女曾留学英美，和陈源同样有留英背景的，有一位是我们更为熟悉的钱锺书（1910—

---

① 西滢. 中山先生大殡给我的感想[N]. 现代评论，1925-04-11：5.

② 西滢. 民众的戏剧[N]. 现代评论，1924-12-20：18.

③ 西滢. 闲话：文化的交流[N]. 现代评论，1926-04-03：12.

1998)，他不是个文化乐观主义者。其笔下知识分子形象有着特殊意义和永恒艺术价值，既不像鲁迅笔下的孔乙己那般穷苦潦倒和迂腐可笑、魏连殳那样与社会现实对抗后深感孤独无望，也不像巴金笔下的汪文宣那样受尽侮辱后的病态形象，更不是茅盾笔下的朱怀义那样言辞慷慨激昂和行动畏首畏尾的矛盾统一体。在方鸿渐身上更多透露出的是落魄的无奈和自我欺骗。其父方遯翁，前清举人，是另一个类型的传统知识分子形象，在时代变迁之际，他对于新文化心存芥蒂，对于子女教育注重管束和权威，他让方鸿渐出国，其内心深处只是让他长长见识，当然子女出国也是给自己长面子的事情。方遯翁更关注“君子不出家而成教于国”①，无论教化国民还是管理家庭，正心修身尤为重要，这让我们联想到钱锺书和其父亲虽有不同观点，却对父亲极其恭敬，在外求学还经常家信往来汇报近况。

陈源和钱锺书因考学走出无锡后，很少回乡，他们挑剔地面对当时无锡的文化后进，面对“落伍的时髦，乡气的都市化”②，甚至想“向上海溜之大吉”③。他们的理性主义和眼睛里看到的现实情况存在着隔阂。

也许当时的无锡的确有很多地方值得改进，也曾有锡邑人士在报纸上抱怨：

> 锡山上的龙光塔，搭了个引架，下文没有了。黄埠墩的僧舍被毁，筑了两垛破砖墙，下文也没有了。无锡号称模范县，是工商业发达之区，是江南文物之邦，怎么连这一点小

---

① 胡平生，张萌. 礼记[M]. 北京：中华书局，2017：1168.

② 钱锺书. 围城　人·兽·鬼[M]. 北京：生活·读书·新知三联书店，2009：46.

③ 钱锺书. 围城　人·兽·鬼[M]. 北京：生活·读书·新知三联书店，2009：46.

小的名胜，都没有人去修复保存呢！[①]

本地的报端会如此直接地指出当时存在的某些问题，而这些会成为作家笔下书写的内容也就不足为怪了。有人认为小说《围城》里“铁的硬，豆腐的淡而无味，轿子的容量狭小，还加上泥土气”[②]，映射的就是当时的无锡。还有人认为言之太过，似乎缺乏了点“温度”。

但是他们内心深处对于家乡的感情亲近，不必言说，钱锺书到英法读书期间，写了多首怀念家乡的诗作：

来伦敦，小雨斑斑，中国此时已入伏，孰热可念

（钱锺书）

与子他乡说故乡，炎官火伞正高张。
身存为累真思舍，衣蜕难逃欲发狂。[③]

牛津春事（节选）

（钱锺书）

不见花须柳眼，未闻语燕莺啼。
开户濛濛细雨，故园何日清明。[④]

又如他在巴黎时所著：

清音河（La Seine）河上小桥（Le Petit Pont）晚眺（节选）

（钱锺书）

万点灯光夺月光，一弓云畔挂昏黄。
不消露洗风磨皎，免我低头念故乡。[⑤]

---

① 伏庐．无锡的名胜：龙光塔与黄埠墩[N]．锡报，1923-10-25(8)．
② 钱锺书．围城　人・兽・鬼[M]．北京：生活・读书・新知三联书店，2009：17．
③ 吴学昭．听杨绛谈往事[M]．北京：生活・读书・新知三联书店，2008：114．
④ 钱锺书．槐聚诗存[M]．北京：生活・读书・新知三联书店，2002：13．
⑤ 钱锺书．槐聚诗存[M]．北京：生活・读书・新知三联书店，2002：15．

而陈源最终落叶归根，归葬无锡，以“满足他用全部的爱永远拥抱自己赤诚热爱的国家”[①]。

文化绅士们敏感于这样的比较，他们用挑剔的语言对民国无锡半开化的文明，进行逆向的嘲讽，或有点滴失望之情，而其潜意识则是对乡里文化繁荣的期待。

① 散木. 陈西滢与李四光关于回国问题的不同抉择[J]. 党史博览，2012(1)：55.

结　语

无锡作为吴文化的发祥地之一，其所特有的历史文化，孕育和滋养了这片土地上的一代又一代人。所谓“一方山水有一方风情”。自古以来，无锡有着得天独厚的水陆运输条件、繁荣的商品贸易和相对稳定的社会环境，这片土地上的人们往往能隐逸内敛，又崇尚自由；能有所担当，又讲求实际；能精打细算，又勤勉劳作。

而一个时代的变化对于文化人的影响力也不容忽视。中国近代以降，民族工商业在这里兴起，锡地传统的文人雅士转型而成为独立的职业文化人，而这时，文人作家们或有不同，或有类同，也就成为某种文化“符号”。

前文所涉及的几位现代作家，是按照其各自的时代和生活背景、文学路途来谈及他们的群体性的，若把陈源和刘半农或钱锺书和王蕴章强拉在一起，提炼出他们共有的特征，并非易事。总体说来，他们怀有对传统较理想的一面，也能在凡俗世界中探视人的本性，有些剖析和描摹极为冷静，但当面对现实的冷峻时，他们可能会采取迂回的方式，不忘给人内心的暖意和希望的延伸。他们对于人生和艺术创作，有着自己独特的或深邃的追求，但其作品在后世晚生者看来，却既是地域性的，又是超地域性的，如伽达默尔所言，“文本的意义超越它的作者，这并不只是暂时的，而是永远如此的”[①]。

于此，笔者将在下编对于部分无锡籍作家（刘半农、钱穆、陈源、钱锺书、王蕴章）及其作品做一个简单的评述。这几位作家受到了出生区域和生活时代等的共性作用，因为他们的家庭环境、人生经历、禀赋天性等各不相同，更多体现出来的是作品内涵的多样性和呈现载体的多样性。他们留给了我们诸多的优秀文学作品，给无锡的区域文学构筑了多重意义的空间。

---

① 俞吾金，吴晓明. 二十世纪哲学经典文本：欧洲大陆哲学卷[M]. 上海：复旦大学出版社，1999：589.

下编

钱绳武堂

第四章

文学多面手刘半农

在现代文学史中，刘半农是一个非常特殊的存在，他的身份似乎一直处于不断变化当中。他刚来到上海，这个“江阴才子”就很快被人熟悉了，被归于“礼拜六派”；他当过记者，做过编剧，曾经是《新青年》的重要撰稿人，为新文化运动摇旗呐喊；进入北大以后，他倡导新诗，一段时间内又成为散文诗作家、译者、诗人等；留学归国后，又成为语言学家、杂文家……这是一个奋斗者的一生。

一、从“侬”到“农”：通俗到民俗的文学改道

刘半农（1891—1934），无锡江阴人，原名刘寿彭，后改名复，原字半侬，后改字半农，有寒星、范奴冬女士等多个笔名。在著名的江阴“刘氏三杰”中，刘半农排行老大。父亲是清末秀才刘宝珊，曾经教过私塾，后主张新学，与杨绳武一起创办江阴翰墨林小学[①]。刘半农是中国新文化运动的先行者，在现代文学

---

① 江阴翰墨林小学是现在江阴市澄江中心小学的前身。

史上绝对是一位“闯将”，他的文化事业中有很多都具有开创性意义。

刘半农 4 岁由其父刘宝珊开蒙，6 岁入私塾。1907 年以江阴状元的身份考入八县联办的常州府中学堂。刘半农在青少年时期，就已充分显示出了他的优秀、果敢和率真。

常州府中学堂设有舍监，类似于后来的训导长、教导处处长。第一任舍监刘伯琮为人和蔼，刘半农的同班同学钱穆晚年的《师友杂忆》中有过记载，“元博伯琮师宽宏广大，有教育家兼政治家规范”①。而第二任舍监陈士辛则甚为古板严苛，不善于引导，教学生修身课，不受学生喜欢，与学生之间矛盾很大。在 1910 年的一次年终考试前，学生联名上书要求学校监督（校长）屠孝宽②减去修身课、辞退陈士辛，并推选 5 位学生代表（刘半农和钱穆即其中两位）去商谈，以退学为要挟③，刘半农甚至大呼“不杀陈士辛，不为我刘寿彭”④。不久之后，辛亥革命爆发，刘半农大受鼓舞，踏上了清江（江苏淮安）的军旅生涯，在部队中做文案，但是接二连三的事情让刘半农感到失望进而辞职，1912 年携弟刘天华来到上海，从此刘半农正式踏上了文学的征程。

---

① 钱穆. 八十忆双亲 师友杂忆[M]. 北京：生活・读书・新知三联书店，2014：72.

② 屠孝宽（1879—1918），一作屠宽，字元博，早年留学日本加入同盟会，是革命党人，后担任常州府中学堂第一任监督。

③ 关于在这场学潮后，刘半农是否退学，是否因学潮退学，不同版本的年谱和书籍上有不同说法。据《半农杂文二集・书亡弟天华遗影后》记载“余家素清贫，武昌义起，学校停闭，余与天华均废学”。

在刘小蕙的《父亲刘半农》中记载“1910 年 6 月母亲因病去世，在毕业前一年离开常州府中学堂”。

在钱穆《八十忆双亲 师友杂忆》中记载“（刘寿彭）亦于四年级学年考试毕，退学去沪”，民国十九（1930）年，在北平重相会，“半农绝不提常州府中学堂事”。

刘北茂《纪念长兄半农先生》一文中说“辛亥革命爆发，学校停闭，两兄便毅然抛开了书本去参加革命”。以上内容留存待考。

④ 钱穆. 八十忆双亲 师友杂忆[M]. 北京：生活・读书・新知三联书店，2012：80.

笔者试图把刘半农的创作时期分为三个阶段，同时也据此把他的作品大致地分为三大类别：通俗文学创作期、散文诗和新诗创作期、学术研究期。当然，三个阶段有所交叉、有所渐进。

（一）以通俗文学创作谋生

1912 年 3 月，对军旅失望的刘半农来到上海这个大都市，他尝试着各种不同的人生体验以谋求发展，他做过勤杂工、做过开明剧社的编剧（新喜剧《好事多磨》）和演员（演过丑角）。1913 年经商务印书馆的徐半梅（卓呆）介绍做过中华书局编辑部编译员，徐卓呆是他的领路人。他很快投就入了报社书馆，积极创作，笔名为“半侬”。

刘半农的文学创作起步于报馆、书馆林立的上海滩，或者说从通俗文学创作开始的。1913 年起，他在《小说月报》《时事新报》一口气连写了《短发》（短篇）、《局骗》（短篇）、《半侬征联》（通告）、《秋声》（百字小说）、《半侬征联披露》（通告），同时翻译了《西笑译丛四则》，文章成功发表，刘半农的兴奋心情可想而知，从此一发不可收拾。1914 年仅仅在《中华小说界》就发表了 9 篇小说：侦探小说《匕首》、滑稽小说《黑行囊》、滑稽小说《顽童日记》、滑稽小说《洋迷小影》、滑稽小说《财奴小影》、社会小说《伦敦之质肆》、《美洲风俗趣谈》、哀情小说《默然》、醒世小说《咏而归》。1915 年继续投稿《中华小说界》，发表了 10 篇：言情小说《未完工》、滑稽小说《福尔摩斯大失败》（第一案至第三案）、通信摘要《剧话》、滑稽小说《影》、哲理小说《希腊拟曲・盗讧》、言情小说《情悟》、哲理小说《诛心》、侦探小说《淡娥》。他投稿的范围还扩展到《礼拜六》周刊、《中华学生界》、《中华妇女界》、《小说海》等。他的早期作品几乎已经涉及了滑稽、哀情、侦探、言情、哲理、醒世、宫廷、消遣、历史等多个主题。

他的通俗文学创作主要集中在1913年8月发表的《假发》（《小说月报》第4卷第4号）到1920年4月30日发表译作《人的生活》（高尔基作品，《小说时报》第8卷第12期）期间。这段时间他以此为生，进行卖文活动，他的热情和朝气，使他打开了一片天地，一时名噪沪上，被誉为上海滩上后起之“江阴才子”，同时也被人们归为“鸳鸯蝴蝶派”“礼拜六派”。

那个时期的上海，都市化畸形发展，有闲阶级和小市民趣味恣意滋长，通俗小说大有销路，报纸杂志为了迎合市场，不断调整风格以获得丰厚的利润。这一时期的刘半农无论是从创作的作品还是翻译的小说来看，与那时的畅销通俗文学有着相似和相近的地方。即便如此，很多人认为，刘半农的作品毕竟是不能等同于“鸳鸯蝴蝶派”的，其主题、内容与“鸳鸯蝴蝶派”有很大的区别。钱玄同就曾经评价，“半农写小说，绝不与那礼拜六派相同，他有他的主张，绝不与那红男绿女派同流合污”①，作品《南山情谒》（1915）、《新地狱》（1916）、《稗史罪言》（1917）等都深刻地揭露了两半社会中民怕官、官怕洋、洋怕民的社会现实，作品给予劳苦群众极大的同情等，从小“寒素”却天性“锋芒流露”的刘半农有着强烈的社会关切和社会责任感，与“礼拜六派”等分离也只是时间问题。

“鸳鸯蝴蝶派”的民众通俗立场和以读者阅读趣味为宗旨的办刊趋向越来越明显，刘半农深知这样的弊病，甚至非常痛恨，

---

① 钱玄同.在刘半农追悼会上的报告[J]//徐瑞岳.刘半农传略.新文学史料，1985(4)：197.

以至于他后来甚至不愿意提及他曾经和“鸳鸯蝴蝶派”的瓜葛，努力地洗除“旧文学的毒”[①]，“洗刷”其洋场才子形象。置于特殊的历史情境和人生境遇中，作为作家的个人更多是应时应世而为，从刚开始的被归于“礼拜六派”到后来投身于新文化运动，到后来成为一名真正的学者，这一过程正反映了刘半农独特的人生发展路径。

（二）向民间文学寻路

无锡江阴在春秋时期属于延陵，是吴公子季札的封地，明朝时期又是徐霞客的故乡。汉高祖时期，在延陵东部地区设立了暨阳乡，所以江阴古称暨阳，西晋太康二年（281）设立暨阳县。北临长江，南近太湖。水之南为阴，南朝梁敬帝时期，改暨阳县为江阴郡，后始称江阴。江阴水网密布，舟船必不可少，摇橹传唱就成为当地的风俗。

中国早就有民歌采集的优秀传统。《诗经》是我国第一部诗歌总集，其中的《风》大部分是黄河流域的民间乐歌。之后出现《楚辞》则大量收录了南方楚地民歌。而汉乐府民歌“自孝武立乐府而采歌谣，于是有代赵之讴，秦楚之风，皆感于哀乐，缘事而发，亦可以观风俗，知薄厚云”[②]。古代采集歌谣目的是了解民情，观察政治得失，更多偏向于维护统治。让人们意想不到的是，这些最初难登大雅之堂的村夫“俗唱”，千百年以后却成为文艺经典而被传诵，成为中国文化璀璨的一部分。甚至到了中国近代，关注民俗也一直是文人心中的念想，黄遵宪豪情一发“即今流

---

① 刘半农. 刘半农文集[M]. 北京：线装书局，2009：182.

② （汉）班固撰，（唐）颜师古注. 汉书：卷三十[M]. 北京：中华书局，1962：1756.

俗语，我若登简篇，五千年后人，惊为古斓斑”[①]，从小生长于“世界客都”的黄遵宪有山歌情节，《人境庐诗草》中还编入了《山歌》（九首）[②]。诗界革命中的人士，早就有革新的想法，主张从童谣出发，从民歌出发，探寻革新之路。1914年1月20日，周作人在绍兴发表《征求绍兴儿歌童话启》：

> 作人今欲采集儿歌童话，录为一编，以存越国土风之特色，为民俗研究儿童教育之资材。即大人读之，如闻天籁，起怀旧之思，儿时钓游，故地风雨，异时朋侪之嬉戏，母姉之话言，犹景象宛在，颜色可亲，亦一乐也。第兹事体繁重，非一人才力所能及，尚希当世方闻之士，举其所知，曲赐教益，得以有感，实为大幸。[③]

有了“诗界革命”“小说界革命”等前期铺垫，人们对于文学革新、对于接受吸纳民间文学文艺，已有了心理准备，而诗词革命的实质性的推进、完成诗词革命从形式到内容的改变，则要从新文化运动开始，其积极倡导者就是刘半农。1917年5月，他发表在《新青年》（第3卷第3号）的《我之文学改良观》一文中说：

> 韵文之当改良者三　……第一曰破坏旧韵重造新韵……是此种声谱在旧文学上已失其存在之资格矣。……第二曰增多诗体。……尝谓诗律愈严，诗体愈少，则诗的精神所受的束缚愈甚，诗学决无发达之望。……第三曰提高戏曲对于文

① 黄遵宪撰，王云五主编. 人境庐诗草[M]. 上海：商务印书馆，1937：7.

② 黄遵宪撰，王云五主编. 人境庐诗草[M]. 上海：商务印书馆，1937：8-9.

③ 陈子善，张铁荣. 周作人集外文[M]. 海口：海南国际新闻出版中心，1995：151.

学上之位置。……[①]

他对于传统诗歌、骈文、韵文，提出了三个创意，明确了他的诗歌革新主张形式上"增多诗体""重造新韵"[②]，内容上呼唤真性情，提倡真实自然的诗歌情韵，这也应和了当时"诗体大解放"的革新呼声。

同年，刘半农从江阴来到北京。1918 年他停止了通俗小说创作，诗歌、杂文、译作和文论的篇章开始增多。自此他进入了人生的第二阶段，即现代散文诗、拟民歌创作期。1918 年 2 月，北京大学建立了临时性的歌谣"征集处"，在《北京大学日刊》刊登启事，征集歌谣，由刘半农起草了《北京大学征集全国近世歌谣简章》，歌谣运动正式拉开了序幕：

> 这已是九年以前的事了。那天，正是大雪之后，我与尹默在北河沿闲走着，我忽然说："歌谣中也有很好的文章，我们何妨征集一下呢？"尹默说："你这个意思很好。你去拟个办法，我们请蔡先生用北大的名义征集就是了。"第二天我将章程拟好，蔡先生看了一看，随即就批交文牍处印刷五千份，分寄各省官厅学校。中国征集歌谣的事业，就从此开场了。[③]

1920 年 12 月 19 日，"歌谣研究会"成立了，歌谣征集活动逐步成为有组织的文学活动。1922 年 12 月 17 日，该研究会并入北大研究所的"国学门"下，在北大二十五周年纪念日上，北大研究所国学门举办了展览，《歌谣》从此创刊。周作人在《歌

---

① 刘半侬. 我之文学改良观[N]. 新青年，1917-05-01，3(3)：7-11.

② 刘半侬. 我之文学改良观[N]. 新青年，1917-05-01，3(3)：7-11.

③ 刘复.《海外民歌》序[J]. 语丝，1927-04-16(127)：123-124.

谣·发刊词》中说：

> 本会搜集歌谣的目的共有两种，一是学术的，一是文艺的。我们相信民俗学的研究在现今对中国确实很重要的一件事业，虽然还没有学者注意及此，只靠几个有志未逮的人是做不出什么来的，但是也不能不各尽一分的力，至少去供给多少材料或引起一点兴味。①

1923 年 5 月 24 日，北大国学门又组建了“风谣调查会”，向国内其他民众发放数千份“风俗调查表”。1924 年，北大国学门成立了“方言调查会”。民间的文艺习俗都被纳入了保存和重视的范围，当时便得到了很多学者的支持和参与，掀起了全国民俗学的高潮：

> 要研究歌谣，必须有歌谣的材料，又必须有帮助研究歌谣的材料。北京大学设立了歌谣研究会之后，所以继续设立风俗调查会，方言调查会，就是希望觉得这些帮助研究的材料来完成歌谣的研究。但这些帮助研究的材料一经独立之后，又需要许多许多他种帮助研究的材料了。学问必要这样做，才可使研究者的趣味一天浓过一天，研究者脑中所怀的问题一天多过一天，而学问的重量才得一天超过一天。②

《歌谣》周刊在 1925 年并入《北京大学研究所国学门周刊》，直到 1936 年 4 月，胡适站出来主持北大文科研究所（原北大研究所“国学门”）重新恢复歌谣研究会，《歌谣》又独立开来而复刊。

---

① 周作人.《歌谣》发刊词[J]. 歌谣(周刊)创刊号，1922-12-17(1)：1.

② 顾颉刚. 广州儿歌甲级序[J]. 民俗周刊，1928-07-25(17-18 期合刊)：13-14.

刘半农积极投身于这样的搜集和调查活动中，民歌收集运动的兴起，推动了新诗的发展，同时也滋养了刘半农的诗性和创作乐趣。

刘半农儿时的故乡江阴，有唱船习俗。江阴船歌，是当地的人们在耕田、插秧、行船等劳作活动时情不自禁唱出的曲子，是吴歌的一部分。民国初年（1912）的无锡，贸易往来频繁，南来北往、东西交错，城乡辗转间，运粮送茧、抱布贸丝，忙碌异常。人们在日常劳作的同时，或者在生活操劳的片刻，拉上一阵船歌，一唱三叹，至情至性，天然质朴。

1919 年 7 月，刘半农回到老家江阴时从“舟夫”口中采集的船歌 20 首，辑成《江阴船歌》（并作了简明的注释），被周作人称为“中国民歌的学术的采集上第一次的成绩”①，虽然在数量上并不多，但足以点燃地方民歌学术研究之火。这些船歌经过整理后于 1923 年 6 月 24 日发表在《歌谣》周刊。

哪怕到了欧洲留学，刘半农还乐此不疲，坚持创作。留学期间，他模仿了江阴“四句头山歌”的声调，作诗 60 多首，从中自选了 18 首（1920—1921 年作）汇编成《瓦釜集》，寄给了周作人。所谓“瓦釜”是与“黄钟”相对而言的，刘半农在《瓦釜集》的“代自叙”中陈述：

> 集名叫做“瓦釜”，是因为我觉得中国的“黄钟”，实在太多了……因此我现在做这傻事：要试验一下，能不能尽我的力，把数千年来受尽侮辱与蔑视，打在地域底里而没有呻吟的机会的瓦釜的声音，表现出一部分来。②

① 周作人著，止庵校订. 谈龙集[M]. 北京：北京十月文艺出版社，2011：56.

② 刘复. 瓦釜集[M]. 北京：北新书局，1926：序页 1-2.

回国后他又加了1924年所作的3首，一共21首，附上1925年冬季回老家在江阴采集到的短歌三四十首、长歌2首，从中选出了19首“最有趣味的”情歌，“先行选出付印（就用第一歌的第二句做个总名）”① ——手攀杨柳望情哥词，正式的《瓦釜集》于1926年4月在北新书局出版。

第十九歌

山歌好唱口难开，
樱桃好吃树难栽，
白米饭好吃田难种，
鲜鱼汤好吃网难抬。②

原先《江阴船歌》采集的20首船歌，直接促使了之后《瓦釜集》的产生，或者说《江阴船歌》中的“四句头山歌”句式被完美地运用于《瓦釜集》的创作中，当时的人们是这么评论的：

> 所谓中国民歌的学术的采集上第一次的成绩，便是指点刘先生最新出版的《江阴船歌》，说得温雅的，便是刘先生自己题名的《瓦釜集》。③

之后出版的《扬鞭集》中也有部分拟民歌，他在序中表明了目的，想借此诗集留下一些环境和情感变迁的痕迹，同时时刻关注“白话诗的音节问题”④。

---

① 刘复. 瓦釜集[M]. 北京：北新书局，1926：82.
② 刘复. 瓦釜集[M]. 北京：北新书局，1926：103.
③ 刘半农的瓦釜集[N]. 申报，1926-05-16(5)：223.
④ 刘半农. 扬鞭集[M]. 北京：中国文联出版公司，1998：自序页2.

从江阴船歌的采集，到《瓦釜集》《扬鞭集》的出版，可以说刘半农发起并推动了一场文学性的革命，但又何尝不是推动了一场思想性的变革，或者两者之间互为表里、相辅相成。它促成了诗人转身向民歌民谣中汲取营养，获得借鉴，也直接促成了五四时期的新诗创作和革新。

在开始之初，刘半农、沈尹默等发动歌谣征集的目的是新诗创作，是为了在本土文化中找到传统的因子，把民歌民谣放在应有的位置，为新文学开辟新的研究途径和实践路径。这样的路径也一直被延续了下去，甚至到了抗战时期，南开大学学生刘兆吉等组成“民间歌谣组”在南迁的过程中，短短的 68 天里途经湖南、贵州、云南等地采集了民歌 2 000 多首，后来梳理、筛选、合编为《西南采风录》，收录了 771 首民歌，闻一多生前曾经为之作序。

“风者，出于风土，大概小夫贱隶妇人女子之言，其意虽远，其言浅近重复，故谓之风”①，和其他地方的民歌民谣一样，《江阴船歌》中情歌占比较大，很多是关于船家的日常生活，特别是表达男女情愫的歌唱，质朴而大胆，如：《姐儿困到半夜三更哭出来》中少女思春的心理活动，《结识私情——》中结识“大小娘”（未婚女子）后感情变化，等等。

《扬鞭集》《瓦釜集》中的诗作，表达的情意奔放而热烈，并无婉转纤细之处，通俗易懂，更加贴近了普通百姓人家的真情实感：

---

① （清）王梓材，冯云豪. 宋元学案补遗[M]. 沈芝盈，梁运华，点校. 北京：中华书局，2012：2525.

母亲

（刘半农）

黄昏时孩子们倦着睡着了，
后院月光下，静静的水声，

是母亲替他们在洗衣裳。

一九二三，八，五，巴黎[①]

一个小农家的暮

（刘半农）

她在灶下煮饭，
新砍的山柴，
必必剥剥的响。
灶门里嫣红的火光，
闪着她嫣红的脸，
闪红了她青布的衣裳。
他衔着个十年的烟斗，
慢慢的从田里回来；
屋角里挂去了锄头，
硬坐在稻床上，
调弄着只亲人的狗。

他还踱到栏里去，
看一看他的牛，
回头向她说：

---

① 刘半农．扬鞭集[M]．北京：中国文联出版社，2002：115.

“怎样了——
我们新酿的酒？”
门对面青山的顶上，
松树的尖头，
已露出了半轮的月亮。

孩子们在场上看着月，
还数着天上的星：
“一，二，三，四……”
“五，八，六，两……”

他们数，他们唱：
“地上人多心不平，
天上星多月不亮。”

一九二一，二，七，伦敦①

刘半农在伦敦的大都市，回想和想象着故乡村野的生活情景，绘制出“农妇夜炊”等三幅小农家傍晚时分的美好图景。刘半农不仅仅拟民歌创作，他的译诗译作，以及他提倡借鉴外国民歌的主张和他的创作互为映照。

歌谣运动，民歌民谣成为新文学运动诗学改革初期可借鉴的活性因子。这和当时的民主、觉醒的氛围密不可分，也使人们改变了对民间文学的态度，乃至改变了对文学本身、对民众的一些态度。歌谣运动，既有其文学史上的意义，又有其社会学上意义，这也是刘半农在现代文学发展过程中不可磨灭的功劳。

人们对他民歌俚语入诗的评价很高，“覅面孔”（不要脸）、

---

① 刘半农. 扬鞭集[M]. 北京：中国文联出版社，2002：57-58.

“勿晓得”（不知道）（《瓦釜集·第七歌》）、“过歇格”（那时候）、“别人家格”（别人的）（《瓦釜集·第十二歌》），渠门曾经在《读〈瓦釜集〉后》中说“你是在中国文学上用方言俚调作诗歌的第一人，同时也是第一个成功者”[①]。民歌俚语入新诗使得新诗进入了新的审美领域，“最自然的言词”“最自然的声调”“最自然的情”，民歌中一些生机勃勃的力量，那份率真和热忱，感召着听民歌的受众，也影响了刘半农这样愿意认同民间立场、贴近乡野情感的五四新文学中的文人。刘半农在《诗与小说精神上之革新》一文中说“可见作诗本意只须将思想中最真的一点，用自然音响节奏写将出来，便算了事，便算极好”[②]，这其实也是道出了诗歌“诗心贵有真情在”的特点，民歌中的“真”没有“曲径通幽”般婉转，更能显示其不加雕饰的本真情意。

从中国诗歌发展乃至文学发展自身的历程来看，也到了不得不变的地步。毕树堂在他的《螺君日记》（1932 年 12 月 5 日）中曾经提到钱锺书对文学史中关于“美”和“重要”的论述[③]，钱认为很多作品这两者兼而有之，或者偏重一侧，且因人而异，这就是作品的审美价值和文学史价值所在。虽然歌谣运动以《歌谣周刊》的兴衰为标志，从 1918 年的轰轰烈烈到 1925 年的基本结束，但是其却在文学史留下了该有的印迹，甚至可以说影响到了十年以后的民歌改造。

民歌的“拟作”，后来得到了进一步的接受、学习、推动和重视。20 世纪 20 年代以后，红色革命思想的传播，扫清了传统民歌中某些悲愁、哀怨之气，以人们“喜闻乐见”的形式，将日常的社

① 渠门. 读《瓦釜集》后[J]. 北新，1926-10-16(9)：22.

② 刘半侬. 诗与小说精神上之革新[N]. 新青年，1917-07-01，3(5)：1.

③ 毕树棠. 螺君日记[M]. 北京：海豚出版社，2014：24.

会生活和革命斗争紧密地联系在一起，歌颂了新的生活，从而产生了飞跃性的质变，更为民族化、群众化，也推进了革命的进程。

二、破旧立新：狂飙突进的文学主张与实践

（一）白话文运动中的坚持

1916年，一个偶然的机缘，刘半农和刚刚创办《新青年》（原名《青年杂志》）不久的陈独秀结识了。两个人互相仰慕对方许久。《新青年》的“新”和刘半农的朝气契合，约稿从此开始，刘半农从此成为《新青年》的重要约稿人，从此正式成为新文化运动的一员闯将，在当时对青年一代的文化启蒙起到了重要作用。

1917年1月陈独秀出任北大文科学长，在他的引荐之下，大批知名学者齐集于北大。于是《新青年》1917年初从上海迁到北京，北大正式成为新文化运动的主阵地。这年夏天，由陈独秀力荐，刘半农接到了蔡元培的聘书，时年秋来到北京，任北大法科预科国文教员，讲授国文和文法概论。在预科班授课的同时，还在《新青年》上大量发表译作、杂文和时评。此时的刘半农意气风发，民国七年（1918）除夕夜特地跑到绍兴周氏兄弟府上，和他们促膝长谈，讨论增设栏目等事宜。这天造访周府的事情在《鲁迅日记》中也有零星记载：

民国七年除夕（1918年2月10日）

十日　晴。星期休息。午后往留黎厂买《曹续生铭》、《马廿四娘买地券》拓本各一枚，二元。又至富晋书庄买《殷文存》一册，七元。下午范乐山先生（宗镐）来。许铭

伯先生送肴二器。晚刘半农来。①

而这次长谈最终促成了《狂人日记》的诞生，也就在这一年《新青年》的第一期上，刘半农为了表明文学革命的决心，与之前香艳媚俗的“半侬”相决裂，将“半侬”正式改名为“半农”②。

《新青年》编辑部迁往北京后，1917 年 1 月份，胡适发表了《文学改良刍议》（第 2 卷第 5 号），提出了八条建议，指出中国文学今后的出路所在，正式拉开了文学革命的序幕。陈独秀的主张则更为激烈和明确，他于 2 月份发表了《文学革命论》，提出“吾革命军三大主义”，振聋发聩：

曰推倒雕琢的阿谀的贵族文学，建设平易的抒情的国民文学；
曰推倒陈腐的铺张的古典文学，建设新鲜的立诚的写实文学；
曰推倒迂晦的艰涩的山林文学，建设明了的通俗的社会文学。③

5 月 1 日刘半农在《新青年》第 3 卷第 3 号上发表《我之文学改良观》对此呼应，自此，北大更以大刀阔斧的姿态推进着新文化运动。他对于“文学的散文”改革实践提出了自己的看法：

散文之当改良者三　此后专论文学，不论文字。所谓散文，亦文学的散文，而非文字的散文。

第一曰破除迷信　尝谓吾辈做事，当处处不忘有一个我。作文亦然。如不顾自己只是学着古人，便是古人的子孙。……

第二曰文言白话可暂处于对待的地位　何以故？曰以二者各有所长、各有不相及处，未能偏废故。……

---

① 鲁迅. 鲁迅日记：1-3[M]. 北京：人民文学出版社，2006：320.

② 刘半农. 应用文之教授[N]. 新青年，1918-02-25，4(1)：28.

③ 陈独秀. 文学革命论[N]. 新青年，1917-02-01，2(6)：1.

第三曰不用不通之字……[①]

应着自己所坚持的文学主张，刘半农积极投入了新诗创作，他记录生活中的点滴欣喜和感受，创作出很多意境清新、打破僵化格律的新诗。他广泛关注社会现实，关注社会变革对文学革新运动的影响，体现着一个文化人的强烈社会良知和责任感。他明确主张“言为心声”，诗歌讲究真实性，保持了诗人创作的个性和活力。他创作了《相隔一层纸》《学徒苦》《铁匠》《敲冰》等一系列优秀作品，其中《相隔一层纸》是刘半农早期的白话诗歌创作，其“朱门酒肉臭，路有冻死骨”的主题，我们有似曾相识之感，但是形式却用了白话新诗体，两种生活的现实反差在全诗的最后达到高潮。

相隔一层纸

（刘半侬）

屋子里拢着炉火，
老爷分付开窗买水果，
说“天气不冷火太热，
别任它烤坏了我”。
屋子外躺着一个叫化子，
咬紧了牙齿对着北风喊“要死”！
可怜屋外与屋里，
相隔只有一层薄纸！

一九一七，十，北京[②]

《扬鞭集》共有三卷，在一百多首诗歌中，有二十几首都是

① 刘半侬. 我之文学改良观[N]. 新青年，1917-05-01，3(3)：5-6.
② 刘半农. 扬鞭集[M]. 北京：中国文联出版社，2002：4.

为社会底层呼吁。

为使革新的气焰更为浓烈，1918 年 3 月 15 日，《新青年》第 4 卷第 3 期“通信”栏目署名“王敬轩”的人发表了《文学革命之反响——王敬轩君来信》[1]，同一期上，刘半农紧接在后面署名“记者（半农）”予以了回复[2]，著名的“双簧戏”正式开场。

在这场新文化运动中，陈独秀的革命意识强烈而清晰，刘半农则是更重于亲身实践：他效仿民歌，出版了一组“拟民歌”——《瓦釜集》；他进行诗歌题材和音节上的创新，出版了白话诗集——《扬鞭集》。他“发了痴”“着了鬼”[3] 般地作新诗，花样翻新，他不无自负地说：

> 我在诗的体裁上是最会翻新鲜花样的。当时的无韵诗，散文诗，后来的用方言拟民歌，拟“拟曲”，都是我首先尝试。[4]

周作人在《〈扬鞭集〉（序）》中盛赞他：

> 那时做新诗的人实在不少，但据我看来，容我不客气地说，只有两个人具有诗人的天分，一个是尹默，一个就是半农……半农则十年来只做新诗，进境很是明了，这是因为半农驾驭得住口语，所以有这样的成功，大家只须看扬鞭集便可以知道这个情实。[5]

苏雪林更是认为“中国三千年文学史上拟民歌儿歌而能如此

---

① 王敬轩(钱玄同). 文学革命之反响：王敬轩君来信[N]. 新青年，1918-03-15，4(3)：265-268.

② 半农.(给)敬轩先生(的回信)[N]. 新青年，1918-03-15，4(3)：268-285.

③ 刘半农. 扬鞭集[M]. 北京：中国文联出版公司. 1998：自序页 1.

④ 刘半农. 扬鞭集[M]. 北京：中国文联出版公司. 1998：自序页 2.

⑤ 刘半农. 扬鞭集[M]. 北京：中国文联出版公司，2002：序页 1.

成功的，除了半农先生，我想找不出第二人了吧”[①]。

民歌是流行于民间市井、田埂的时尚歌曲，尤其有泼辣、直率、俚俗的特质，有时流于任性夸张，民间老百姓的口口传唱，可以释放和表达自己的某种情绪，也释放一天的劳累。但是刘半农在拟写民歌和创作其他白话诗的时候，有着自己的原则，尤其是在研究了严谨的音韵学以后。1924 年 12 月 1 日，徐志摩在《语丝》上翻译波德莱尔的诗集《恶之花》中的《死尸》[②] 一诗，“诗的真妙处不在于他的字义里，却在他的不可捉摸的音节里；他刺戟这也不是你的皮肤（那本来就太粗太厚!）却是你自己一样不可捉摸的魂灵”，热情俏皮、笔锋不太节制的徐志摩漫谈音乐和诗，随即 1924 年 12 月 15 日鲁迅先生看到后发表了《“音乐”?》一文以戏谑，说此种“绝妙的音乐”是一种“神秘谈”，“想将这位先生‘送进疯人院’去”[③] 云云。同样地，徐诗在正研究音韵学的博士刘半农看来，当然看了也是不怎么顺气，在 1925 年 3 月 2 日《语丝》第十六期发表了《徐志摩先生的耳朵》（写于 1925 年 1 月 23 日），文中进一步调侃徐志摩[④]，说徐高寿之后遗嘱里要补上一笔“将两耳送给我解剖研究”[⑤]，云云，驳斥了不严谨节制而犯了常识性错误。

（二）散文诗的拓荒分界

1915 年 7 月 1 日，刘半农在《中华小说界》第二卷第七期中发表了 4 首译诗屠格涅夫的散文诗《（名家小说）杜瑾讷夫之名

---

① 苏雪林. 苏雪林文集：第三卷[M]. 合肥：安徽文艺出版社，1996：405.

② 徐志摩. 死尸[J]. 语丝，1924-12-01(3).

③ 鲁迅. 音乐？[J]. 语丝，1924-12-15(5).

④ 他们在英国时就有所交往，故曰调侃。

⑤ 刘复. 徐志摩先生的耳朵[J]. 语丝，1925-03-02(16).

著》（《乞食之兄》《地胡吞我之妻》《可畏哉愚夫》和《嫠妇与菜汁》），屠格涅夫是俄国十九世纪批判现实主义作家，以写作中长篇小说为主，长于叙事，而这 4 首散文诗，“措辞立言，均惨痛哀切，使人情不自胜。余所读小说，殆以此为观止，是恶可不译以饷我国之小说家”①。虽然刘半农是以小说引入，但作品本身有篇幅的限制，文辞中对于细节的把握和气氛渲染，更是“四两拨千斤”，完全打动了读者，作为诗的“言志”功能卓然明显，作为散文诗的“叙事”功能又得到了彰显，这是中国现代文学史上首次引入散文诗。此时此刻的新文化运动尚没有正式拉开序幕，白话文运动也只是在酝酿之中，所以当时刘半农是用文言文翻译的，并且误入了“小说”栏目。1918 年 5 月在《新青年》上翻译并发表了印度歌者拉坦·德维的散文诗《我行雪中》，并且引用和翻译了 *VANITY FAIR* 月刊记者的导言称之为“结撰（构）精密之散文诗”②，自此在中国首次提出了“散文诗”的名称，被后世称之为散文诗在中国诞生的标志。但刚开始是文言文翻译，失去了诗的韵味，引发了他对于古文的形式束缚诗韵的思索。

如果说对 1915 年对国外散文诗的翻译和引进属于某种体认的话，那么 1918 年在《新青年》第 5 卷第 2 号上发表了《晓》，则开始了真正的自觉性的尝试：

晓

火车——永远是这么快——向前飞进。

① 《中国近代文学大系》总编辑委员会. 中国近代文学大系[M]. 上海：上海书店出版社，2012：209.

② [印度]拉坦·德维. 我行雪中[N]. 刘半农，译. 新青年，1918-05-15，4(5)：433.

天色渐渐的亮了；不觉得长夜已过，只觉车中的灯，一点点的暗下来。

车窗外面：——

起初是昏沉沉一片黑，慢慢露出微光，露出鱼肚白的天，露出紫色，红色，金色的霞彩。

是天上疏疏密密的云？是地上的池沼？丘陵？草木？是流霞？辨别不出。

太阳的光线，一丝丝透出来，照见一片平原，罩着层白濛濛的薄雾。雾中隐隐约约，有几墩绿油油的矮树。雾顶上，托着些淡淡的远山。几处炊烟，在山坳里徐徐动荡。

这样的景致，是我生平第一次见到。

晓风轻轻吹来，很凉快，很清洁，叫我不甘心睡。

回看车中，大家东横西倒，鼾声呼呼，现出那干——枯——黄——白——很可怜的脸色！

只有一个三岁的女孩，躺在我手臂上，笑弥弥的，两颊像苹果，映着朝阳。

一九一八，七，一〇，沪宁车中①

《新青年》以一贯的激进态度在新文学革命期间提倡和尝试各种新文体、新诗体，从文字语言到体例形式。散文诗创作的尝试就是很好的例证。在《新青年》的带动之下，其他的诸多刊物也开始了行动，就诗歌而言，各种以“诗”命名的作品层出不穷，且不说旧体诗和新诗，还有韵诗和无韵诗，自由诗、分行诗、散文诗等等。而自觉的创作者也逐渐增多。一般认为，以刘半农的这首《晓》、沈尹默的《三弦》和常惠的《游丝》作为中

① 刘半农.扬鞭集[M].北京：中国文联出版社，2002：16.

国散文诗创作的开端。鲁迅在1919年8月起开始在《国民公报》上发表了《自言自语》7篇散文诗。1920年《时事新报》（副刊）、《学灯》发表郭沫若的《我的散文诗》被认为是最早的明确"散文诗"文体发表的诗人。

1921年11月10日刘半农又在《小说月报》（第12卷第11期）发表了译诗《王尔德的散文诗五首》(《美术家》《为善者》《传道者》《主》《公判室》)，这标志着散文诗这种特殊的诗歌形式得到了进一步的确认，与其他诗歌相比，其界限开始逐步清晰。我们一般认为散文诗创作的最高峰当属鲁迅的《野草》(1927年7月北新书局初版)，哪怕是如此，先生还是谦虚地说"有了小感触，就写些短文，夸大点说，就是散文诗，以后印成一本，谓之《野草》"[①]。这个时候的散文诗已经应和了五四精神，至少以白话代替文言格律来作诗的革命取得了初步的胜利，而其文体本身也初步完成了拓荒、分界的任务。

三、学术探究：在语音学研究中的自我实现

刘半农个性澄澈、聪明多才、兴趣广泛、倔强好强。《新民报》曾经记载一件事，可以看出刘半农的个性：

> 刘本不善书，一次出席宴会，被人邀请题字而不能，大受刺激，则努力而摹之，二年，书成，乃大为友好书联轴一雪前耻。[②]

---

① 鲁迅. 鲁迅选集：第三卷[M]. 北京：人民文学出版社，1983：140.

② 谢家顺. 张恨水与现代作家轶事钩沉——与刘半农、徐志摩、丁玲[J]. 现代中文学刊，2020(3)：47.

刘半农小时候家境困难，母亲蒋氏是刘半农祖母夏氏早年在河边抱回的一个弃婴，被抚养长大后就嫁给了刘宝珊。父亲也是族内过继的孩子，由祖母夏氏拉扯养大。幼年的刘半农面临饥饿是常有的事情，也让他过于早熟、懂事和坚强。食不果腹的境况在其父亲刘宝珊开设私塾以后有所改善。但是学潮、辛亥革命、母亲生病等一系列因素，使他中学没有毕业就到上海讨生活。这位“江阴才子”之后受到了陈独秀的青睐，入座北大预科。

1918 年 1 月，刘半农在北京大学国文门研究所作了题为“通俗小说之积极教训与消极教训”的演讲，其中认为旧文学中的“通俗性”和“交换思想意志”没有关系，他把《今古奇观》《三国演义》和《七侠五义》作为“通俗小说”的代表。同年 3 月，又在北大国文门研究所演讲“中国之下等小说”。而民国初年（1912）以消遣为特征和目的的通俗小说在那个特定时代的冲撞中和文化自身发展和推进中被边缘化，其娱乐化、迎合大众的部分终究会消散。刘半农的“通俗小说之积极教训与消极教训”“中国之下等小说”这两次演讲基本上可以看作是刘半农对前期通俗小说写作实践的一个总结和反思。而他在学术上需要寻求新的出发点，很多人认为他应该在小说理论的探究之路上走下去。

与此同时，当面对众多的海外名牌大学归国的教授同事们，敏感而好强的刘半农内心感到了某种压力。据说这也是决心到欧洲求学、开始学术理论研究的原因之一：

我到本校担任教科，已有三年了。因为我自己，限于境遇，没有能受到正确的、完备的教育，稍微有一点知识，也是不成篇段，没有系统的，所以自从到校以来，时时惭愧，时时自问有许多辜负诸位同学的地方。所以我第一句话，就是要请诸位同学，承受我这很诚恳的道歉。……我此番出去留学，不过是为希望能尽职起见，为希望我的工作做得圆满起见，所取的一种相当的手续，并不是把留学当作充满个人欲望的一种工具。①

《钱玄同日记》中也有一段记叙：

半农初来（《新青年》）时，专从事于新学。自从去年八月以来，颇变往昔态度，专好在故纸堆中讨生活。今秋赴法拟学言语学，照半农的性质，实不宜于研究言语学等等沉闷之学。独秀劝他去研究小说、戏剧，我与尹默也很以为然，日前曾微劝之，豫才也是这样的说。②

1920 年，被认为适合研究“小说、戏剧”，而“不宜于”“故纸堆中讨生活”的刘半农，没有听从同人的劝告，带着家眷到伦敦，学习“沉闷”的言语学。其实刘半农有着很高的语言和语音的悟性。早在他担任北大预科教师期间，就对 1898 年刊行的《马氏文通》提出了质疑，认为模仿拉丁文法而建立的这套语法体系，过多地套用希腊文、拉丁文和英文的语法，而汉语的语法应该更加结合我国的语言实际，从而他想建立起自己特色的语法体系，他将 1919—1920 年在北大预科讲课的讲义整理成集出版了《中国文法通论》。而国外读博时期，刘半农就是专修实验语音学。对于汉字声调的研究，是一项非常艰巨的任务，测试每一个声调都需要耗费较长时间，更何况他当时测试了我国十二种方言的四声，撰写出《四声实验录》，这为他回国以后在北大建立

① 刘半农. 老实说了吧[M]. 西安：陕西人民出版社，2013：12-14.

② 杨天石. 钱玄同日记：整理本：上册[M]. 北京：北京大学出版社，2014：343.

语音乐律实验室奠定了基础。

因经济拮据，1921 年夏天，刘半农由英国伦敦大学转入了法国巴黎大学学习，又利用 1922 年夏天暑假到德国柏林进行了为期三个月的考察。1925 年，刘半农获得了法国国家文学博士学位，他是我国第一个获得以外国国家名义授予的最高学衔的中国人。1925 年夏，同赵元任夫妇同行回国，在马赛乘坐轮船到达上海，同年 9 月回到北京。

回国后，1925 年他在北大建立我国第一个语音乐律实验室，在助手的协助下记录了七十多种方言，编成《调查中国方案用标音符号表》，还著有论文《从五音六律说到三百六十律》（1930）、《十二律的发明者朱载堉》（1932），他盛赞了明末朱载堉发明的十二平均律，而这之后被西方普遍认为是"标准调音"。1932 年撰写《七平方音析数表》，改进了测音仪器，翻译了保尔帕西的《比较语音学概要》。

可以说，这个时候，他的心思更为沉静，基本上以学术研究为主兼摄影创作。他历任北大教授、辅仁大学教务长、北大女子文理学院院长、《世界日报》副刊编辑等，他以多重身份活跃在中国的文教界，涉及文学、语音学、乐律、音乐史、摄影等多项领域，成为一个名副其实学养深厚的学者。

1934 年 6 月 19 日，刘半农以一贯的热忱和激情投入大西北考察方音民俗。7 月 8 日左右感染回归热，7 月 9 日扶病返回，10 日到北平，14 日进入北京协和医院后被确诊，下午病逝，年仅 43 周岁。

很多人认为，刘半农 1925 年在回国以后便没有了之前的闯劲。笔者觉得要从哪个方面来看。如果说他的第二阶段是和第一阶段的决裂，代表了新文学运动中斗士的宣战，那么他的第三阶段可以认为是第二阶段的延续，代表着宣战之后的理论重建。回国后的刘半农已经是一位堂堂正正的学者，投身在语音实验、编订汉语工具书的忙碌生活中，辗转于各大学、各专业、各语种驳杂的教学事务里。从人生的体验上，无疑是比先前自信、坚毅和沉着。对世界、对他人、对人生的认知也发生了变化，作为人生不同阶段的体验，他也都经历到了。

而对于 20 世纪二三十年代后五四斗争激情的消退，人们确有惆怅，胡适、鲁迅、刘半农等都曾经非常感慨五四辉煌的消逝，也许文学革命、五四精神代表了那个年代人们的青春之歌。五四时期很多文学青年走上了文坛，十多年之后他们中的相当一批人转入了学术研究，朱自清、闻一多等都是如此，也许创作实践和学术研究应是互为印证吧。

在刘半农短短的一生中，我们发现他所做的很多事情都具有开创性的意义，在我国现代文学发展过程中做出了重要的贡献。

第五章

文化教育大家钱穆

无锡籍文化名人中，钱穆通常被认为是历史学家、“国学宗师”、教育家等。钱穆著作等身，有《先秦诸子系年》《中国近三百年学术史》《国史大纲》等。在晚年，他还写了《八十忆双亲》《师友杂忆》等散文集，这些对父母双亲及师友的回忆性文字，充满着对中国文化的深情厚谊，对家乡亲友的深刻怀念。我们不妨把这些“文质兼美”的著作归为“大散文”的范畴，他的诸多著述的核心就是围绕东西方文化比较，他也多次肯定并阐述了中国传统文化的优越性，作为学问家兼教育家，他一生都在弘扬中国文化，传播中国文化。

> 人生在世，各应经过一番学问，再把他学问所得来贡献于斯世，这即是事业。因此，学业乃事业之体，事业乃学业之用。此二者，仍只是一业。此一业，实为人生本职。因此亦可称“职业”。中国俗话又称有“行业”。各种行为，各种职守，都应由各种学问，而成为各种事业。师道相传，并非空洞的传那道。在道之中，便包有各种业，因此中国人亦称为“道业”；亦可称“道行”。道业有大小，道行有高低。总

之是全靠为师者传授。梓匠、轮舆全是业，梓匠、轮舆各业中亦全有道，因此，梓匠、轮舆也各有师。[①]

一门六院士，半门皆老师，“不要叫我院士，请叫我老师……”[②]，钱穆的女儿钱易如是说，她是清华大学第一位女院士。这也许是受其父亲钱穆的影响，更是受其家族的影响。

一、自学成才：中学文凭的“七房桥人”

钱穆（1895—1990），原名钱恩鑅，1912 年由其兄钱挚改名为钱穆，字宾四。钱穆是吴越太祖武肃王钱镠（852—932，谥武肃）之第三十四世孙，无锡湖头支钱氏，据清钱茂祥等纂修的《钱氏湖头宗谱》（清同治六年锦树堂木活字印本）记载，宋真宗大中祥符四年（1011），钱武肃王第六世孙钱进（后称晋宗公）由浙江嘉兴迁至无锡沙头（今南泉镇塘前村），为湖头支始迁祖。

钱进的后裔子孙钱正德在如今近泰伯大道造了七开间、七进院落、七个墙门的七个大宅院。此后这个地方就被称为七房桥。

钱穆侄子钱伟长在《八十自述》中记载，他们名字[③]都自有其寓意：钱伟长父亲钱挚，原名恩第（一说恩福[④]），字声一，有“一鸣惊人”的意思；四叔钱穆，原名钱恩鑅，后改名钱穆，语

---

① 钱穆. 钱宾四先生全集[M]. 台北：联经出版事业公司，1998：316-317.

② 陈志伟等. 他们为什么优秀：十年百余名全国教书育人楷模分析报告[J]. 人民教育，2019(18)：19.

③ 1912 年钱声一曾给自己改名，同时也为兄弟们改名。

④ 《钱氏宗谱二十二》上面注明，(钱挚)是钱镠第三十四世孙：恩福，又名挚，字声一。而《八十忆双亲》等诸多著作中，钱挚原名钱恩第，笔者推测恩福是谱名(光绪二十八日生)。据《无锡钱氏宗谱世系图》(钱铮主编)明确记载：宽甫公明远公文文林公文惟义公派的恩福(1889)第三十四世孙。

出《尚书·舜典》“宾于四门，四门穆穆”；六叔原名钱艺，后改名漱六，“以诗词和书法见长于乡间”，语出陆机《文赋》“漱六艺之芳润”[①]，有精通六艺辞采的意思；“对唐宋古文很有见解”的八叔原名钱文，后改名“起八”，其语出苏轼《潮州韩文公庙碑》中“文起八代之衰”且有此意蕴[②]。钱声一在给弟弟们改名所蕴含的深意中，有着对“不求闻达于诸侯”，安于“枕流漱石”隐逸生活的期待，而这四个兄弟果然也是一生以传道授业解惑为主业，不负长兄的厚望。

钱穆很早就参加了工作，18 岁已为人师。1912 年钱穆到秦家水渠三兼小学任教，主要任高级班的课，少数兼初级班的课，担任国文、数学、英语、历史等课程的教师，在教书之余钻研学问，读了严复的所有译作，还试着向《东方杂志》投稿，获得三等奖，这极大地鼓励了他写文章、做学问的念头和理想。1913 年，钱穆转到荡口私立鸿模学校[③]任教。一边任高级班的课，一边兼任梅村镇无锡县立第四高等小学校[④]的课，教学之余希望能圆大学之梦，苦读章学诚的《文史通义》、夏曾佑的《中国历史教科书》以备考。“清末民初，江南苏常地区小学教师多能新旧兼学，造诣深厚，今日大学教授亦或愧不如。数百年来，中国人才多出江南，诚非偶然”[⑤]，钱穆的高足严耕望曾经如此感慨，而严耕望自己一生深受这位老师影响，淡泊名利，以“工作随时努力，生活随遇而安”[⑥] 为自己的座右铭。

---

① (晋)陆机著，张怀瑾译注. 文赋译注[M]. 北京：北京出版社，1984：22.

② 伟长. 八十自述[J]. 民营科技，1995(6)：34.

③ 原名华氏私立果育两等学堂。

④ 现无锡市梅村实验小学、无锡县梅村中学前身。

⑤ 严耕望. 治史三书：增订本[M]. 上海：上海人民出版社，2016：231.

⑥ 严耕望. 治史三书：增订本[M]. 上海：上海人民出版社，2016：106.

1914 年，钱穆专任县立四小的课，并且与学生同寝室。在和学生近距离接触，对他们言传身教的同时，钱穆适时进行了教学方式的调整，又奋笔不辍著书立说，1918 年出版了《论语文解》。1919 年钱穆毛遂自荐成为宅小学①校长。

（一）荡口镇的温润土壤

荡口地处无锡、苏州、常熟的交界处，位于无锡鹅湖镇，其得名也是因为其中的一个较大的湖荡——鹅真荡，荡口位于伯渎港的入口处，古有"金甘露，银荡口"之称。其历史文化底蕴深厚，据《泰伯梅里志》记载："荡口镇相传为（东汉）孝子丁兰故里，南有丁公桥，其遗迹也。"② 所以早在汉代时这里就被称为"丁村"，此"丁"者，是《二十四孝》中"刻木事亲"的汉代人物丁兰，曾经居住这里。到了晋代这里便形成了集镇，已经非常热闹了。

荡口古镇有个美丽的传说，"唐伯虎"点了"华太师"家的秋香，这个"华太师"的原型就是华氏义庄的华察，只不过真实的华太师比唐伯虎小了 27 岁，显然故事只是个故事。那时唐伯虎、文徵明、祝枝山等也确实经常造访荡口华氏，那是因为草堂书屋——真赏斋是荡口的文物鉴赏收藏家华夏的居所。

荡口古镇繁盛在明代，自元末华宗（悰）韡带领四族人员在荡口开荒辟地，织布纺纱，辛苦劳作，在短短几十年间留下了千亩良田，为荡口的兴盛奠定基础。百年以后，弘治十八年（1508）开始，在华守吉、华燠、华辉、华勋等人，一直到华麟

---

① 后宅小学，由无锡开明乡乡董邹茂如创办于 1908 年，原名养正学堂。1949 年后更名为后宅中心小学校。

② 无锡市太湖文史编纂中心．梅里志・泰伯梅里志[M]．北京：中国文史出版社，2005：89.

祥、华云等几辈人共同努力下，华氏义庄成立了，这是无锡义庄之始，并形成了较有特色的荡口义庄文化，孝悌传家，讲公共道义，钱穆深受影响。

荡口钱氏家族的怀海义庄则是在道光年间设立的，创办者钱邵霖当时设立了三所义庄，其中怀海义庄最大。钱穆从小家贫，荡口的怀海义庄是钱挚、钱穆得以生存的生活支柱，《八十忆双亲》中专门设立一章记载：

> 七房桥阖族，有义庄三所。惟怀海义庄最先最大，乃由老大房五世同堂祖先所创立。①

钱穆长兄钱挚后来创办的七房桥又新学堂，即以此为基础。

（二）师长们的言传身教

钱穆的年少时期，受长辈师友的影响很大。《八十忆双亲》《师友杂忆》中记载了家乡的风土人情，长辈和师友言传身教，以及钱穆先生童年时期的诸多往事。

钱穆的祖父钱鞠如手抄《五经》时，因眼疾流泪，书稿后半部分留下了痕迹，抄毕不久就辞世。这使得钱穆和钱挚兄弟面对这些斑斑泪迹的时候，“把玩想念不已”。祖父留给兄弟俩的大字木刻本《史记》更是珍贵无比的精神财富，“由先祖父五色圈点，并附批注，眉端行间皆满。余自知读书，即爱《史记》，皆由此书启之”②。通过这种较为特殊的家学传承方式，钱穆完成了最初的学术启蒙教育，特别是钱穆在史学方面的研究，大概就肇端于此。

---

① 钱穆. 八十忆双亲　师友杂忆[M]. 3 版. 北京：生活·读书·新知三联书店，2012：16.

② 钱穆. 八十忆双亲　师友杂忆[M]. 3 版. 北京：生活·读书·新知三联书店，2012：13.

其父钱承沛[①]是清朝秀才，品性为人对于钱穆有着潜移默化的影响，他急公好义，钱穆在《八十忆双亲·师友杂忆》中记载，虽然其父年少体弱多病，但多次处理家族内部纷争较为公允，因德高望重逐渐挑起家族重担。

> 而五世同堂一宅后最贫，特多孤儿寡妇，老死者无以葬，幼小者无以教，婚嫁之赀无所从出，有欲出外就业，亦乏赀遣。而庄产须由富三房轮管，五世同堂不得过问。先父自以一贫苦孤儿出身，特痛悯同宅中孤儿寡妇。念祖宗置此义庄，本为子孙救灾恤贫。今庄业日起，而庄主日落，理当开放，务为拯恤。以此意商之富三房中经管人，不获同情。屡商不洽。先父志不获申，乃投诉于无锡县署。义庄经管人则联合三富房抗诉。[②]

为了要给族中的孤儿寡妇讨公道，钱承沛不顾自己尚年轻脸皮薄，多次和富三房交涉，迫使他们让步。而县官也通过此事了解了其父的为人品行，认为他颇能服众，之后就让他承担了族长重担。无奈多病的钱承沛 41 岁时候就离开了人世。

当时有诸亲族群介绍钱挚到苏锡商店工作，其母虽不识字却有大义，没有同意，“遵先夫遗志，为钱氏家族保留几颗读书种子”[③]。钱声一非常懂事，为了能早日不领义庄抚恤金，刻苦学习，以优秀的成绩考上了常州府中学的师范科，在班里年纪最小，却成绩优异，任班长，以各科第一名的成绩从师范班毕业。

---

① 钱承沛(1866—1906)，谱名恩福，字汉章，号季臣，邑庠生。

② 钱穆. 八十忆双亲 师友杂忆[M]. 3 版. 北京：生活·读书·新知三联书店，2012：16.

③ 钱穆. 八十忆双亲 师友杂忆[M]. 3 版. 北京：生活·读书·新知三联书店，2012：32-33.

为了减轻家里的负担，他放弃了到南京高等师范学堂深造的机会。返乡后，钱挚动员钱氏家族三个义庄捐得学田二百亩，创办了鸿声第一所新式学堂——私立又新小学，担任校长。

在少年求学之路中，钱穆还受到了众位良师的教诲和影响：钱伯圭、华倩朔、华山、华紫翔、顾子重、屠孝宽、吕思勉、徐先生①、童斐②等等。果育小学的“体操先生”钱伯圭是个革命党人，思想激进，虽然当时担任体操老师，却常常和学生探讨东西方文化得失优劣等问题，有一次曾拉着钱穆的手说：

> 此书（《三国演义》）一开首即云天下合久必分，分久必合，一治一乱，此乃中国历史走上了错路，故有此态。若如今欧洲英法诸国，合了便不再分，治了便不再乱。我们此后正该学他们。③

钱穆晚年自述“余之毕生从事学问，实皆伯圭师此一番话有以启之”，钱穆启迪东西文化之思从此开始。

多才又诙谐的“唱歌先生”华倩朔是当时果育小学“一校师生共仰之中心”，“其见重似尤过于伯圭师”④。他曾经送给钱穆太平天国野史一部两册，钱穆从小喜欢读史书，且养成了“竟体自

---

① 之后钱穆学生胡嘉根据遗失掉的钱穆老同学费子彬回复信件的回忆和《吕思勉自述》推测，确定此徐先生应为徐点撰先生，是当时常州府学界享有盛名的数学老师。（中国人民政治协商会议江苏省无锡县委员会. 钱穆纪念文集[M]. 上海：上海人民出版社，1992：85.）

② 童斐（1865—1931），字伯章，宜兴人。1913年7月，常州府中学堂改名为“江苏省立第五中学”，童斐被任命为校长。伯章老师多才多艺，钱穆学昆曲和吹箫曾受他指点教授，成为伯章终生爱好。

③ 钱穆. 八十忆双亲　师友杂忆[M]. 3版. 北京：生活·读书·新知三联书店，2012：50.

④ 钱穆. 八十忆双亲　师友杂忆[M]. 3版. 北京：生活·读书·新知三联书店，2012：50.

首至尾通读”的习惯，若干年后，倩朔师往返授课时受到镇人沿岸观视，“俨如神仙之自天而降”[①]，“对（新学校）诸师敬礼特有加”，荡口尊师重教的风俗可见一斑。

果育小学开风气之先，在师资配备和课程设置方面充分体现了当时“新式”学校的特点。钱伯圭和华倩朔两位体操唱歌老师“尤为一校乃及一镇之众望所归”[②]。

另外，对钱穆影响较大的还有华山师赠书《修学篇》，其中所记不经学校而自修苦学最终成为名学者多达数十人，钱穆的成长应该也获益于此。顾子重讲文史常常有精辟的议论，钱穆经常前去讨教，获益良多，纠正了自己读书不注重细节（金圣叹评语）的毛病，大大拓宽了阅读视野。华倩朔弟弟华紫翔则影响着钱穆抛开文学和理学门户之见，以史学为经纬，穿梭于经史子集各部等等。

1907 年钱穆考入常州府中学堂。中学阶段的学生讲究民主自立而又很调皮，“童稚无知”[③]。《师友杂忆》中记载了很多故事，其中提到了低钱穆两届的瞿双（字秋白）少年时期“扛木板放假”的调皮往事，所以做学生工作的老师颇多不易。1910 年常州府中学堂爆发了学潮运动。钱穆因拒绝考试而申请了退学，此时，离毕业还只有一年时间。

年轻的钱穆自有主张，率性而为，看了谭嗣同的《仁学》，“大喜”，第二天晨起，剪去长辫，“一人独自欢乐”，比辛亥革命

---

① 钱穆. 八十忆双亲　师友杂忆[M]. 3 版. 北京：生活·读书·新知三联书店，2012：58-59.

② 钱穆. 八十忆双亲　师友杂忆[M]. 3 版. 北京：生活·读书·新知三联书店，2012：49.

③ 钱穆. 八十忆双亲　师友杂忆[M]. 3 版. 北京：生活·读书·新知三联书店，2012：62.

还早一年。之后经元博师的推荐（代为申请）进入了钟英中学（现南京市第三初级中学的前身）继续学习①。而监督屠孝宽对学生的“加意护惜”，钱穆终生没忘记，也影响了他一生。

师长们多才多艺、善于启发和鼓励，采用灵活有效的教育评价，对待小孩仁爱宽厚又不失严厉，同时他们都或多或少地有着新思想，其中有的曾经游学日本、上海等地，甚至还有革命党人，他们在课程设置、教学理念方面与过去私塾老师有了革命性的不同，这些都潜移默化地影响着钱穆日后的生活和教学生涯：循循善诱的风格和坚持己见的风骨，温和而倔强，这些特点可以在钱穆一人身上完美体现。

二、抗颜为师：传统文化的践行者

钱穆一生都是中国文化的坚守者，他不止一次地强调文化的力量，也不止一次地强调中国文化的优越性。

> 当知无文化便无历史，无历史便无民族，无民族便无力量，无力量便无存在。所谓民族争存，底里便是一种文化争存。所谓民族力量，底里便是一种文化力量。若使我们空喊一个民族，而不知道做民族生命渊源根柢的文化，则皮之不存，毛将焉附。②

（一）后宅新亚：从牛刀小试到大刀阔斧

实用主义产生于19世纪70年代的美国，到20世纪成为美国

---

① 退学五人中另一位张寿昆也受到元博师的推荐到钟英继续读书，是《国故》月刊的创办者。

② 钱穆. 钱宾四先生全集[M]. 台北：联经出版事业公司，1998：194.

的主流思潮。其强调实证、实验，强调“生活”“行动”和“结果”之间的联系，代表人物是皮尔士、詹姆士和杜威。实用主义作为一种思潮，早在1917年随着胡适和他的《归国杂感》[①]一起回到了中国。在1919年4月30日，杜威受到北京大学、南京高等师范学校、尚志学会[②]等团体和组织的联合邀请，搭乘日本“春洋丸”号轮船，偕夫人爱丽丝和女儿罗茜抵达上海，受到了胡适、陶行知、蒋梦麟等当年门生学子的热烈欢迎。5月3日至4日，在上海的江苏教育会会场，杜威以一场“平民主义之教育”开始了一系列访问和讲学活动。杜威的落脚点不仅仅是北京、上海，还到各地进行了演讲，其中就包括无锡。演讲的内容不断地见诸各大报端，并不断被转载，而演讲的范围，也不仅仅在于教育，涉及了社会、政治、伦理等各个方面，对我国近代文化发展产生了极为重要的影响，在当时的文坛和知识阶层中，曾刮起飓风。《新青年》开辟了第1卷第3期的“杜威专号”，胡适、蒋梦麟、刘伯明、潘公展等都为此呼应、撰文。5月12日杜威受到孙中山的拜访，共进晚餐，孙中山后来在《孙文学说》的著述中引用杜威的言论“吾欧美之人，只知‘知之为难’耳，未闻‘行之为难’也”[③]，借杜威的思想来佐证自己当时“知难行易”的主张。蔡元培还幽默地发现了杜威和“孔子”生日日期一致[④]，意图促进中西理念融合。

杜威在这个时期来中国，亲身见证了五四新文化运动的全过

---

① 胡适. 胡适文存[M]//民国丛书：第一编. 上海：上海书店，1989：9.

② 尚志学会，“尚志”，语出《孟子·尽心篇》，有“高尚其志”之意。由范静生、梁启超、林长民、张东荪等人发起并成立于清宣统二年(1910)年，是以梁启超为首的宪法研究会(即“研究系”)的一个附属组织。

③ 孙文. 孙文学说[M]. 上海：商务印书馆，1927：51.

④ 1919年10月19日曾在中央公园金雨轩庆祝杜威60岁生日。

程。4月30日抵达上海后，他先后在上海的江苏教育会、杭州的浙江教育会、南京高等师范学校、北京西城手帕胡同教育部会场、北京美术学校、北京化石桥尚志学校、北京大学法科大礼堂、山西太原、山东济南、南通、扬州等十多地巡讲，发表了150多场演讲，盛况空前，比不久以后的罗素和泰戈尔访华可谓是“幸运”多了。

杜威到达无锡的时间是1920年6月21日下午四时，同行的有南京高等师范学校刘伯明、杨英父两位教授。当时受到顾述之（省三师校长）、荣鄂生、杨四箴（辅仁中学校董）、秦执中（秦氏公学校长）及一些无锡乡绅（秦颂石、钱孙卿）的接待，22日到25日，围绕着“试验主义”“学生自治”“学校与社会”“近今世界与教育思想”等话题展开演讲。当时的《新无锡》和《锡报》等报纸都进行了相关报道：

> 美国哲学博士杜威君于第三师范学校大礼堂演讲……第二日会场听讲者达二千余人，演讲问题为学生自治……[①]

当时担任省三师教务长的钱基博随后在《新无锡》报上连续好几期发表了《我听杜威博士演讲之讨论》，指出其实用主义和中国传统文化中“知行合一”[②]等思想互为印证。

五四运动中成长出来的社会精英大多对杜威的实验主义有较高的评价，胡适甚至说“我们可以说，自从中国与西洋文化接触以来，没有一个外国学者在中国思想界的影响有杜威先生这样大的”[③]。著名学者、诗人的访华巡讲，给正处于风云际会中的传统

① 记杜威博士第二日之演讲[N].新无锡，1920-06-24.
② 钱基博.我听杜威博士演讲之讨论[N].新无锡，1920-12-11.
③ 胡适.胡适文存：1[M].北京：华文出版社，2013：268.

中国，带来了深刻的影响，同时，面对古老悠久的中国文化，这些外来的演讲者自己内心也产生了不小的震撼和长久的思索。

杜威的影响振聋发聩，尤其在教育理念革新方面，作为新的教育理念途径和方式，和过去的官学、私学、书院教育有着很大的不同。实用主义主张从教师本位到学生本位的教学变革，不仅仅关注学到什么，更重在能解决什么，这在当时让很多人看来是教育救国的新希望，于是开始了实用主义的多种尝试。叶圣陶、陶行知都做过类似的教育实验。钱穆虽然不是杜威的嫡传弟子，也没有像叶圣陶那样能亲临现场聆听讲座、与杜威有着一面之缘（1920 年 6 月 26 日苏州留园），钱穆只是在报上看到，但他们曾经同是实用主义的实践者。1919 年到 1922 年，钱穆担任后宅初级小学校长期间，曾经进行尝试性的教育实验和改革，提倡养正教育，培养学生的道德习惯，而这些教育实践，为以后他在香港新亚书院进行文化教育、推行“做人”教育，提供了理论酝酿和实验反思的准备。

1922 年，钱穆受邀到无锡县立第一高等小学（现连元街小学）任教，仅仅一个月又受聘于厦门集美中学，在此任教。之后他还在位于无锡的江苏省立第三师范学校、苏州中学三校等任教。在江苏省立第三师范学校，钱穆依据学校课程规定编订讲义的同时撰写论著，出版了《论语要略》《孟子要略》，并完成了《国学概论》一书的部分写作①。

钱穆的社交圈随着著述声名的扩大而扩大，他多次受顾颉刚引荐，到中山大学、燕京大学、北京大学担任教职，顾颉刚对他有知遇之恩。两人学术上观点并不一致，但不妨碍互相欣赏。钱

① 《国学概论》真正完成撰写工作是在钱穆任教苏州中学的时候完成的。

穆是高中肄业，成为大学教师以后，就有了更多的感悟，显然和过去在小学和中学任教时的感觉有所不同。师生之间的关系不再如当初小学和中学时任教那么亲密了；和同事间的关系，也增添了学术上的纷争，比如他和胡适，当然在兼容并包的北大校园这种现象或许也很正常。1933 年钱穆进入北大后，凭借扎实功底迅速成为新兴的"明星教授"[①]。他辗转于北京各大名校，清华大学、燕京大学、北京师范大学都纷纷投来邀请函。

据他的学生后来回忆，钱穆个子不高，温文尔雅，上课气定神闲、中气很足，自有威严，他的课常常座无虚席。笔者曾听过他的原声录音，基本是无锡荡口口音，乍一听像评弹，仔细一听句句是勉励学生之语，激动之处更为铿锵有力和感染人心。

1937 年以后，高校内迁，钱穆在西南联大完成了《国史大纲》，又赴成都齐鲁大学、嘉定武汉大学、遵义浙江大学、华西大学、四川大学等任教，抗战结束钱穆留在昆明五华大学，之后因胃病于 1948 年春回到无锡的私立江南大学任教。

无锡梅园荣家老宅的乐农别墅成为钱穆的住所，《师友杂忆》中记载：

> 余居分上下楼，各三楹。余居楼上，楼下乃大学老校主德生夫妇所居。每周六下午晡后，德生夫妇由城来。晚餐后，必上楼畅谈，或由余下楼，每谈必两小时左右。[②]

---

① 钱穆的众多学生在写回忆钱穆的文章时都会提到这点："选钱先生课的学生多，一般教室容不下"（杨向奎《回忆钱宾四先生》）；"提前半小时进了教室，但前十几排座位已无虚席了"（李埏《昔年从游之乐，今日终天之痛——敬悼先师钱宾四先生》）；"一个极为简陋的大教室里挤满了人"（郦家驹《追忆钱宾四师往事数则》）。

② 钱穆. 八十忆双亲　师友杂忆[M]. 3 版. 北京：生活·读书·新知三联书店，2012：283.

《师友杂忆》中还多次提及荣德生，并给予了很高的评价：

> 其日常谈吐诚恳忠实，绝不染丝毫交际应酬场中声口，更不效为知识分子作假斯文态，乃俨若一不识字不读书人，语语皆直吐胸臆，如见肺腑。盖其人生观如是，其言行践履亦如是。岂不可敬。而中国文化传统之深值研讨，亦由此可见矣。[①]

闲暇时，钱穆经常和学生如钱树棠、吴沛澜、洪廷彦、诸宗海及郦家驹等一起观景读书，标点古籍，教诲不止。[②]

1949 年 4 月，钱穆在无锡火车站与江南大学教授诸祖耿道别，应广州华侨大学邀请前去任教，后随华侨大学迁至香港。当时，大批流离失所的学生彷徨于当时的香港街头，钱穆早已萦绕于心的一个念头，此时更为清晰和坚定了：他决定创办书院，中国文化必须在这里站稳脚跟，才能使这些学生不至于飘零如浮萍，不至于彷徨找不到归家的路。他和唐君毅、张丕介等一起创办了亚洲文商学院[③]继续文化传承之事业。刚开始的情形甚为窘迫，“手空空，无一物，路遥遥，无止境”[④]，开始之时租赁的屋子有两间房，白天是教室，晚上为宿舍。请来的老师都是内地来的名家巨擘，讲课纯粹尽义务，钱穆尽力擘画，到台湾寻求援助并进行讲演十多次，汇成《人生十论》，后又获得雅礼协会和哈佛燕京社的尊重与支持。在一般人看来，钱穆到了香港和台湾以后，其学术方面没有出现更大的突破，但是无疑我们应该承认的

---

① 钱穆. 八十忆双亲 师友杂忆[M]. 3 版. 北京：生活 · 读书 · 新知三联书店，2012：285.

② 郦家驹. 追忆钱宾四师往事数则[M]//中国人民政治协商会议江苏省无锡县委员会. 钱穆纪念文集. 上海：上海人民出版社，1992：28.

③ 1950 年 3 月改名为新亚书院，申请立案，为香港当时唯一私立不营利学校。

④ 钱穆. 钱宾四先生全集[M]. 台北：联经出版事业公司，1998：10.

是，他把大量的精力放在了创办书院和教学的过程中，“自创校以来，前后十五年，连前亚洲文商学院夜校一年，则为十六年。亦为余生平最忙碌之十六年”[①]，延揽名流授课，劳苦奔波办学，只为了流亡的学生能够记住“我是中国人”，保持对中华历史和文化的认同感。钱穆的教学生涯共计七十多年，正是钱穆的这份执着成就了他，新亚的办学实践，推动了当时香港地区成为世界汉学研究中心之一，提升了香港地区的中华文化认同感和文化自信力，并且得到了世界性的认可。

（二）文化信念：民族的力量就是文化的力量

钱穆行走的民族文化传承之路，这种文化意识的觉醒，大概就是从钱伯圭老师那里受启示而开始的，哪怕是在新文化运动逐步趋盛时期，其内心始终有着恒定的信念：

> 时余已逐月看《新青年》杂志，新思想新潮流坌至涌来。而余已决心重温旧书，乃不为时代潮流挟卷而去。及今思之，亦余当年一大幸运也。[②]

无锡在地理位置上和上海比较接近，却有着冷眼旁观的天然条件，这也形成了无锡人自有的一套生活逻辑：哪怕外界尘俗喧嚣，关起门来依然可以慢悠悠地生活。这适合文化人静思冥想。无锡人说话极为耿直，书写落笔往往知轻重，委婉中有所坚持，也可见真意。

钱穆曾经对于同样极具个性的钱基博以及他的著作有着理解

---

① 钱穆. 八十忆双亲　师友杂忆[M]. 3版. 北京：生活·读书·新知三联书店，2012：372.

② 钱穆. 八十忆双亲　师友杂忆[M]. 3版. 北京：生活·读书·新知三联书店，2012：103.

的同情：

故其书若仅为叙述，不加论赞，无作者个人之意见；实则作者之意见，乃胥于“激射隐显”中见之也。……[①]

惟茹古乖今者，既不为当世所重；而书中娓娓而道，缅缅以陈，使后人一读此书，乃知在当时尚有如许妖孽，如火如荼；摧陷廓清之未尽，大声挞伐之徒虚，乃赖此书使之终不湮灭，以待后人之重加评核。此当已为此书之大功。至于“骛外”一途，此固本书作者食果证因之心情所属。而别有其必欲一吐以为快者，而又自知其违众好、逆时趋，将不易觉针芥之所投；故乃一于“激射隐显”中，旁敲而侧击，左映而右带。或浩浩之长篇，或琐琐之小节，如巨石细沙，一浪而下。而又意存于此，语托于彼。不通读全篇，不知篇中一节之所指。不兼读他篇，不知此篇含意之所定。[②]

有种说法认为钱穆和胡适的关系不甚调和，而笔者认为并非真正缘于早年在苏州省立中学“书生不习世故”初见时“以僻书相询”[③]，也不是因为在北大时期关于老子和孔子孰先孰后的争论，而是背后各自所执的文化理念大有不同。钱穆在对钱基博的点评言语中，又何尝不是道出了自己当时有所坚持而“逆时趋”的艰难和尴尬呢？

1933 年秋开始，钱穆在北大开设《中国通史》课程，据钱穆学生吴沛澜回忆说，钱穆曾经对学生说他研究历史就是从“九一

---

① 钱穆. 钱宾四先生全集[M]. 台北：联经出版事业公司，1998：212.

② 钱穆. 钱宾四先生全集[M]. 台北：联经出版事业公司，1998：216.

③ 钱穆. 八十忆双亲　师友杂忆[M]. 3 版. 北京：生活·读书·新知三联书店，2012：156.

八”事变后开始的，他“就是要探究我们国家民族还有没有希望”[①]，钱穆一人独授通史，改变了过去集合十几个断代史专家轮流作专题演讲的方式，学生得到的则是风格一致的收获。热心的陈梦家曾两次力劝先生著书，1938年钱穆的《国史大纲》终于出版。这无疑坚定了大家对抗战胜利的信心：统一和光明是中国历史的主流，中国历史绵延不绝是明证，中国不会败亡，我们每一个人都应该关心本国的历史，我们可以在古今历史演进中获取独特的民族精神和信念。

……所谓对其本国已往历史略有所知者，尤必随附一种对其本国已往历史之温情与敬意。……

当信每一国家必待其国民备具上列诸条件者比数渐多，其国家乃再有向前发展之希望。（否则其所改进，等于一个被征服国或次殖民地之改进，对其国家自身不发生关系。换言之，此种改进，无异是一种变相的文化征服，乃其文化自身之萎缩与消灭，并非其文化自身之转变与发皇。）

——钱穆《国史大纲·凡读本书请先具下列诸信念》（1940）[②]

中国为世界上历史最完备的国家，举其特点有三：一者“悠久”。从黄帝传说以来约得四千六百余年。……二者“无间断”。自周共和行政以下，明白有年可稽。……三者“详密”。此指史书体裁言。

——钱穆《国史大纲·引论一》（1940）[③]

---

① 吴沛澜. 忆宾四师[M]//中国人民政治协商会议江苏省无锡县委员会. 钱穆纪念文集. 上海：上海人民出版社，1992：52.

② 钱穆. 凡读本书请先具下列诸信念[M]//钱穆. 钱宾四先生全集. 台北：联经出版事业公司，1998：19.

③ 钱穆. 引论一[M]//钱穆. 钱宾四先生全集. 台北：联经出版事业公司，1998：21.

钱穆《国史大纲》中所蕴含的国家认同的使命感，是一以贯之的，不仅仅在当时使学生大大增强了文史意识和民族自信力，在之后人生经历当中他也时时刻刻强化了这点：一个国家和民族必须要有文化认同感，民族的凝聚力，来自文化的凝聚力，处处将西方的标准奉为圭臬，必将找不到自己而沦为涣散。在那样的年代里，中国的知识分子以自己的方式在进行抗战，精神的引领和激发同样不啻在前线作战。

钱穆的民族意识是一种自觉的行为：无论在进入燕京大学，坚持用中文标识教学楼，迫使司徒雷登最后让步把 M 楼改成穆楼，把 S 楼改成适楼；还是在抗战期间四川齐鲁大学授课时表示反对在车站站牌上标注英文；抑或他一生都着中式长袍；等等。

1949 年，在走和不走的节点上，他有自己的信仰，选择了远走他乡。

新亚书院的学规中的第七条是这么写的：

> 完成伟大学业与伟大事业之最高心情，在敬爱自然、敬爱社会、敬爱人类的历史与文化，敬爱对此一切的智识，敬爱传授我此一切智识之师友，敬爱我此立志担当继续此诸学业与事业者之自身人格。①

创办新亚书院，不为名利，为了“以友辅仁”。

1959 年钱穆受聘到美国耶鲁大学东方研究系讲学半年，教授国学，学员听课的操作方式类似点歌台，听者可以随点，钱穆便随讲，恣意发挥，尽显东方儒者儒雅俊逸之态。1960 年 6 月 13 日，在耶鲁大学第 259 届学生的毕业典礼上，钱穆被授予了耶鲁

① 新亚学规：第七条[M]//钱穆. 钱宾四先生全集. 台北：联经出版事业公司，1998：学规页 4.

大学名誉人文博士学位。1966年钱穆移居台北后，原书院图书馆改名为“宾四图书馆”，每年邀请钱穆到香港故园开展讲座。

1986年春，钱穆应《联合月刊》的邀请，发表了《丙寅新春看时局》一文，首次被《人民日报》所摘载。等到身体康复之后，6月9日，在92岁生日之际正式告别杏坛，给予学生的赠言：“你是中国人，不要忘记了中国！”这也是他一生从事教育事业固守的精神家园。

三、湖上闲思：落叶归根魂归江南

（一）晚年对家乡的思恋

钱穆对无锡有深深的眷恋，他曾勉励学生洪廷彦留锡，感叹道：“这个好地方，却没有人想在此筑室而居！”① “这里远离闹市，有山有水，真是一个读书的好地方”，宜做学问，相对照而言，“上海这个地方太闹，不如托王以中、施之勉，让你在无锡教书”②，离开内地（大陆）后，钱穆无论在香港还是之后的台北，多有表达对家乡的思念，如我们熟知的《八十忆双亲》《师友杂忆》。

钱穆虽在私立江南大学的时间不长，但在1953年时，他写了一篇纪念文章《私立江南大学》，其中提到当年的荣巷：

> 这几所建筑的每一室每一窗，几乎全都可以瞭望见太湖。有些面，是烟波浩渺，风帆隐现，一望无际的；有些

① 洪廷彦.从成都至无锡[M]//中国人民政治协商会议江苏省无锡县委员会.钱穆纪念文集.上海：上海人民出版社，1992：34.

② 洪廷彦.从成都至无锡[M]//中国人民政治协商会议江苏省无锡县委员会.钱穆纪念文集.上海：上海人民出版社，1992：35.

> 面，是一湾深碧，岚影芦花，带有山村水郭的情味。……大抵单身的教授们，都喜住在梅园。他们在课余兼带管领着园亭与花草。有家眷的都喜住荣巷。……（荣巷）既不是山林，也不是城市，然让你亲近了山林之胜而不苦于清寂，擅有了城市之便而不感于繁嚣。一般教授们，也认为住荣巷，可冲淡些隐居与游览的色调，而沉下心来，仍享受一种日常家庭安住的趣味。①

对无锡城郊景色，曾经的郁达夫也颇有类似的美誉。既不是山林也不是城郭的无锡荣巷，集两者之长，舒适、宜居、宜读书，让钱穆眷恋不已。

1984年钱穆子女到香港省亲，钱穆曾经屡次说要“大团圆”，落叶归根的想法随之落实于他归葬大陆的遗嘱当中。1988年11月，长女钱易到香港，一日与父亲钱穆拉家常，钱穆还能非常清楚地记着七房桥的老宅的情况，“七房桥老宅有七进，每进七间，第三进是素书堂……”②，当钱易询问“你想回去看看吗?”，钱穆黯然地说“看来我是回不去了”③，如果不是曾经1985年的小中风，身体已不如从前，或许还真能圆了回故园之梦。他还回忆在江大任教时荡舟游太湖，一脸喜悦地说：“那才是人间最惬意的事啊!”④

---

① 钱穆. 私立江南大学[M]//钱穆. 钱宾四先生全集. 台北：联经出版事业公司，1998：161-162.

② 钱行，钱辉. 钱穆家庭档案：书信、回忆与影像[M]. 北京：九州出版社，2021：248.

③ 钱行，钱辉. 钱穆家庭档案：书信、回忆与影像[M]. 北京：九州出版社，2021：239.

④ 钱易. 回忆严父的慈爱[M]//中国人民政治协商会议江苏省无锡县委员会. 钱穆纪念文集. 上海：上海人民出版社，1992：156.

（二）了却心愿魂归故里

钱穆是无锡七房桥人，却常常在演讲中和著述中提到家乡是“苏州”，钱穆的次子钱行先生认为是因为七房桥就在无锡与苏州的交界处，钱穆在内地很多时光和很多回忆都是关于苏州的，比如两次执教在苏州，比如第二次婚姻在苏州，之后家在苏州等等①。

“方期海宇升平，侍君百岁归田里”②，这是胡美琦写给钱穆的挽联中的一句，也道出了钱穆生前早有落叶归根之念。为了给钱穆圆梦，1990 年 11 月下旬，胡美琦女士花了一周时间“找地”：都市化的马山、有帝王气度的“龙头渚”、古迹众多的鸿山、东山的果园……最后，选定了离湖更近的西山俞家渡村的石皮山，为什么选在那里，钱行后来说出了原因：

> 在这里所见的景象，与在沙田和风台五号所见相似，而正是在和风台五号居住的八年中，父亲和继母曾在楼廊无数次地在观海、在赏月时谈起过太湖，谈起过将来有一天能在太湖边建一小屋安度晚年。③

据钱行讲，在西山镇政府的关照下，胡美琦女士在西山为钱穆“造了几间房子”④，对应当年有人“以占用公房”曾经强行让钱穆搬出素书楼，钱先生可以含笑九泉了。

---

① 钱行，钱辉. 钱穆家庭档案：书信、回忆与影像[M]. 北京：九州出版社，2021：293-294.

② 中国人民政治协商会议江苏省无锡县委员会. 钱穆纪念文集[M]. 上海人民出版社，1992：345.

③ 钱行，钱辉. 钱穆家庭档案：书信、回忆与影像[M]. 北京：九州出版社，2021：303.

④ 钱行，钱辉. 钱穆家庭档案：书信、回忆与影像[M]. 北京：九州出版社，2021：305.

第六章

随笔散文作家陈源

在一定意义上说，讨论陈源的作品是有难度的，长期以来，他在现代文学史中的图像是较为灰色的。这不仅仅是指他在20世纪20年代以“现代评论派”为主阵地与“语丝派”的那些论争，或之后一次次被定性以及进入教科书，更为重要的是其特殊的海外经历和本土转型期特定的社会文化产生了强烈的对照和冲击，进而形成了他较为复杂的路径选择和论述话语。

陈源希望建立起像西方那样的良好的、能动态平衡的社会秩序（包括政策法制的、伦理素养的、文教规范的等等）。他以批判式的文笔，广泛关注着各类社会现象，其背后隐藏的是深沉的文化思索。其先在的文化理念和现实之间的落差构成了对东西文化的双向质疑，他在焦灼中选择和批判，从一个“闲话”的旁观者、文化人，到后来从教从政，最后封笔，这也许是他这样的文化人在那样的时代的某种宿命。

如今，陈源是一个被逐步淡忘的名字。他的名字和《现代评论》共同起伏于中国现代文学史当中，他的文化主张在五四洪流中并不占主流，但是他有着所坚守的人格操守和文化理想，显示了那个时代中某一部分知识分子的寻路历程。随着新史料进一步地被挖掘，人们对20世纪20年代那场论争、对于《现代评论》及“现代评论派”有了更多元的评价。有人认为当时的论争本身是“中国现代文化史上最自由的一次辩论，也是最见才智的一次……它也必将成为后世研究中国现代知识分子人格，探究20世纪20年代人文环境的最佳文本”[①]。对于陈源作品的解读，有助于人们深入理解那个时代一部分知识分子的精神动态和价值追求。

一、人生海海：陈源的海外经历与故土情结

（一）从留学欧洲到离开大陆

陈源（1896—1970）出身于教育家庭，其小学是在无锡（三等公学堂）和上海（文明书局附属小学、南洋公学附属小学）度过的。其父陈仲英和俞复等人熟识，并共同编订过具有现代意识的语文教科书《蒙学读本全书》，这个读本伴随陈源度过初小时光，起到幼童开蒙的作用。1912年，吴稚晖[②]等人参与了留法勤工俭学会并在北京设立了预备学校，随后在各地成立分会，陈仲英、吴稚晖和俞复等人在上海组织了留英俭学会并附留法俭学会招待所。

在家庭的支持和吴稚晖的帮助下，16岁的陈源留学欧洲。在那里度过了他的中学和大学时期。陈源在伦敦政治经济学院就读公共行政，师从拉斯基（1893—1950）（之前他在爱丁堡大学攻读文学）。青年陈源的这段英国留学经历，基本奠定了他的价值观，他推崇英国文化中的有序和理性。当时正值一战爆发，西方

---

① 韩石山.徐志摩传[M].北京：人民文学出版社，2010：170.

② 陈仲英是吴稚晖的远房表兄。

的哲学基石岌岌可危，他也深切地理解西方文化制度的弊病。他在英国社交广泛，撰写文章曾受到英国作家威尔斯（1866—1946）、罗素（1872—1970）、萧伯纳（1856—1950）等的“赞许”①，又多与哈代（1840—1928）、法郎士（1844—1924）等人交往，他们的思想影响了他，他认为西方文化并不是万能药。

1922 年回国，他带着一腔热忱投入新文化运动的阵营——北大，长期活跃在文教界，也试图进入主流话语系统，他先从自己熟悉的剧评和翻译评论着手，1923 年 5 月 24 日起，他在《晨报副刊》《太平洋》《小说月报》《现代评论》等发表了多篇短文，出语幽默辛辣。从 1925 年 5 月 9 日《现代评论》第 1 卷第 22 期开始，陈源正式成为“闲话”栏目的主笔，笔名为“西滢”。1925 年和 1926 年是他作品的盛产时期，这两年所发的文字占其发表文学类文章的六成以上。虽名为“闲话”，但他对时事的关切异乎寻常且十分广泛，涉及中外的名人逸事、对民气及国民性的评价、艺术评论、时事点评、文化比较、图书出版等主题，以短小精悍的随笔为主。后被结集为《西滢闲话》，初版（1928 年 6 月）后颇受欢迎，一版再版②。

1928 年 8 月陈源从日本访学回国，之后就任武汉大学文学院教授、文学院院长（1930 年 8 月），协助王世杰校长，致力于实现“创造一个新的武汉大学”的理想，因事务和教课忙，“一点时间也剩不下写文章”③，作品日渐减少。

---

① 陈洪. 陈源一家[M]//海鸿乡音　江苏文史资料：第 37 辑　无锡文史资料：第 23 辑. 南京：江苏文史资料编辑部，1990：113.

② 《西滢闲话》前三版由上海新月书店发行，1928 年 6 月初版，1929 年 5 月第二版，1931 年 2 月第三版。1964 年 1 月台北文星书店再版。

③ 凌叔华著，陈学勇编. 凌叔华文存：下[M]. 成都：四川文艺出版社. 1998：919.

抗日战争全面爆发后，武汉大学于1938年春迁往四川乐山，同年3月，陈源任中华全国文艺界抗敌协会理事，后任武汉大学“抗战史料编辑委员会”委员，此时，他的作品主题转移到了抗战和军事分析，无论是战时思考及文化探索，还是文艺创作和文学评论，尚依稀能见其辛辣的文风。1940年12月、1942年7月、1945年4月（1943年4月陈源初到美国，7月赴英国，1945年陈源已在英国）连续担任第二、第三、第四届国民政府参政会参政员。1940年2月1日，凌叔华对胡适的通信中曾说“新近五六年，他对世界情形研究很有点心得，也有兴趣”①。

因早年的留学经历，陈源一直想在中外联络方面做出一点贡献。1945年11月联合国设UNESCO组织（联合国教育、科学及文化组织），1946年11月陈源被选为中国的常驻联合国教科文组织理事代表，其实早在“五卅事件”之后他就曾经有“有人起来组织这样的结合”② 这样的想法。陈洪（陈源之弟）曾说“因对日战事孔亟，而英国方面乏人联络，获知陈源与彼邦名流有旧，乃设立中英文化协会，以陈源为会长”③，这样的想法终于实现了。之后，陈源一直积极从事这项工作，且在此任职长达27年之久④。

陈源在文化路途上所走的历程，完全可以体现一个作家在特殊时代洪流中的颠簸命运。他曾是一个伦敦大学毕业的优等生，归国后进入北大任教，也一度是年轻的自由评论家，由于种种原因，他陷入了当时的文化论争当中。从日本访学归国后，他在武

① 凌叔华著，陈学勇编. 凌叔华文存：下[M]. 成都：四川文艺出版社. 1998：921.

② 西滢. 闲话：五卅惨案[N]. 现代评论，1925-06-13，2(27)：13.

③ 陈洪. 陈源一家[M]//海鸿乡音　江苏文史资料：第37辑　无锡文史资料：第23辑. 南京：江苏文史资料编辑部，1990：116.

④ 陈漱渝. “正人君子”陈西滢的后半生[J]. 新文学史料，2006(3)：115.

汉大学任教授兼文学院院长的经历，让他真正成为一名教育革新和社会活动的实践者、评论家，在离开大陆以前，基本没有脱离教授身份，但是真正给他带来不同评价的是他作为知识分子的其他诸多的社会角色，特别是作为对于各类社会现象有着较为个性化的观点和主张的自由评论者。

（二）独特的文化姿态：批判

徐志摩和陈源关系很好，他曾说“西滢是分明私淑法郎士的”①，法郎士（1844—1924）是法国近代文学批评家、资产阶级人道主义者，他的作品谈古论今，善于讽刺，他崇拜堂吉诃德，曾说过“我们每人心里都有一个堂吉诃德”②。陈源在《法郎士先生的真相》《再话法郎士》《西方人之东方小说》等作品中都曾提到法郎士。熟悉陈源的人都知道其下笔出语辛辣，不留情面，颇受法郎士的影响。徐志摩说“他是出名浇冷水的圣手”③。他曾经说尝试写白话诗的胡适“诗不能成家”，批评郁达夫小说只是“生活的片段”④，认为郭沫若的诗歌“气魄和力量不相称”，徐志摩的诗歌更是辞藻堆积得让人“感觉到烦腻”⑤。凌叔华未发表的作品不敢给陈源看，怕他的“冷嘲热讽”浇灭了创作热情和灵感而“写不下去”⑥。同样，在陈源的笔下，对故乡无锡的描写也似乎缺少了一点温度，他曾说无锡是当时“中国绝无仅有的实业

---

① 徐志摩.“闲话”引出来的闲话[N].晨报副刊，1926-01-13.

② 杨绛.堂吉诃德和《堂吉诃德》[J].北京：文学评论，1964(3)：67.

③ 徐志摩著，顾永棣编.徐志摩全集：全六册[M].杭州：浙江人民出版社，2015：198.

④ 西滢.闲话[N].现代评论，1926-04-17：10.

⑤ 西滢.闲话[N].现代评论，1926-04-24：10.

⑥ 凌叔华.如梦如歌：英伦八访文坛耆宿凌叔华[M]//凌叔华著，陈学勇编.凌叔华文存：下册.成都：四川文艺出版社，1998：960.

区"[①]，城中有"一座三层楼的图书馆"，有"用不着买票"的公园和私家花园（梅园），但也有"到处都看得见"[②]的毛厕，"毛厕也是一种有利可图的实业"[③]。他批判中国的精神优越论，说这里（无锡）有"中国独一无二的国学专修馆"，而这里的精神文明与"新思想、新文学"[④]无关。这篇文章发表于 1925 年，二十多岁年轻气盛的陈源笔意显得较为尖刻。20 世纪 20 年代的无锡，民族工商业兴起，正进入城市化的发展进程当中，各项举措的推进实施和思想接受之间尚有一定距离，现代性转型作为社会变革和文化变迁的必然结果和必经阶段，其过程中出现的或肯定或质疑或坚持或逃避等行为现象，也许都应在可论述的范围之内，但若言语失度，未免让人无法接受。

陈源的诸多"看不惯"或者"泼冷水"是他内心不断地在进行比照，他的批判大致可以分为四个方面。

1. 对新旧之变的辨识

对于文化革新，陈源虽不是新文化运动中的主流人物，但其倾向明显。他反对章士钊认为的文字"必须'字斟句酌'，排比四六"[⑤]，讽刺"看不懂的文章当作好文章"[⑥]，指出"白话文重自我的表现，文言文却重模仿"[⑦]；他把古文比作"垂死的老马"，把白话文比作"沙漠里的野马"，这批"野马"需要人能真正驾

---

① 西滢. 闲话：模范县与毛厕[N]. 现代评论，1925-08-22，2(37)：12.
② 西滢. 闲话：模范县与毛厕[N]. 现代评论，1925-08-22，2(37)：13.
③ 西滢. 闲话：模范县与毛厕[N]. 现代评论，1925-08-22，2(37)：13.
④ 西滢. 闲话：模范县与毛厕[N]. 现代评论，1925-08-22，2(37)：13.
⑤ 西滢. 闲话：理由[N]. 现代评论，1925-08-22，2(37)：13.
⑥ 西滢. 闲话：争点[N]. 现代评论，1925-08-29，2(38)：10.
⑦ 西滢. 闲话：争点[N]. 现代评论，1925-08-29，2(38)：11.

御它[①]；他反对胡适“整理国故”，认为还没有到该整理的时候，此时的“整理国故”如“入鲍鱼之肆”[②]，质疑其“科学方法”到底是什么[③]，认为武汉大学里讲国学的人比讲现代文的人多，就是因为胡适的“整理国故”思想，他在给胡适的信中说“你是不能辞其责的”[④]；他认为线装书里的文学是“矫揉造作的虚伪的文学”，文学要义不在于用典，而在于“一个人能说一句自己心腔中的话”，使读者“浸润在里面”，线装书不是不能读，而应是专门学问的人去读，或者暂时不读（近三十年不读），才能脱离其同化力量[⑤]；他提出“礼教是不可少的东西”，但是他反对封建旧文化中“不适用的信条”，认为封建旧礼教可以吃人[⑥]；他不主张全然否定中医，他认为中医需要的是“充分的研究”一番，“也许经了一番科学的探察之后，中国在世界医学上也会有些微的供献”[⑦]；等等。

2. 对国民性的揶揄

对于“国民性”的批判是新文化运动的内容之一，作家激烈的言辞之下，凸显普世关怀，陈源也不例外。他讽刺了一个赶着参加五一劳工大会的青年却用手杖去打车夫[⑧]；他说坐洋车的和拉洋车的一样的“程度不够”，全国总罢工那天北京“没有一个铺子关上门”[⑨]；他批判“中国人只有利害，没有是非”，不讲正

---

① 西滢. 闲话：线装书与白话文[N]. 现代评论，1926-02-13，3(62)：11.
② 西滢. 整理国故与“打鬼”[N]. 现代评论，1927-03-19，5(119)：17.
③ 西滢. 整理国故与“打鬼”[N]. 现代评论，1927-03-19，5(119)：17.
④ 耿云志. 胡适遗稿及秘藏书信：35[M]. 合肥：黄山书社，1994：90.
⑤ 西滢. 闲话：再论线装书[N]. 现代评论，1926-02-20，3(63)：11.
⑥ 西滢. 闲话：中国的精神文明[N]. 现代评论，1926-03-13，3(66)：11.
⑦ 西滢. 闲话：西医问题讨论[N]. 现代评论，1926-05-22，3(76)：11.
⑧ 西滢. 闲话：“报娘恩”[N]. 现代评论，1925-05-09，1(22)：12.
⑨ 西滢. 闲话：知识阶级[N]. 现代评论，1925-07-04，2(30)：12.

确只讲动机会导致“谣诼蜂起”①；他反感“叉麻雀”（搓麻将）和“狎妓”的这种“最普通的娱乐”② 活动，希望有电影院③和戏园来代替；他发现新文化运动轰轰烈烈，可邪教迷信并没断绝，少年扮演狐仙使得“举省若狂”④ 了两三年。

3. 对中外观念的比照

早年的留学经历，使得陈源对东西观念的差异更为敏感。他说中国的“道学先生”主张“十年不窥园”，这与西方主张多亲近自然、主张游戏和休息不一样，从而批判旧文化排斥娱乐，克己太甚⑤；他说“世界休战纪念日”⑥，中国人的放假是真放假，外国人的放假是真纪念；他曾经被指责“爱管闲事，到处惹祸”，他说欧洲人经常管闲事，舆论正义，而中国人的管闲事往往被视为受人指使、领人津贴的奇怪行为⑦；他不同意罗素认为的中国人“爱乐笑”的观点，从“洋车夫”说起，提出苦乐是相对的，意思是“过渡时期的人们，总是只有苦闷的”⑧，道出了 20 年代感觉敏锐的知识分子所具有的“彷徨”感；他反对用“无线电传声机听讲”代替“相聚一堂”的授课活动，他更注重教员和学生

---

① 西滢. 闲话：利害[N]. 现代评论，1925-09-12，2(40)：14.

② 西滢. 闲话：南京[N]. 现代评论，1925-10-03，2(43)：13.

③ 据许忆和老人(阿炳邻居)回忆，无锡在民国初年(1912)出现了电影雏形，北塘望湖楼茶楼、新世界屋顶剧场开幕时都曾有过，1925 年起每年夏天吴观蠡去公花园放露天电影，1930 年 9 月公花园内同庚厅建成后改为厅内放映，1928 年杨某在崇安寺万松院开设“快乐电影院”，后迁至公花园对面，建成“ABC 电影院”，便成了无锡最早的电影院。(许忆和. 无锡最早的一批戏院和影院[M]//无锡地方志编纂委员会办公室，无锡县志编纂委员会办公室. 无锡地方资料汇编：第八辑，1986：127-130)

④ 西滢. 闲话：捏住鼻子说话[N]. 现代评论，1925-10-17，2(45)：19.

⑤ 西滢. 闲话：东西文化及其冲突[N]. 现代评论，1925-05-30，1(25)：11.

⑥ 西滢. 闲话：放假[N]. 现代评论，1925-11-14，2(49)：11.

⑦ 西滢. 闲话：管闲事[N]. 现代评论，1926-01-02，3(56)：9.

⑧ 西滢. 闲话：苦力问题[N]. 现代评论，1926-02-27，3(64)：12.

之间的互动以及教员自身对学生的影响力，主张教授要以“人格的感化，养成好学的学风”[①]；等等。

4. 对当时政府政策和时政事件的质疑

20世纪20年代的中国社会正处于无序的状态之中，遭受内忧外患，北方政府不是一个能行使有效职权的组织，更称不上是一个让人们普遍信任的公共管理部门。陈源显然并不信任当局。在他的文章中，有相当一部分政治时评及社论，体现了他作为知识分子的某种社会角色。他批评嘻嘻哈哈的送葬队伍，认为对于孙中山的尊敬、对于民主和自由革命的追求不应停留在口头上和表面化，要有“理智做根基”[②]；他嘲讽当局的内外政策上“既不刚，又不柔，既没有政策，又没有步骤”[③]；他认为民气不足是当局打击民气、讨好洋人造成的[④]；他说大军阀之间的战争是“鸡虫得失”[⑤]，是为了“饭碗”和集团私利；他揭露奉联飞机的军事目标对准居民区和古迹，目的是实行“恐怖政策”，制造恐怖气氛[⑥]……

在今天看来，陈源对于当时现实的批判，可以帮助我们对那个时代有更深入的了解，也可以让我们对身处那个时代文化人所共有的焦虑理解和体会。陈源的愤而“尖”的笔触，与“哀其不幸，怒其不争”似有异曲同工之处，再加上年轻气盛，虽有讽刺，却在某些揶揄中少了些温度，失了点分寸，虽有洞察，却缺失情绪化的表达。如今的一些学者认为陈源“最终遭致自己不情

① 西滢. 闲话：著书与教书[N]. 现代评论，1925-11-28，2(51)：13.
② 西滢. 中山先生大殡给我的感想[N]. 现代评论，1925-04-11，1(18)：4.
③ 西滢. 闲话：维持[N]. 现代评论，1925-06-27，2(29)：11.
④ 西滢. 闲话：粉饰[N]. 现代评论，1925-10-31，2(47)：11-12.
⑤ 西滢. 闲话：表功[N]. 现代评论，1925-12-12，2(53)：10.
⑥ 西滢. 闲话：飞机炸弹声中的感想[N]. 现代评论，1926-04-10，3(70)：10.

愿地、缺少防备地进入到中国现代思想交锋的湍流之中”“用并不周密和恰当的言论与人交流”，同时一针见血指出这是“他对当时中国的时代主流缺少感悟和认识的结果”[①]。人的一生，从坚硬到柔软，对生命、对社会的觉悟有一个过程，阅历增加、身体力行方可让这种觉悟更为丰富而深刻，也许陈源的人生也正经历了这样的过程。

（三）不盲从西方意识：抨击

陈源虽然留学欧洲，但不是西方意识的盲从者。他当然在很多问题上会借鉴西方并建议当局实行一些他认为比较合理的措施，比如，他建议多建立电影院和戏院，通过有益身心的娱乐方式来代替搓麻将[②]；他认为学者要安心做学问必须有两个条件，一要有固定收入，二要有完善的做学问的工具，所以他建议当局政府要借鉴美英法，大力建造图书馆和科学试验所[③]；他还建议当时教育部和其他国家一样施行“三学期制”，增加的春假可以用于“旅行观察、调查实习”[④]；等等。但是他对于西方霸权文化观的批评也是不遗余力的，他抨击英国爱克司忒的主教认为美国用庚款办的中国学校中，所用的历史教科书宣扬美国离英独立，从而导致了中国发生革命，认为这种观点是没有道理的。他抨击所谓的西方“名士”说中国革命是由于两部小说——《茶花女》（亚历山大·小仲马，1824—1895）、《迦茵小传》（哈葛德，1856—1925）引起的，他认为这些奇怪论调简直“荒唐”[⑤]，等等。

---

① 阎晶明. 鲁迅与陈西滢[M]. 石家庄：河北人民出版社，2002：105.

② 西滢. 闲话：南京[N]. 现代评论，1925-10-03，2(43)：13.

③ 西滢. 做学问的工具[N]. 现代评论，1925-12：63.

④ 西滢. 从寒假说到三学期制[N]. 新月，1929-04-10，2(2)：3.

⑤ 西滢. 闲话：妙论[N]. 现代评论，1925-05-23，1(24)：7.

二、晶莹透剔:《西滢闲话》文体风格及其他

(一) 众说纷纭的《西滢闲话》

《现代评论》(周刊)自1924年12月13日创刊开始,到1928年12月29日(第9卷第209期)停刊,每周六左右出刊,历时4年,共有9卷213期。其中,有209期“定期刊”[①] 和4期“增刊”[②]。陈源作品集《西滢闲话》中收入的文章,大多来自《现代评论》(从创刊号到1926年5月29日第3卷77期的文章都有),大多数为“闲话”专栏中的篇目,大多没有标题,在入编《西滢闲话》时添了标题。当然,《西滢闲话》中的篇目不仅仅局限于“闲话”栏目。《现代评论》的“闲话”栏目始于1925年4月18日《现代评论》第19期,在此栏目开始之前署名“西滢”的文章就已出现,而由陈源主笔的“闲话”栏目则从1925年5月9日的第22期开始,到1926年5月29日的第77期基本结束,之后只有一些译作和零星的几篇随笔[③]。《现代评论》中有关陈源的作品,收入《西滢闲话》时有些被拆分、合并,也有些未被选入[④]。

---

① 第1—26期为第一卷、第27—52期为第二卷、第53—78期为第三卷、第79—104期为第四卷、第105—130期第五卷、第131—156期为第六卷、第157—182期为第七卷、第183—208期为第八卷、第209期为第九卷。

② 1925年10月28日出的《关税会议特别增刊》、1925年12月底出的《第一周年纪念增刊》、1927年1月下旬出的《第二周年纪念增刊》、1928年6月初出的《第三周年纪念增刊》。

③ 如1927年3月19日第119期《整理国故与打鬼》、1927年3月26日第120期《武器与武士》、1927年4月2日第121期《时事短评:白种人的生命》、1927年8月6日第139期《闲话:物质文明的上海》、1927年8月13日第140期《闲话:官僚》、1928年3月3日第169期《菊子》、1928年3月24日第172期《日本闲话:普选》、1928年4月7日第174期《日本闲话:汤屋》、1928年4月14日第175期《日本闲话:警治》等。

④ 如第9期、第54期、第55期、第65期、第68期、第70期、第121期等中的某些篇什。

《西滢闲话》结集出版时，他自己剪掉了有关女师大风潮的部分，20 世纪 60 年代之后在台湾重印，又将论战的内容也删去了。目前版本的《西滢闲话》共有 78 篇。

到了 1970 年 6 月，台北萌芽出版社出版了《西滢后话》，包含了《西滢闲话》之外的随笔、译文、剧评等等。大陆则是 20 世纪 80 年代初开始出现再版（1982 年上海书店内部发行）。2000 年 1 月华东师范大学陈子善先生和复旦大学范玉吉博士联合编写出版的《西滢文录》，是迄今为止较为全面的陈源文集。《西滢文录》选取了《西滢闲话》以外的 49 篇文章。《西滢闲话》《西滢文录》的文章出自《现代评论》周刊的，共涉及 62 期[①]。

收入《西滢闲话》《西滢文录》的作品从内容来分大致可以分为 10 类，涉及中外的名人逸事、对国民性的评价、艺术评论、时事点评、文化比较、图书出版等诸多问题。

关于陈源作品的研究，从“闲话”伊始即始。20 世纪 30 年代温源宁评价陈西滢文笔“那样轻松、那样明净”[②]。1963 年台北重印《西滢闲话》时，梁实秋应凌淑华之邀作序，称陈源为新文学运动以来自己特别欣赏的五个散文作家（胡适、周氏兄弟、徐志摩、陈源）之一，其文笔“晶莹透剔，清可鉴底”[③]，意为言语洗练不见世故。钱穆则评《闲话》是“一本有很高价值的历史参考书”[④]。但过去大陆的文学史论述中，人们不太愿意提及他，曾经多冠以“反动文人”等称呼，《现代评论》也曾是一本“灰色”刊物。到了 20 世纪 80 年代稍有变化，阎纯德在《作家、画

① 其中《西滢闲话》53 期，《西滢文录》9 期.

② 温源宁. 我的朋友胡适之[M]. 沈阳：辽宁教育出版社，2006：65.

③ 刘天华，维辛. 梁实秋怀人丛录[M]. 北京：当代世界出版社，2007：141.

④ 陈漱渝. “正人君子”陈西滢的后半生[J]. 新文学史料，2006(3)：114.

家凌叔华》一文中提及陈源，还原其教授身份，不再言必称“反动文人”。[①] 吴三元对那个著名的“呸!”[②] 提出了新的见解，认为陈西滢的立场“始终是在被打的车夫和警察一方”的，实是反对“徒作大言，怯于行动”，力图“针砭‘国民性’，希望民气昂扬，同仇敌忾”[③]。1986 年南京师范大学甘竞存在《我们应当怎样评价陈源》中指出陈源是“具有爱国思想的自由资产阶级知识分子”[④]，对于其言行的矛盾“反映着他的阶级立场与世界观的矛盾，而并不是出于伪装公正”[⑤]。林志浩撰文强调“林语堂、梁实秋、陈源等人……都是专家、教授，不是政客、官僚，不是国民党当权派，而是民主个人主义者”[⑥]。评论家阎晶明说“近些年来，学术界已经时有文章发表，对陈西滢及其‘闲话’作了客观的、全面的、学理的论述”[⑦]。

再观《西滢闲话》，满纸的针砭时弊，陈源对东西方文化及其外象表现都有一定的批判，对任何一方都不满意。国人更多的是认为他对国民性的批判没有温度，比较傲慢。其锋芒毕露曾受到亲人的规劝，“你不要再做文章得罪人家了”[⑧]，对于这一点他也并非没有自察，他对张奚若的理解[⑨]就有着夫子自道的味道。而陈源的朋友们对其评价也很值得玩味，徐志摩称其为“傻

---

① 阎纯德. 作家、画家凌叔华[J]. 新文学史料，1981(4)：183.
② 西滢. 闲话：参战[N]. 现代评论，1925-08-29，2(38)：9.
③ 吴三元. 西滢“闲话”质疑[J]. 社会科学辑刊，1982(3)：140.
④ 甘竞存. 我们应当怎样评价陈源[J]. 云南师范大学学报(哲社版)，1986(4)：67-68.
⑤ 甘竞存. 我们应当怎样评价陈源[J]. 云南师范大学学报(哲社版)，1986(4)：73.
⑥ 林志浩. 谈鲁迅与几位文化名人的论争[J]. 鲁迅研究动态，1988(7)：19.
⑦ 阎晶明. 鲁迅与陈西滢[M]. 石家庄：河北人民出版社，2002(1)：129.
⑧ 徐志摩. “闲话”引出来的闲话[N]. 晨报副刊，1926-01-13：17.
⑨ 西滢. 闲话：“一天星斗”[N]. 现代评论，1925-05-16，1(23)：8.

子”[①]，又说“他那核心里往往藏着直觉的纯璞”[②]，是一个“君子”。温源宁说他显示了不少的“理智和感情”“骄傲与偏见”[③]。梁实秋评之“忠厚”[④]。陈源去世后，钱穆给陈作了挽联，“每于和平见耿介，特从笃厚发光辉”[⑤]，算是对陈的一辈子做出了总体性的评价。

在近九十年的评述中，人们看到了陈源作品中言语不能前后相顾的论见，但对其思想中东西双向质疑的根源并未做出更多的理论探讨。

（二）陈源的其他作品概述

陈源在武汉大学时期，陈源教“欧美短篇小说”“英国文化”“翻译”“欧美长篇小说”等课程，兼职“翻译编委会成员”，其间，他撰写了一些书评、文论、译介并翻译小说，这段时间他写的文章并不多[⑥]，他甚至开始对苏俄也有所思考和向往：

> （苏俄的青年）在精神方面，他们的求智欲非常的大。最容易看到的，别国青年在旅行的时候看的是消遣的书报；苏俄的青年还是看他们的教科书，专门著作，工作报告一类的东西……现在俄国本国境内八岁到十一岁的儿童是百分之

---

① 徐志摩.“闲话”引出来的闲话[N].晨报副刊,1926-01-13：17.

② 徐志摩著,顾永棣编.徐志摩全集：全六册[M].杭州：浙江人民出版社,2015(1)：159.

③ 温源宁.我的朋友胡适之……：现代文化名人印象记[M].沈阳：辽宁教育出版社,2006：65.

④ 梁实秋.雅舍忆旧全集[M].天津：天津人民出版社,2018：83.

⑤ 张彦林.闲话大师陈西滢[M].郑州：河南人民出版社,2014：208.

⑥ 1935年《武汉日报》副刊《现代文艺》创刊后,陈源当时任编务,仅有《从寒假说到三学期制》(《新月》第2卷第2号,1929年4月)、《过年》(《武汉日报》副刊《现代文艺》创刊号,1935年2月)。

> 百上学了，联邦的其他部分还没有能够同样做到……他们头脑里没有饭碗问题。他们进学校是学某种技能，而且常常是某一个工厂或某一种职业为了某种需要而送他们进学校的。所以他们自己的前面有一种固定的目标，自己觉得有一种重大的责任。这对于他们的学业是一种不断的督促和鼓励。[①]

抗战期间，他的注意力已由“闲话”转移到了撰写抗战时评社论，他呼吁发展航空事业增强空军实力[②]，“以空间换取时间……使日本的军队放布在极长的、彼此不能相顾的战线，胶着在泥淖之中”[③]，民族危亡之际，陈源再次“转型”，成为教授兼军事评论家。

三、鸿沟两岸：东西文化质疑之思

（一）批判徘徊：找寻路径而未得

如果让我们进一步查找陈源以批判文笔入世到踌躇思想的显现的根源，就会发现这和他的早年的特殊经历不无关系。19 世纪中后期以英国人类学家泰勒为代表的西方早期进化论学派冲破了神学的束缚，他们更愿意相信人类文明的发展遵循了一定的自然法则，各地区文化正处于不同的发展阶段当中，而欧洲则是处于世界文化发展的顶峰阶段，并且形成了固定的评判框架，这成为西方帝国主义、种族主义政策推行的理论基石。与其相比较，当

---

① 西滢. 苏俄的青年[N]. 独立评论，1934-12-02(129)：2-4.

② 陈西滢. 海军与空军[N]. 独立评论，1936-05-11(200)：9-13.

③ 陈西滢. 东方西方两个战争的分析和预测[N]. 东方杂志，1940-07-01，37(13)：31.

时以中国为代表的东方农业文明则显得落后和迟滞。但是经济危机的频现、一战的爆发（1914）和俄国的十月革命（1917），揭示了资本主义的某些弊端、隐藏危机及更改革新的可能，欧洲文化中心论受到了质疑。20 世纪二三十年代费边主义、多元主义文化思想的形成和传播，这些反文化中心主义的思潮试图以温和的、民主的姿态来改造西方政治文化制度，吸引着世界有志青年前来学习，张奚若、金岳霖、陈源、徐志摩、储安平、萧乾、费孝通等等都曾经在伦敦政治经济学院求学，以求治世良方和思想启迪，青年陈源也在这里聆听拉斯基（1893—1950）讲课。

我们现在对于英国拉斯基的评价是“工党领导人之一”，也是公认的西方“民主社会主义”重要理论家，其早年却是一个费边多元论者，在 20 世纪 20 年代到 40 年代，他的学说影响了一大批学者。胡适、罗隆基、徐志摩、梁实秋、叶公超等人组织的社会政治组织——平论社（简称平社），陈源也参与其中，借着《新月》杂志和新月书店推介拉斯基学说（拉斯基前期的主张）。但是拉斯基到了 20 世纪三四十年代（尤其是 1945 年英国工党大选获胜而上台执政后），他长期入选工党全国执委会并一度出任主席，受经济危机和法西斯主义上台的影响，他意识到自己认识的局限并更正了自己的主张，认为国家具有强制性权力，认为实现和平的方式未必能通过宪政实现社会主义，对付资本主义只有通过暴力革命才能实现经济安全和政治自由，成为马克思主义的追随者（与真正的马克思主义区别在于拉斯基主张政治上实行民主主义，经济上实行社会主义）。而 20 世纪三四十年代，受拉斯基学说影响的中国知识分子大多已经回到国内，他们的观念和此时拉斯基逐步深入的政治社会学说产生了不一致，拉斯基主张的转变正是由于他积极参与了社会实践活动而得出的新的理论。

另一方面，陈源曾目睹了西方文明顶峰阶段的诸多成果，也亲历了欧洲一战时期的风起云涌，他并不认为西方的文明制度具有绝对优越性。他引用威尔思言论认为民主政治并不是万能的圣药，认为将科举制度的旧瓶装上“新的学问”作为新酒是“值得试验一下的”，认为西方的民主主义“花十分钟”就可以被“打得体无完肤”[①]，他抨击英国人好谈主义，其实质是“要的是忠于自己”[②]，当然青年陈源在那样的历史情境中没能确定什么才是更好的“主义”，他对于东西方文明有着双向的、没有定论的质疑，或许正如他所说的“真理不是绝对的，善和美不是千古不变的。在某种时期，某种环境下的善，在另一个时期，另一种环境之下，不一定是善”[③]。

和早期的拉斯基思想相吻合的是陈源并不主张社会运动。他坚持维护学校秩序的立场，反对学生参与爱国政治运动，“觉得这次闹得太不像样了”[④]，认为“虚掷了”“一年半载的光阴”。他的这种“秩序主义”和“温和”的理想在当时激进的青年人心目中是落伍、守旧甚至是反动的，出于特定的历史背景下的斗争的需要，他只可充当“失败者”的角色。但是他对于当时“民气”不盛、组织松散和民众尚未觉醒的批评不是全然没有道理，而问题就在于，在一个动荡不安且行政机构并未合法或有效确立的社会状态下，他的设想只能囿于设想。女师大学潮中青年学生的运动就是“民气”的一部分，也可以说是未来的民气，他的观点（需要民气）和判断（这不是民气，是学生气）上出现了某种矛

① 西滢. 中山先生大殡给我的感想[N]. 现代评论，1925-04-11，1(18)：5.

② 西滢. 开铺子主义[N]. 现代评论，1924-12-27，1(3)：12.

③ 西滢. 闲话：中国的精神文明[N]. 现代评论，1926-03-13，3(66)：11.

④ 西滢. 闲话：粉刷毛厕[N]. 现代评论，1925-05-30，1(25)：10.

盾，他的思想（理智）和性格（外冷内热，偶显冲动）出现了抵牾。那怎样才能做到盛民气和增强抗敌实力呢？他认为“我希望我们多有些憎恶战争而临事不得不挺身去干憎恶的事的平常人”①，还“希望现在有人起来组织这样的结合，把所有的材料都供给到各国去”②，把真相电报到国外去以获得国际援助，这是他一直以来的主张。20世纪40年代，他受国民党当局委托到欧洲，的确承担了类似的角色。此外他还有提倡国际外交，期待中国文化获得世界认同的渴望，他的后半生为此付出了努力，却再也没有回来，没有实质性地参与国内的社会实践或变革。

陈源对拉斯基学说的认可，并不意味着全盘接受西方文化及制度，他不止一次地提到西方文化不是“万能药”。借用皮埃尔·布迪厄的社会资本理论，深谙西方文明的陈源，总是试图在他所拥有的“文化资本”的场域中进行着理智的预见和对混乱的规避，并进行多元的探索。怎奈人类的理智始终有局限，行动未必会错，预见也未必全对，他那并不是定论的主张模糊了自己，却也并非一定招人待见。事实上，要解决他的双向质疑，更需要用实践去实现他的远见和文化理想。以中西、新旧文艺为例，陈源在提倡现代文（白话文）的同时，还认为文言文是现代文的某种补充，这一点无疑是理性而有远见的，他推崇西方文艺，觉得中国的“二十四史”并非“超绝一世”的作品，但又认为中西方文艺“两种极不相同的文艺系统”，互相比较“徒劳无益”，只有将“欧美一系”“东方一系”和“印度一系”“这几条大河汇合在一起，才有真正的世界文学”，他更看好已经发端的中国新诗③。

① 西滢. 闲话：知识阶级[N]. 现代评论，1925-07-04，2(30)：13.

② 西滢. 闲话：五卅惨案[N]. 现代评论，1925-06-13，2(27)：13.

③ 西滢. 闲话：文化的交流[N]. 现代评论，1926-04-03，3(69)：12.

而真正参与社会实践革新，更多的是陈源在武汉大学任文学院院长时，他的学生吴鲁芹曾回忆“通伯先生是着重通才教育的，那时外国文学系的人要必修中国通史、中国文学史、哲学概论、论理学等等，每年可以选修一两门中国文学的课程”①，这在中西方文化汇合融通等方面有着积极的意义。

民国时期留学精英回国后很多人都成为大学教授，其中的一部分兼做政治幕僚，他们没有参与斗争的实际平台，或没有破釜沉舟的行动意向和组织资源，却还能比较清醒地感受理想和现实、东西方之间的差距。人的思想认知总是在社会向前推进的过程中产生变化或更新，这样的过程，在历史已达处自有其选择，在历史未达处自有其盲点。所以在如何解决问题或者处理实际的、具体的问题上，那个时代背景下的很多人并没有清晰而准确的答案，或者并没有对所提出的答案进行实质性的实践。他们是旁观者式的批评，想通过合理的程序，循序渐进的修正，来实现内心的某种信念或理想（如改造国民性、革新礼教传统、建立稳定规范合理有序的社会秩序等等）。这和激进者的非凡勇气及主张的确有差距，也和内心深处的传统保守因子有关。中国近代历史中无数个事例证明了把西方已有的观点和策略的平移到中国肯定不合适，而西方理论的未及之处更是无法从理论推演到理论开出洞见之花，特殊的年代更需要勇气，要敢于实践革新，也要因地制宜，又要符合时情，最终接受时代和历史的选择。

纵观陈源前后时期的作品，他秉承一贯的“质疑”和“不附和”的批评姿态，与当时的政府不附和，与民众不附和，不但批判洋人，也批判国人，不仅质疑中国旧有文明，还质疑西方新兴

---

① 吴鲁芹.师友文章[M].上海：上海书籍出版社，2009：13.

文明，他和任何一方都保持一定的距离，这也应是中国现代文学史中非常有意思的内容。钱穆认为“可惜通伯先生的那一番意见，既不站定在鸿沟之这一边，又不站定在鸿沟之那一边。……通伯先生之在当时，究是与一般新人物之间也有些距离”①。他在试图保持意志自由和批判精神的同时，也失去了很多人的支持，人们觉得他是个“傲慢”的“正人君子”。实质上，像陈源那样的知识分子，既感受了欧美现代化变革，又处于中国近代启蒙背景之下，他们责无旁贷地肩负起关心国内社会民生、试图呼吁和进行革新的社会责任，努力关照社会人生，从这一点上来看，其价值并不能被完全忽视。

（二）外冷内热：逝后归葬无锡

也许依陈源的身世经历，东西文化两岸，哪里是真正的着力点和可倚靠的出发点，他曾对此如此混沌，但他最终心心念念的仍然是故土中国，他生前的意愿和对故土的怀念影响了凌淑华、陈小滢及其丈夫秦乃瑞②，1990 年凌淑华去世后，陈、凌夫妇骨灰同葬于无锡十八湾姚湾的陈家墓园。对于文化归属的关注，体现着一个时代知识分子的良心和社会责任。从这一点来看，陈源的焦灼感来自其精神归属地，责之甚切，不留情面，因为潜意识没有分离的恐惧，离开了大陆，一旦有了分离的恐惧，“责”则变成了具有温情的怀恋。

从作家的性格来看，陈源的身上充满了矛盾：他古道热肠有侠气，曾克服困难介绍沈从文、朱东润、叶圣陶到武汉大学任

---

① 范玉吉.陈西滢文化心态初探[J].江南大学学报(人文社会科学版),2003(2):46.

② 秦乃瑞(John Derry Chinnery,1924—2015),英国汉学家,陈小滢的丈夫,陈源的女婿。2015 年落葬于无锡陈氏墓园。

教，曾暗助李四光回国等；他文笔惯于讽刺挖苦，“批判”“讽刺”是他一贯的风格，诸如在那两篇《新文学运动以来的十部著作（上下）》中，无论亲疏，他的批评多于褒扬，并无二致；可是他在现实生活中却是木讷宽厚的人，对待婚姻和论战的诸多波折，最后都选择淡忘……在剧烈的情境中，他常常不占优势，在选择终老之地时他也顾虑重重（据陈漱渝的说法，和“CC派”有矛盾）①。

每个人都是在自己熟悉的“场域”中行为处事，知识分子各自有着各自的“场域”，有着各自不同的“经济资本”“文化资本”和“社会组织资本”。如果说沈从文对于湘西文化的回顾是一种文化焦虑下的文化自觉，老舍对于京味文化的描摹有着文化焦虑下的道德询唤，那么陈源对于东西文化的双向质疑则是一种文化焦虑下的文化批判，其最终指向必将要落实于文化选择及精神归属之上。陈源较为特殊的“文化场域”和“文化资本”来源于他留学生涯中苦读之所得，来源于他曾经对欧洲文化的观察和思索中之所得，来源于他和一群海外学成归来的意气风发的年轻人的切磋之所得。他更了解欧洲，他也更能看清楚差距，所以更见其焦灼，应该说他不肯站定于任何一方，或者说对任何一方他都有疑虑。这样的文化焦虑，其出发点和回归点是在中国，是希望未来能重振民族文化自信，让东西方文化的“几条大河汇合在一处”②，共同繁荣，绽放文化之光。陈源在那个时代笔下流淌和体现的理智自有其盲点和局限性，这也是当时和之后的很多学者曾经指明的，他并没有完成真正意义上的文化革新，他也没有完成推动国家文化现代化的历史重任，而社会发展的进程有着更优

---

① 陈漱渝.“正人君子”陈西滢的后半生[J].新文学史料，2006(3)：116.

② 西滢.闲话：文化的交流[N].现代评论，1926-04-03，3(69)：12.

的抉择，陈源等知识分子的退守或者离开，也是历史的选择。

当然，20 世纪的知识分子，无论是有着文化自觉还是文化焦虑，都处于同一个社会发展进程当中，或者说是文化关照的一体两面，他们随国家命运的颠簸而颠簸，同社会时代的沉浮而起伏。他们责无旁贷地肩负起关心国内社会民生，试图呼吁和进行革新的社会责任，也试图去解决一些现实问题，在自己熟悉的文化领域和认知范围内为社会变革做出应有的努力。陈源作品中所反映出来的社会现象和问题，在一百年后的今天看来，很多问题已经发生变化，不存在了，有些问题已圆满解决，也有一些问题可能时至今日也没有被很好地解决。

如果只是从道德层面等对陈源这一类知识分子评判，显然无助于我们进一步深入理解那个时代知识分子的精神动态和价值追求。20 世纪是中国的知识分子在不同战线上向前奔跑的时代，也是不同的精神特质交汇的时代，陈源及其作品自有一定的坐标点。

第七章

学者型作家钱锺书

人们在提到近现代无锡的代表作家、文化学者的时候是绕不开钱锺书的。然而，找寻钱锺书与无锡区域文化之间关联性的难度，或许要大于郭沫若之于巴蜀文化、鲁迅之于浙东文化、张爱玲之于海派文化、沈从文之于京派文化。翻开钱氏作品，我们首先感受到的是浓厚的学者气和英式幽默感，当然我们也可以从《围城》的字里行间感觉到民国无锡半新半旧的城镇气息，比如“打铁”“磨豆腐”“泥娃娃”等，虽然并不系统和明显，但我们却难以否认他自小长于斯——无锡，当时的文化氛围、家庭教育等对他产生了重要影响。

作家的个体特征和审美追求能够呈现出某个区域文化的某种价值追求，如果置于整个中国现代文学史上来看，其方式、载体或精神内核等，可能与大时代文化趋同，也可能反其道而行之，或者出现方式和内容的分离、或隐或现地来反映时代之音等情况。

光从作家性格表征上找出钱锺书的特点，似乎并不十分困难，比如他的早年的痴气到晚年的通透，比如他一贯与意识形态保持一定的距离，比如他对名利和物质追求的淡然，比如他的随兴读书，比如他的机智、清高、狂傲、自爱等，这多多少少能反映出江南文人的一些特点。

钱锺书似乎对于近代无锡的赞赏颇为吝惜，甚至偶有一些揶揄之词，他的笔下透露着对于继物质文明发展后而显现的某种冒进或缺失的隐忧。他在大视野中去刻画“一部分社会”和“一类人物”①，他认为“才、学、识，尚须有‘德’也”②，他是个学者，也是个文学家，他通过自己的方式对一些社会现象做出了某种回应。

一、南方土壤：钱锺书美学观的花开之地

大体勾勒近现代部分学者的学脉渊源：蔡元培“美学代替宗教”有康德理性主义背景，胡适“整理国故”“重估一切”是杜威实用主义的折射，鲁迅的“启蒙主义”有尼采超人哲学的影子，李大钊“布尔什维主义”受马克思哲学的影响，而吴宓主持的学衡派受到了白璧德新人文主义的宣传和影响……民国时期，这些学者的思想汇集，产生的启蒙、推进、怀疑、冲突、融合或反思，都应视作意图促成社会文化良性发展的药方。而被人称为“文化昆仑”的钱锺书却难以框定学术研究谱系。同时，他还被称为是一位游离于 20 世纪中国文学史之外的现代文学家。钱锺书汇通中西的学术眼光、重趣味的审美品位揭示出他对于文学本质的某种强调，而这当然有家庭文化圈、南京文化圈、海派文化圈等对他的多重影响。

（一）七尺场的钱氏家风

无锡湖头支（钱穆、钱伟长叔侄属于此支）钱氏和堠山支

---

① 钱锺书. 围城　人·兽·鬼[M]. 北京：生活·读书·新知三联书店，2009：9.

② 钱锺书. 管锥编：四[M]. 北京：生活·读书·新知三联书店，2008：2344.

（钱基博[①]、钱锺书父子属此支）钱氏都是五代时期吴越王钱镠（852—932）的后代，这两个支系在无锡钱氏中最为有名，无锡惠山的钱武肃王祠复建[②]时钱守恒曾作楹联[③]为证：

西临惠麓，东望锡峰，祠宇喜重新，吴越五王，亿万年馨香俎豆；

派衍梁溪，源分浙水，云礽欣愈盛，堠湖两系，千百世华贵簪缨。[④]

这钱武肃王祠是钱镠的迁锡后裔在惠山寺旁修建的，是堠山支、湖头支共同的宗祠。堠山支自钱武肃王第十四世孙钱缶始迁至无锡城西，为城西支始祖。

堠山丹桂堂钱氏虽“无大显贵”[⑤]，却是典型的文化家族，也有或因世事之需，或战争频扰，或生活艰辛，有学贾经商实践者[⑥]，有想从军未遂归教者（钱熙元），有初涉军政后甘守讲台者（钱基博），有涉足政商两界活动者（钱基厚）等，但始终不离传统文士本色，视读书授业为正途。

---

① 属无锡堠山支，据钱基博署《堠山钱氏丹桂堂家谱》（民国三十七年铅印本）记载，宋理宗宝庆元年（1225），钱武肃王第十一世孙钱迪（后称尚父公）从浙江吴兴迁至无锡梅里堠山，为无锡堠山支始迁祖，钱基博为钱武肃王第三十二世孙，钱锺书幼年过继给钱基成，所以家谱记录在钱基成名下，为钱武肃王第三十三世孙。

② 惠山钱武肃王祠始建于清高宗乾隆四年（1739），于民国十四年（1925）一月军阀混战中火毁，民国十八年（1929）钱氏后裔修复了钱王祠。

③ 原联在后来引用的时候，个别文字稍有不同，如在无锡锡山钱王祠五王殿中钱绍武书写的楹联下联为：派衍梁溪，源分浙水，云礽欣愈盛，堠湖两系，千百岁华贵簪缨。

④ （清）孙藩圻．杨家圩周文襄公祠考略[M]//吴平，张智．中国祠墓志丛刊：44．扬州：广陵书社，2004：5—6.

⑤ 陆阳，刘桂秋．钱孙卿集：孙庵年谱·孙庵私乘[M]．北京：团结出版社，2016：130.

⑥ 钱武肃王第二十八世孙钱士镜在江阴从商发家，后其重孙辈钱熙元曾因战争时期束脩日少而经营布匹，钱福炯曾受父命外出学做生意，后在光复门外与人合开了“永盛典”，但毁于兵燹。

城西支始祖钱缶精于《易经》“象数派”，人称“易象先生”。入清以后，其子孙多有著述，如钱法曾（钱武肃王第二十四世孙）的《求实斋文稿》、钱照（钱武肃王第二十六世孙）的《希天阁文稿》、钱奎（钱武肃王第二十七世孙）的《北郭吟稿》《规世格言文稿》等，虽非显赫之族，但家学深厚。到了钱基博的高祖钱士镜（钱武肃王第二十八世孙，钱奎子），因其父早逝，家道中落，赴江阴经商“致饶给”，以未能读书为恨，常告诫子孙要重视读书。钱士镜长子钱若浩，是国子监生，工书法，在江阴城中修庄园“似山居”，于此举行文人雅会，与华翼纶、秦炳文、冯桂芬等交往，于太平天国运动时期去世，“似山居”被毁。其子钱维桢师从阳湖派通儒李兆洛，有《似山居诗文存》传世。但钱维桢只做了候选训导，他热心公益，在友人慈善家余治（1809—1874）的影响下，积极兴办义学。晚年归徙无锡东亭，管理崇仁、向义两义塾。钱维桢对儿孙有“丹桂五枝芳”的期待，其长子钱福炜不负期望于同治六年（1867）中举，后选授苏州府长洲县学教谕，他先考察学生品行而后施教，著有《丹桂书屋剩稿》。丹桂堂钱家以读书为本，以教书为业，钱维桢二子钱福煐（熙元）设帐收徒四十年，钱维桢孙辈钱基成、钱基博等都是如此，凭借师道传家。

钱锺书（1910—1998）生于岸桥弄①，当时是钱家在1901年开始租赁的秦氏宅院，之后钱家搬迁频繁，一直到1923年建造了七尺场②宅邸。钱锺书文化精神和立身处世深受其家族影响，在成长过程中受其大伯父钱基成和父亲钱基博的教饬，宽严相济，各

---

① 位置在现在的无锡中山路八佰伴，2000年此地名被废止。

② 又称七尺渡，今新街巷，七尺场钱锺书故居，在现在的新街巷3西段的30—32号，占地二亩多。

有受益。虽说当时新学和海派文化如火如荼，钱基博带给儿子的却是纯正的传统教育。在其父辈的影响下遍读《诗经》《论语》《孟子》《毛诗》《礼记》《左传》等。中学时期，他在无锡私立辅仁中学，放学后随父到无锡国专旁听，攻读《古文辞类纂》《骈体文钞》《十八家诗钞》等。在清华大学就读时的放假间隙，由钱基博引介钱锺书与"同光体"闽派的代表石遗老人陈衍学诗论道酬唱，两人成为了"忘年之交"。在父子家书中，也可以看出钱基博对儿子钱锺书的教诲。钱基博于1931年10月31日、1932年11月27日两次写信给正在清华大学读书的钱锺书，"立身务正大，待人务忠恕"①，他认为儿子与清华大学张申府信上言"孔子是乡绅，陶潜亦折腰"② 是"轻薄"古人之语，且"殊以为戚"，要儿子领悟庄子"圣知之祸"语，主张"学问贵乎自得，际遇一任自然；从容大雅，勿急功近名，即此便征识量"③ 等。钱基博以儒者"温文儒雅，谦恭礼让"的标准来教育钱锺书，文化旨趣上也更偏向于传统。然而年少时期就早慧话多且爱俏皮打趣的钱锺书，在潜移默化地接受中也有着天性上的对峙，在很久以后才真正融合于这些传统范式，而将"痴气"④ 和幽默的天性流露笔端和文学作品当中。

（二）南方文化圈的影响

钱锺书于1929—1933年在清华大学读书。清华大学读书时

---

① 钱基博. 谕儿锺书札两通[M]//傅宏星主编、校订. 精忠柏石室教育文选. 武汉：华中师范大学出版社，2014：109.

② 钱基博. 谕儿锺书札两通[M]//傅宏星主编、校订. 精忠柏石室教育文选. 武汉：华中师范大学出版社，2014：110.

③ 钱基博. 谕儿锺书札两通[M]//傅宏星主编、校订. 精忠柏石室教育文选. 武汉：华中师范大学出版社，2014：111.

④ 杨绛. 将饮茶[M]. 北京：生活·读书·新知三联书店，2015：117.

期“五位最敬爱的老师”[①] 之一吴宓是“学衡派”的“战神”。而钱基博和吴宓早在1925年已有神交，并互相赠诗酬唱：

鼙鼓惊心急，屠苏著意醇；清华新日月，薄海旧沉沦。
所贵因时变，相期济世屯。寸心生趣茁，大地自回春。

——《赋呈短章奉贺雨僧先生新岁之禧》

道高文亦贵，交浅味偏醇；感子情何厚，相看世已沦。
寸心倾日月，万劫数艰屯，长夜终须旦，花开及早春。

——《依韵奉和子泉先生》[②]

面对世道沉沦，同愿“相期济世”，以待“大地自回春”，虽然两人“济世”路子并非全然一样，但他们对于传统文化传承却有着更多共通的语言。

五四运动发生在一个激进思潮和保守思潮共存的时代，我们现在认为以新代旧是历史的趋势，也要返还保守思潮应有的话语权，但当时的实际情况或许复杂得多，同时也丰富得多。文学的突破和变调，自有其规律，只有尊重每一个拐点，将历史价值和艺术价值有机地结合，才能还原文学发展的本来面目，才能因文知世，才能让读者真正感知文学自身的美学特质，完成“呼应起讫，自为一周”[③] 的过程。无锡国专、学衡派等南方文化圈是钱锺书融合接受传统美学的土壤，早年打下的根基，让他终其一生

---

① 钱锺书在《论交友》一文中，提到“五位最敬爱的老师”，但没有提及姓名。根据相关推测老师可能为：张申府、温源宁、叶公超、吴宓、冯友兰。

② 李洪岩. 钱锺书与近代学人[M]. 天津：百花文艺出版社，1998：56.

③ 钱锺书. 写在人生边上；人生边上的边上；石语[M]. 北京：生活·读书·新知三联书店，2002：107.

都趋向于传统的审美旨趣，也体现了深厚灵慧的学者才情。

（三）海派文化圈的影响

如前文所述，民国时期的江南沿海一带，以上海为中心，西方文化传入，新式学堂和女子学校兴办，近代教育在清末民初飞速发展，近代出版业、印刷业的兴盛，“职业作家”的诞生，上海形成了一个庞大的文化消费市场，孕育了“鸳鸯蝴蝶派”作者的大量产生，光是“各种长篇就有二千部，杂志一百一十三种，大报副刊四个，小报四十五种”[①]。左翼文艺运动发生之前，上海的唯美主义的文学观也有着很大的市场：南国社（发起人田汉，1927）以“团结能与时代共痛养之有为的青年，作艺术上之革命运动”为宗旨[②]；弥洒社（胡山源主持，1923）主张“无目的，无艺术观，不讨论，不批评，而只发表顺灵感所创造的文艺作品”[③]；浅草社（林如稷主持，1924）“显示着努力：向外，在摄取异域的营养，向内，在挖掘自己的魂灵，要发见心里的眼睛和喉舌，来凝视这世界，将真和美歌唱给寂寞的人们”[④]；等等。这些流派把艺术看成是一种人生的自由发挥，彰显了个性主义文学观。

上海及其周边地区，工商业发达，五邑杂处，人心趋利。沈从文认为海派是“名士才情”与“商业竞卖”的结合[⑤]，张爱玲说“谁都说上海人坏，可是坏得有分寸”[⑥]，徐懋庸则总结为：

---

① 栾梅健. 二十世纪中国文学发生论[M]. 桂林：广西师范大学出版社，2006：19.

② 杨之华. 文坛史料[M]. 上海：中华日报社，1944：377.

③ 杨之华. 文坛史料[M]. 上海：中华日报社，1944：374.

④ 杨之华. 文坛史料[M]. 上海：中华日报社，1944：378.

⑤ 马逢洋. 上海：记忆与想象[M]. 上海：文汇出版社，1996：12.

⑥ 张爱玲. 张爱玲典藏全集：散文卷一：1939—1947 年作品[M]. 哈尔滨：哈尔滨出版社，2003：36.

> 海派文人，多半以稿费为第一目的，故“投机取巧”“见风使舵”等丑态，诚不能免。京派文人，则或为大学教授，或兼政府官职，凭借官僚机关而生活，基础巩固，薪金丰厚，自不至如海派文人之穷形极相，故亦不必“投机”“看风”也。①

海派文化似乎在当时及以后的一段时间内都为人所诟病，但在民国前期的江南一带却不容小觑，有着独特风格。在这里，多有失落文人的情绪抒发，少有精英群体的庄严自持。特殊历史时期的民族危亡、社会危机带来的惶惑和创伤在心理上有所投射，表现在文学作品中就显得崇高缺失、人生虚无和情绪低迷，其笔触伸向日常世俗化的摸爬滚打和互相算计中，“梦魇”“都市传奇”“打趣”“颓废”“享乐”“魔幻”等等都可以为海派文学贴上这样那样的标签。

钱基博是当年被称为“鸳鸯蝴蝶派”代表人物、《小说月报》主编王蕴章的堂内弟，也曾经向《小说月报》投过稿，后结集为《武侠丛谈》。从小痴迷“书摊”小说，甚至对于《说唐》《七侠五义》《西游记》里的兵器如数家珍的钱锺书，或多或少都受到了一些影响。20 世纪 40 年代被困于上海，钱锺书《围城》作品从酝酿到出版，也受到了海派风潮的浸染，小说透露了人内心世界的荒谬和无助，和张爱玲《倾城之恋》、施济美《凤仪园》等同属于那个时代背景下产出的作品。然而钱锺书毕竟不是海派文学作家，《围城》也有别于一般的市井通俗小说，作品渗出来的虚无，并没有坠入绝望深渊，相反，钱锺书在《围城》中用他特有的幽默笔触描摹了都市中人们的群像尴尬，这是对海派文学中某些“低迷”风气的另类反拨。

---

① 马逢洋. 上海：记忆与想象[M]. 上海：文汇出版社，1996：24.

二、有趣灵魂：钱锺书作品的审美立场

（一）“无用主义”是审美立场

学界认为钱锺书《中国文学小史序论》（1933）是他一生的文学研究的思想雏形。他在作品中强调了文学的“审美价值”是文学批评的标准，“无病”而能“呻吟”更显艺术水平之高妙。1934 年他在《与张君晓峰书》中曾说：

> 二者亦无所去取爱憎。若就应用论之，则弟素持无用主义（Futilitarianism），非所思存，恐亦非一切有文化人之所思存也，一笑。①

钱锺书立足于文学的本体，一反传统文论中“言为心声”（汉扬雄《法言·问神》）“情动于中而行于言”（《毛诗序》）的主张，认为文学作品的艺术水平高下和优劣不在于其他，而在于“动人”和“美感”。无论写作或阅读，无论语体的繁简或难易，他都秉持“无用主义”，“文章各有境界”。这种他人眼中的“无用”，在钱锺书看来却是“消遣者的随便与从容”②，是审美的留白。一些学者评之“慷慨苍凉”③，认为“不能用单一的价值观去规范每一个作家”④，认为是“对知识分子批判立场的守护”⑤，等

---

① 钱锺书. 与张君晓峰书[N]. 国风(半月刊)，1934-07-01(14).

② 钱锺书. 写在人生边上；人生边上的边上；石语[M]. 北京：生活·读书·新知三联书店，2002：7.

③ 远帆. 中国现代散文经典：柯灵散文[M]. 呼和浩特：内蒙古人民出版社，2004：253.

④ 王兆胜. 文学的命脉[M]. 上海：华东师范大学出版社，2005：42.

⑤ 王尧. 乡关何处：二十世纪中国散文的文化精神[M]. 北京：东方出版社，1996：128.

等。当然，要做到坚持文学本体的审美标准，更需要通透的世界观和独特的个人修养及文化底气。也有研究者是这么评价的，“作为学者型作家的钱锺书更着眼于人类生存困境的焦虑，而对中华民族的生存危机就不像鲁迅那样积极介入”①，这种“无用主义”在一定程度上确是“不介入”，但也可以认为是更大程度和范围的“介入”，其并非遁世逃避，而是站在另一个精神高峰，对芸芸众生所共有困境进行思索。

（二）幽默笔法是其表达方式

现代文学作家中不乏幽默大师。幽默，需要更为丰赡的语词积累，更灵活的调遣语句的技巧、更广博的知识储备等等。在钱锺书的作品中，幽默语词片段遍布于作品中，读来让人感觉别出心裁且层层推进，被称为“学者式的幽默”。他反对刻意的和浅薄的假道学作品，说那是“涂面包的植物油、冲汤的味精”②；他讽刺那些抱着“大道”不放的人：

> 有学问能教书，不过见得有学问；没有学问而偏能教书，好比无本钱的生意，那就是艺术了。……绝无道德的人来讲道学，方见得大公无我，乐道人善，愈证明道德的伟大。
>
> ……假道学可以说是真道学的学习时期。不过，假也好，真也好，行善必有善报。真道学死后也许可以升天堂，假道学生前就上讲堂……③

---

① 王卫平.中国现当代文学及其名家论[M].北京：中国社会科学出版社，2004：205-206.

② 钱锺书.围城　人·兽·鬼[M].北京：生活·读书·新知三联书店，2009：455.

③ 钱锺书.写在人生边上；人生边上的边上；石语[M].北京：生活·读书·新知三联书店，2002：39-40.

钱锺书世事洞明，在戏谑中感叹着世态。

钱氏幽默并不似小品文那样在雅趣闲适的氛围中娓娓道来。林语堂说“幽默本是人生之一部分”[①]，它既是形式也是内容，既是手段也是目的。不同于鲁迅式的幽默在归谬推演中嬉笑怒骂，犀利而深沉，用以引起“疗救的注意”。也不同于老舍式的幽默，瞄准市井小人物书写，含泪的微笑中有悲情。钱锺书式的幽默是一种方式和一种态度，却不“标为主张”[②]，不纯粹让人发笑，不一定是为了谆谆教诲，也未见作品的深沉感，却更显示作品语言儒雅、俏皮。钱锺书的文笔以四两拨千斤的语言对生活中的一些人和事白描，使其更为滑稽可笑或令人厌烦，他不粉饰美好，也不回避现实，更不愿堕入绝望，他带着读者在善恶美丑中几进几出，最后落实到人性本源。他以他的睿智、悟性和广识，使其幽默时而尖刻、时而通透、时而俏皮、时而理趣，读来使人由刚开始的不适应到后来的莞尔一笑。

（三）含蓄典雅是其美学特质

中国传统文化讲究含蓄，钱锺书美学观也是如此，他常说“不道破以见巧思”[③]。在他的美学观中，对热情澎湃的东西充满了警觉和克制，哪怕延伸到他的爱情观，也是如此。他反对张扬虚设、反对浪漫主义，反对粗放的审美趣味。20世纪30年代他还在清华大学读书时就曾评点《落日颂》[④]，认为那是“粗豪”“冲动”

---

① 林语堂著，张明高、范桥编. 林语堂文选：下集[M]. 北京：中国广播电视出版社，1990：79.

② 钱锺书. 写在人生边上；人生边上的边上；石语[M]. 北京：生活·读书·新知三联书店，2002：25.

③ 钱锺书. 管锥编：四[M]. 2版. 北京：生活·读书·新知三联书店，2008：2364.

④ 陈俐，陈晓春. 诗人、翻译家曹葆华：诗歌卷[M]. 上海：上海书店出版社，2010：153-154.

和“粗手大脚”[①] 的诗歌，认为诗歌语言一旦直白“豪放”就失却了应有的锤炼和经营。这样风格其实在当时并不少见。人们对此有着石破天惊的表白：

我把你这张爱嘴，比成一个酒杯。喝不尽的葡萄美酒，会使我时常沉醉![②]

联系到钱锺书式的爱情，在杨钱初会后，钱锺书送给杨绛一首《偶见二十六年前为绛所书诗册、电谢波流似尘如梦、复书十章》（其三）：

缬眼容光忆见初，蔷薇新瓣浸醍醐。
不知靧洗儿时面，曾取红花和雪无?[③]

哪怕约见，也只是说“我没有订婚”[④]，对彼此的误会两相释然了，后来两人相约于玉泉山，情谊正酣之时，也只是小诗一首：

玉泉山同绛（节选）

（钱锺书）

久坐槛生暖，忘言意转深。
明朝即长路，惜取此时心。[⑤]

钱锺书以最为传统的表达方式赢得了杨绛的心。

含蓄典雅是钱锺书作品的美学特质。他的《谈艺录》所述

---

① 钱锺书. 写在人生边上;人生边上的边上;石语[M]. 北京：生活·读书·新知三联书店,2002：310.

② 郭沫若. 女神[M]. 北京：人民文学出版社,2000：123.

③ 吴学昭. 听杨绛谈往事[M]. 北京：生活·读书·新知三联书店,2008：72.

④ 吴学昭. 听杨绛谈往事[M]. 北京：生活·读书·新知三联书店,2008：72.

⑤ 钱锺书. 槐聚诗存[M]. 北京：生活·读书·新知三联书店,2002：3.

"虽赏析之作，而实忧患之书"[①] 亦是如此。再来看诗歌，《槐聚诗存》中的《新岁感怀适闻故都寇氛》（1936）[②]、《读杜诗》（1937）[③] 有国破山河碎、回家苦无依的情感表达。南京大屠杀消息传来后，《哀望》（1938）一诗笔调陡然变化"艾芝玉石归同尽，哀望江南赋不成"[④]，在用典比拟中体现了他的感时忧愤之心。又如：

《中秋夜月》（1944）

楼宇难归风孰借，山河普照影差完。
旧时碧海青天月，触续新来未忍看。[⑤]

中秋之夜，举头望明月，故乡却难思。钱锺书叹人生短暂，伤黎民罹难，希望祖国光复以见旧时月圆的迫切之心跃然纸上。

在中国传统诗词中，雅正是主流风格之一，兴观群怨，传统的诗学审美观更深刻而绵长地影响着钱锺书，哪怕是在一些非常时期，他的作品中自有"怨世"，却少见"骂世"。

（四）反思人生是其创作目的

钱锺书的创作强调对人类困境和人性的普遍意义的书写，其立足的角度往往是文化哲思的立场，而并非仅仅强调社会演进的立场，作为一位学者，他自有独特的价值取向，这得益于他较为特殊的文化背景（包括他儿时的家训学养，他在清华大学和海外留学时的文化浸染，等等），其敏学好思和博闻强识造就了他的

① 钱锺书. 谈艺录[M]. 北京：生活·读书·新知三联书店，2008：1.
② 钱锺书. 槐聚诗存[M]. 北京：生活·读书·新知三联书店，2002：10.
③ 钱锺书. 槐聚诗存[M]. 北京：生活·读书·新知三联书店，2002：21.
④ 钱锺书. 槐聚诗存[M]. 北京：生活·读书·新知三联书店，2002：22.
⑤ 钱锺书. 槐聚诗存[M]. 北京：生活·读书·新知三联书店，2002：95.

文化视野和精神高度，也给予了他更为冷静和淡然的处世哲学。

钱锺书理解名利的虚妄，他反对铺张浪费，他击穿人类的自以为是和因果骗局，他让我们认识到自身的局限：人类在反抗自身的平庸过程中苦苦挣扎，左突右击，在围城的城墙内外打打杀杀，却往往事与愿违。《围城》中的方鸿渐虽然“无用”却是个“可爱”之人，作品里有这样或那样的蠢蠢欲动，却徒劳无益，煞有其事却白忙一场。也许理解就是原谅，因为懂得所以慈悲，如清人史震林所说“当境厌境，离境羡境”①，又如叔本华说“如果我们对人生作整体地考察，如果我们只强调它的最基本的方面，那它实际上总是一场悲剧，只有在细节上才有喜剧的意味”②，我们似乎可以认为，钱锺书是一位带有悲观主义色彩和有着自由主义倾向的现实主义者。钱锺书对于目的的消逝、结果的虚无，看得更开，所以并没有沉沦堕落之感。正如一些学者所言：

> 使追求的过程不再成为一种手段，而使它本身含有的重要意义得以被认识和承认。这样我们就再也不会为了结果与目的虚妄而堕入虚无，更令我们明白追求与希望的无止境而义无反顾。③

目的本就无所谓有或无所谓无，力而行之，世间真有美好，且人生真有所获，这才是一种踏踏实实的真快乐。

---

① (清)史震林.记天荒[M]//华阳散稿：卷一.刻本.松槐书屋，1767(乾隆三十二年)：41.

② 全增嘏.西方哲学史：下册[M].上海：上海人民出版社，1985：413.

③ 王卫平.中国现当代文学及其名家论[M].北京：中国社会科学出版社，2004：200.

（五）“现代性”是其创作策略

20世纪80年代初开始，一些海外研究者的研究成果逐步影响到国内，而国内研究者也有着重写文学史的内在意念在涌动，以前一些并不为人熟知的作家如钱锺书、沈从文、张爱玲等得到了人们进一步的挖掘和审视，从中兴起的“现代性”的视角，构成了对于许多作品的多重解读，如婚姻主题、人性主题、新旧时代主题等。

《围城》对于现代人性的刻画入木三分，作品中男主人公方鸿渐是一个较为复杂的人物，他生于江南小县的一个传统而保守的乡绅家庭，其本质上侠义、老实而毫无城府，但是性格上却有着玩世不恭的成分，其新潮和传统、信义和耍滑常常交织在一起。他是一个聪明的人，涉险过河片段，他一路跟在孙小姐之后，赵辛楣打趣说：“孙小姐，是你在前面领着他？还是他在后面照顾你？”方鸿渐立马抖机灵说“是孙小姐领我过桥的”[①]，这既是恭维又是实情，更能显示出谦谦君子的风度。但是当他面对苏文纨的矜持和心机、唐晓芙的隔膜和误解、孙柔嘉的矫揉造作和掌控、高松年故作善意的耍弄的时候，这些又似乎是那样的猝不及防，他感到无可奈何。方鸿渐始终处于尴尬的境地，当他面对乡间落伍与时髦的交织、面对未婚妻周家“有条件”[②] 的关爱、面对三闾大学的钩心斗角和帮派林立的时候，一向能说会道、机灵聪明的他，到了关键时候就又显得书生气，骨子里的正义感、道义感让他有所不为。然而，清高使他错失良机，退缩使他阴差

---

① 钱锺书. 围城 人·兽·鬼[M]. 北京：生活·读书·新知三联书店，2009：170.

② 方鸿渐为周家未婚女婿，后来周家女儿去世，方还是受到了周家资助出国留学，回国后周家仍想插手方鸿渐的生活，要求方鸿渐以后娶的妻子做周家干女儿。

阳错，漫不经心又使他什么都抓不住。“兴趣颇广”“生活懒散”的他经过 4 年的留学经历，早已看明白了所谓的西方文明也不过如此，所谓的博士头衔也只是唬唬人的，他把留学比作出“痧痘”，出过就有免疫力了，至少以后面对一些洋博士、硕士不会内心自卑。他的聪明，让他过早地消解了目的，造就了他对什么都无法坚持到底的个性，因而选择放弃和逃避是常事。一些人认为，无论坚持与否，最后的结局都是一样的，孙柔嘉还是会和他离婚，即使是唐晓芙，也保不定婚后像换了个人，这些话不无道理。但有时候人生就需要不断地调整和磨合，兴许再磨合一下，婚姻就坚持下去了。钱锺书在《围城》中道出了人生的荒诞，但是他自己对于婚姻和事业，却有着持久的坚持，他和杨绛的情深意笃以及晚年写就《管锥编》这部皇皇巨著便可作为明证。人要做到真正的明和智并不容易，常常因时因地而有所局限，也许再坚持下去，就会有突破的可能，达到“无可无不可”的境界，无论是身处围城之中，或身处围城之外都可以泰然自安，这也是钱锺书给方鸿渐名字取“渐”字的含义所在。

钱锺书作品，我们似乎找不到那种传道人生的构想，也无法用某一种理论形态去解释。但我们却能在“伤时例托伤春惯，怀抱明年倘好开”[①] 等诗词中，在“城外的人想冲进去，城里的人想逃出来”[②] 的语句中，隐约地感觉到他内心的温度。他哀而不伤，怨而不怒，反而蕴本真于调侃嘲谑，含怨怒于幽默讽刺，释放了人类需要独自行走时的惶惑感和紧张感，帮助人们看清自己后，能更加从容自在。

---

① 钱锺书. 槐聚诗存[M]. 北京：生活·读书·新知三联书店，2002：89.

② 钱锺书. 围城　人·兽·鬼[M]. 北京：生活·读书·新知三联书店，2009：111.

三、守静之姿：工商文化背景下钱锺书的文化选择

如前文所述，“现代性”是其作品表达的需要和策略。而进入近现代时期，中国社会文化变迁的核心问题即以“现代性”为主题的文化嬗变和文化选择。

众所周知，“现代性”是伴随着工业化发展而来的一种社会时代特性。中国的20世纪上半叶，民族工商业迅速崛起，其带动着社会进行着整体性的变革，包括经济的、文化的、思想的、政治的等等，发生了一系列的连锁反应。“一代有一代之文学”①被提出之后，得到同时代学者的普遍认可，胡适也在他的《历史的文学观念论》中说：“居今日而言文学改良，当注重‘历史的文学观念’。一言以蔽之，曰：一时代有一时代之文学。”② 作家的创作与其自身的感性生活、理性反思密不可分，文学作品是某个时代的投影，人们可以通过阅读一部作品更深刻地理解那个时代，也可以通过还原当时的时代语境，更深刻地领悟作家作品。文化研究先驱者雷蒙德·威廉斯说：

> 只有在自己所处的时代和地方，我们才能期望对一般性组织获得实质性的认识。对其他地方和时代的生活，我们也能知道很多，但在我看来，某些因素却永远都无法重新获得。③

---

① 徐洪兴. 王国维文选[M]. 上海：上海远东出版社，2011：253.

② 胡适. 胡适文存：1[M]. 北京：华文出版社，2013：28.

③ [英]雷蒙德·威廉斯. 漫长的革命[M]. 倪伟，译. 上海：上海人民出版社，2013：55.

要想分析一个时期的文化，就必须考察时人思想世界中的情感结构，而对于这种情感结构，“时代性”和“地方性”是它的两个关键性的要素。

（一）20 世纪前半叶钱锺书的文学抒写

人类社会进入近现代之后出现了以工商业文明为标志的现代化过程，深刻而广泛地影响着社会的方方面面，并形成了整体性的变革。而现代性作为现代化过程之时和之后留存的某些特性，在不同的语境中有着不同的含义，比如近代中国特殊的语境，是在面临社会危机、民族危机的背景下产生的一些特性，比如启蒙、民主、革命、救国、实业、个性等。传统的仁义礼智信等道德观价值观丧失了整体的有效性，个人主义、工具理性就有可能被放大和膨胀，道德失范、价值缺失，社会面临着种种精神危机，人们惶惑不安，不知何去何从。身处那样的时代的人们，对此会有着更深刻的感悟。史学家、革命家、社会学家、文学家、艺术家、社会实践者等，他们站在不同的价值立场抒写和描摹着这场变革带来的一些情况和问题，并进行着深刻的反思和有可能的改造行为。

在现代文学史中，钱锺书是以学者和作家的身份闻名于世的，作为一名知识分子，他的独特贡献在于他有他的文学立场和文化选择。

观察钱锺书在 20 世纪 40 年代的作品，如《写在人生边上》（1941）、《人・兽・鬼》（1945）、《围城》（1947）、《谈艺录》（1948）等，可以窥见那个时代的知识分子在经济转型、社会动荡、文化嬗变的时代所做出的某些文化思索，而这样的思索离开新文化运动已经二三十年了，工商文明的发展已历经了更多的波折，五四时期的“启蒙性”“现代性”，无论是实现的方式，还是意义和后果，已经和刚开始更为不同。钱锺书面对着众多的文化思潮、新旧派别，他保持着独特的文化旨趣，秉承“论难一概”的独立意志，行走在“化境”融合路径之中。

> 且不特著述为尔，即议论亦往往一人之说，是丹非素，时无先后，而判若冰炭。（举例略）一身且然，何况一代之风会、一国之文明乎。（举例略）“诗画一律”，人之常言，而吾国六义六法，标准绝然不同。学者每东面而望，不睹西墙，南向而视，不见北方，反三举一，执偏概全。①

钱锺书的“论难一概”使他在新旧文学的交替中和在多种思潮的交锋中坚持融通。有研究者认为这样的思考是谓“解构”，对权威“他者”的崩解，对一己之念的“破执”。笔者认为，是以守静之姿，对时下社会的动态把握，对未来的可能满含期待。

1.“自反现代性”：对“现代性”的“祛魅”及延伸

钱锺书对曾经的社会文化进化论有所质疑，他反对用纯粹的历史学和社会学的方法去探研文学史及文学鉴赏本身。一方面是“现代性”本身所具有的“自反”性质。引用英国社会学家斯科特·拉什关于“自反现代性”理论所认为的那样，一切“现代性”（美学维度、社群维度、认知维度）都具有自反性（sclf-rc-flexivity）特征，当“现代性”发展到一定程度，必将生成能“反作用于其自身”的“规则”和“资源”。另一方面，一些本质上属于非“现代性”的东西，经过改头换面，也贴上了“现代性”“先进性”的标签，来寻求现代性意义上的话语权，钱锺书

① 钱锺书.谈艺录[M].北京：生活·读书·新知三联书店，2008：731-734.

说“我们不仅把将来理想化了来满足现在的需要，我们也把过去理想化了来满足现在的需要”①。除此之外，“现代性”张扬人的觉醒和理性精神，一旦成为权威就会对于进一步的理性预见构成控制，从而变成新一轮的新旧之争。

所以，我们可以认为“现代性”不再是一个定义性的特征概念，而是一个不断延伸、深化、拓展的审美特性和社会实践，其构成的“反现代性”特质，恰恰是作为现代性的延伸和完善而存在的。这正契合了钱锺书在文学实践中的探索：在文学批评领域，宜从审美意义的现代性上来看待作品，而不能将审美的现代性等同于社会的现代性；在文学史领域，文学现代性的分析应在古今、新旧思想的大融汇的基础上才能考量，对于过去阐述的、别人已有的既不能视而不见，又不能完全等同；在文学的表现形式方面，文学的形式就是其思想与内容的本身，两者之间从微观处来看没有明显的界线。沉潜、觉醒、认知和成长，在每完成一次循环之后，会产生一定变化，这都是处在螺旋发展的过程中的，“现代性”也是如此。

其一，觉醒：从“人的觉醒”到“人的自我认知”

散文集《写在人生边上》（1941）体现了钱锺书对于“人性”的深刻理解，而这样的人性特征在纷乱的时代情境中更是显露无遗。《魔鬼夜访钱锺书先生》中魔鬼对于现代人类装腔作势、虚荣伪善的批评，《读〈伊索寓言〉》借评点寓言而批判人性存在复杂阴暗之处，《一个偏见》中称许柏拉图名言“人者，无羽毛之两足动物也”实则道出了自己想说的话。

---

① 钱锺书. 写在人生边上；人生边上的边上；石语[M]. 北京：生活·读书·新知三联书店，2002：282.

小说集《人·兽·鬼》（1945）包含了《上帝的梦》《猫》《灵感》《纪念》四个短篇，假托写上帝、写兽、写人，对现代工商业发展下的社会文明做出进一步剖析。他的笔触伸向了自己熟悉的人群——知识分子群体，在他们身上，人类的某些小缺陷是所谓的知识、财富、学养、地位、荣誉等都掩盖不了的，所谓的"正经""绝对"的东西瞬间就消解了。

《上帝的梦》叙述了"至高无上的上帝""黄土抟人"的过程。"上帝"用神的意志伟力去改变人的世界，怎奈这个"神"有着人一样的心性弱点：有琐碎的杂念、有无可奈何的苟且、有庸常的烦恼和虚荣。恐惧、骄傲、狂妄、嫉妒、孤独等一切常人的心理他都有，"神"的光环褪去后，种种"弱"暴露无遗。作者对此极尽调侃："至高无上的上帝该是进化最后的产物"，他的眼睛一睁一闭，就可以"不要黑暗"，从而"对自己的本领和权力，不能再怀疑"①；正如"受人崇拜的独裁元首"②，"上帝是不传种的"，为了对抗孤独，他"费尽心思"地创造了一男一女，却惊愕地发现这一男一女毫无良心地背叛他，且他俩之间也心怀鬼胎、同床异梦；他又创造了猛兽、虫豸、微生虫来惩罚人类……一切的"预设"和有意为之都变成了事与愿违，都滑入了"可笑"，"上帝恨着"③。这里的"上帝"已经不再是受人膜拜的耶稣，暗指的是工商文明发展初期所产生的"寡头""财团""军阀"等人物，他们的"自我"，在现代文明的进程中（同时在社

---

① 钱锺书. 围城　人·兽·鬼[M]. 北京：生活·读书·新知三联书店，2009：427.

② 钱锺书. 围城　人·兽·鬼[M]. 北京：生活·读书·新知三联书店，2009：427.

③ 钱锺书. 围城　人·兽·鬼[M]. 北京：生活·读书·新知三联书店，2009：440.

会危机、民族危机的夹缝中）暂时性地“膨胀”了。

《围城》更是没有完人，人物都有其弱点，在作者眼里人就是“无毛两足动物”[①]，没有多少分别心，尤其在一些极端情境下，其根性更易展露：李梅亭偷吃烤地瓜、方鸿渐的荒诞演说、范小姐赠书给自己等等，这些人的形貌举止不免让人感到滑稽可笑。

钱锺书描绘着人间万象，感叹着世事多舛，但更多是调侃了人的多变和人的挣扎。除了情随境迁、物是人非，他还认为“人”普遍存在着言不由衷或文言不一的现象，他在《文如其人》一文中辨析无论“文如其人”还是“言行不符”都不能一概而论：

> 人之言行不符，未必即为“心声失真”。常有言出于至诚，而行牵于流俗。蓬随风转，沙与泥黑；执笔尚有夜气，临时遂失初心。不由衷者，岂惟言哉，行亦有之。安知此必真而彼必伪乎。……见于文者，往往为与我周旋之我；见于行事者，往往为随众俯仰之我。皆真我也。身心言动，可为平行各面，如明珠舍利，随转异色，无所谓此真彼伪；亦可为表里两层，如胡桃泥笋，去壳乃能得肉。[②]

意思是：通常所认为的“文如其人”，其反例比比皆是，而言不由衷或者文言不一的现象，也不应纠结其真伪。心理动力学中就有超我、真我、本我之说，三者结合才能构成人较为完整的人格图形。深谙心理学的钱锺书认为此种现象不知者谓之为表里不一，知之者谓之“文”乃“风格词气”而非“议论之是非”，“是

① 钱锺书.围城　人·兽·鬼[M].北京：生活·读书·新知三联书店，2009：9.

② 钱锺书.谈艺录[M].北京：生活·读书·新知三联书店，2008：429.

非”里面掺杂了太多的“文过饰非”“以言弥缝其行”[1]，这就是人类，“姑且就事论事”即可。

其二，自由：从“自由意志”到“自立担当”

20世纪前期的中国，沿海沿江一带开放发展，以无锡和南通等为代表的实业区，经济文化和基础教育发展较快，上海等周边地区，女子也能接受良好的教育。女学的开禁，让很多青年人意图走出家门。

《纪念》以抗战为背景，一个“受过新教育、有科学常识的女子”[2]曼倩，经过和父母的一番斗争，与“家境不甚好”的才叔结婚，面对窘迫的生活和不谙世事的丈夫，曼倩的爱情靠着“骄傲来维持”[3]，内心却“隐隐感到缺乏依傍，自己要一身负着两人生活的责任，没个推托”[4]，当“身材高壮，五官却雕琢得很精细，态度谈吐只有比才叔安详”[5]的“学航空的”天健出现时，就陷入了一场婚外情的纠葛之中。故事情节本身并不复杂，却写出了女性异常丰富的内心世界，这也许得益于钱锺书早年在清华大学读书时期对心理学和哲学的兴趣。读这篇小说让我们联想到鲁迅先生的《伤逝》（1925）。子君的悲剧意在阐明：一个具有独立意识却没有经济权利的女子最终失去了家，出走的娜拉更应该获得的是工作自主权、继续教育权、政治参与权等，没有这些，这种独立最终也可能“被嫌弃”。诞生于20世纪40年代的《纪念》中的曼倩所面临的问题是：当一个受过良好教育的女子在面

---

① 钱锺书. 谈艺录[M]. 北京：生活·读书·新知三联书店，2008：430.
② 钱锺书. 围城　人·兽·鬼[M]. 北京：生活·读书·新知三联书店，2009：524.
③ 钱锺书. 围城　人·兽·鬼[M]. 北京：生活·读书·新知三联书店，2009：520.
④ 钱锺书. 围城　人·兽·鬼[M]. 北京：生活·读书·新知三联书店，2009：523.
⑤ 钱锺书. 围城　人·兽·鬼[M]. 北京：生活·读书·新知三联书店，2009：529.

对平淡生活、平庸丈夫的时候该如何抉择。有研究者指责曼倩虚荣、空虚。笔者认为所谓的婚姻爱情是为了在共同生活中能追求身心的圆满，获得心理缺憾的弥补，能互相扶持。旧时代的女性没有经济能力，也没有选择权利；五四时期的女性虽有了一定的选择权，但外在经济能力、内在的抗压能力，以及独立性都还不够（当时的经济发展和社会制度还没有成熟稳定到可以容纳更多女性参加各行业工作）；到了20世纪40年代，抗战时代虽然动荡不已，但一小部分女子已获得了部分的受教育权、选择权、自主权、自由权，她们通过抗争获取了婚姻的自由，但回过头来，对另一半的丈夫也同样具有了挑剔的眼光，当追寻不得而失望的时候，究竟是选择在婚内互助互勉、共负责任担当、共同进步，还是选择在婚外寻求"反抗"和弥补，或者选择彻底放弃，这对当时婚姻内外的男女也提出了更高的伦理要求，归根到底是对当时社会经济发展、文化发展和国家制度确立等提出了更高的要求，显然在当时并不具备条件。

长篇小说《围城》围绕着方鸿渐主要刻画了三位女性，苏文纨、唐晓芙、孙柔嘉。她们都在用自己的方式追求爱情。苏文纨是大家闺秀，优越感甚强，感情受挫后，转而追逐赤裸的现实利益，得意犹在，清高不存。唐晓芙是都市大学生，阳光朝气，她理想化的爱情观却经不起打击，一两次就已经改变了主意。孙柔嘉是个最接地气的人，出生于一个重男轻女的普通家庭，初涉社会，心理上没有太多自信，"脸上滚滚不断的红晕"[①]，但她知道自己想要什么并且也知道怎么去做，对待工作和爱情都很有一套

① 钱锺书.围城 人·兽·鬼[M].北京：生活·读书·新知三联书店，2009：148.

方法，“我本来也不要你养活”[①]，是一个独立自主的女性形象。她爱方鸿渐，极力维护这个小家，但是她对方鸿渐的爱是外化而讲求实际的，缺乏心灵的互相滋养和鼓励。她试图扭转改变丈夫种种的弱，却遭遇了“不讨好”“不接受”。

其原因来自方、孙两家的文化抵牾。方家嫌孙家“简慢”[②]不懂礼数，孙家嫌方家迂腐“陈腐”不通世务。方遯翁认为当年“一顶轿子”[③] 就可以接进来的新媳妇，现在完全有理由教育她不要在外做事，“女人的责任是管家”[④]；孙柔嘉则对自己堂堂“大学毕业生到你们方家来当没工钱的老妈子”[⑤] 表示愤怒，理由是方家“没有那么阔”，养不起她。当方鸿渐在香港结婚，方遯翁在其儿子没有向家里提钱时，称赞孙柔嘉“大学毕业”“在外做事”“能够自立”[⑥]，一接到儿子的要钱信之后，立马对“自由恋爱”“新式女人发表了不恭敬的意见”很有意见；孙柔嘉的靠山姑母陆太太（一个喝过洋墨水的纱厂人事科长，有钱有势，习惯受人“趋奉”），她市侩而刻薄的言语直接导致了方、孙两人的分离……追根溯源，“双方背后都嫌对方不阔”[⑦]。过去靠宗族礼法来维系婚姻形式，而到了近代以后，“钱”似乎已成了维持家庭稳固的一个关键性和明晃晃的因素了。

其三，理智：从“有限的理智”到“无谓的挣扎”

一直以来，大众普遍认为孙柔嘉是一位个性复杂的人物。有人

---

① 钱锺书. 围城　人·兽·鬼[M]. 北京：生活·读书·新知三联书店，2009：310.
② 钱锺书. 围城　人·兽·鬼[M]. 北京：生活·读书·新知三联书店，2009：350.
③ 钱锺书. 围城　人·兽·鬼[M]. 北京：生活·读书·新知三联书店，2009：342.
④ 钱锺书. 围城　人·兽·鬼[M]. 北京：生活·读书·新知三联书店，2009：347.
⑤ 钱锺书. 围城　人·兽·鬼[M]. 北京：生活·读书·新知三联书店，2009：349.
⑥ 钱锺书. 围城　人·兽·鬼[M]. 北京：生活·读书·新知三联书店，2009：340.
⑦ 钱锺书. 围城　人·兽·鬼[M]. 北京：生活·读书·新知三联书店，2009：350.

指斥她为“丑女”“功于心计”“虚伪”，窃以为言语刻薄。在立足于现实方面，孙柔嘉比方鸿渐更善于自我保护，也更懂得自我奋斗，更易适应环境，姑且称之为“理智”。她和姑妈家的来往，是因为亲生父母对她“淡漠得等于放任”①，姑妈是她唯一可以得到安慰或帮助的人，孙柔嘉在精神和境界上受其影响，也难以逃离小市民家庭的某些局限。她很努力，最后却面临婚姻分崩离析的下场。

而诗礼乡绅、前清举人方遯翁内心看不起商人，自有其理由：“商人终是商人”“鄙吝势利的暴发户”②。这种固态观念在现实面前面临着尴尬，因为方家的下一代已经不一样了：二儿子方鹏图一心拉着周家人做投资；二奶奶和三奶奶对未进门的孙柔嘉想当然地肆意揣测，全然没有了大家族应有的气度和涵养；大媳妇孙柔嘉在外做事居然赚钱比儿子多一倍……到头来方遯翁只能喟叹“让他去罢”③。如同《围城》中描述的其他人，也都发生着观念的变化，那年头“教书的没有钱”不如“走私做买卖”④，李梅亭“带私货”，方鹏图接近“很会投机做生意”的周家以期“合股投资”⑤，苏文纨由先前看不起“俗不可耐的商人”⑥，到头来自己当上了靠“战时物资委员会”处长丈夫“带私货”⑦ 的投机商……摆在方遯翁面前的现实，让他无可奈何。

在现代婚姻里，也充满着二律背反，娶的“不是原来的人”⑧，

① 钱锺书. 围城　人·兽·鬼[M]. 北京：生活·读书·新知三联书店，2009：351.
② 钱锺书. 围城　人·兽·鬼[M]. 北京：生活·读书·新知三联书店，2009：141.
③ 钱锺书. 围城　人·兽·鬼[M]. 北京：生活·读书·新知三联书店，2009：359.
④ 钱锺书. 围城　人·兽·鬼[M]. 北京：生活·读书·新知三联书店，2009：189.
⑤ 钱锺书. 围城　人·兽·鬼[M]. 北京：生活·读书·新知三联书店，2009：342.
⑥ 钱锺书. 围城　人·兽·鬼[M]. 北京：生活·读书·新知三联书店，2009：62.
⑦ 钱锺书. 围城　人·兽·鬼[M]. 北京：生活·读书·新知三联书店，2009：331.
⑧ 钱锺书. 围城　人·兽·鬼[M]. 北京：生活·读书·新知三联书店，2009：372.

方鸿渐感到沮丧和幻灭，想着与唐晓芙再相逢也“木然无动于中”，因为“缘故是一年前爱她的自己早死了……这许多自己，一个个全死了”①。原先孙柔嘉喜欢方鸿渐坦率的机灵、痞性的清高，但在实际生活中方鸿渐这样的性格却不善于保护自己，处处碰壁。她婚后对于方鸿渐关于是不是“原来的那个人”的宏论并不感兴趣，却仍“把恋爱看得很郑重”②，试图花功夫去改造自己的丈夫，最终阻止不了方鸿渐辞职和离家出走，自以为是的努力都是白费。

钱锺书把婚姻爱情比喻为“围城”，并由此推及人们常常感到的孤独、无力、荒谬和虚无感，夏志清说“《围城》是一部探讨人的孤立和彼此间的无法沟通的小说”③，人有时根本无法真正了解他人，甚至也无法了解自己，但是人们又常常自以为是，耍小聪明施小算计（如上海滩的买办 Jimmy 张对富商儿子和对方鸿渐的试探等等），最终未必收获想要的结果。

孙柔嘉的努力争取、方遯翁的不慌不忙、Jimmy 张的考察试探，都可谓是“有限的理智”，而孙柔嘉在婚姻中的改造掌控、方遯翁对家人发布的诸多指令和 Jimmy 张的想尽方法，都可谓是“无谓的挣扎”。从这一点上方鸿渐也许比孙柔嘉更能看透，更感到虚无，也就更坦率、更玩世不恭，比如，他贬低洋博士头衔，买假文凭是为了哄父亲和准岳父，“反正自己将来找事时，履历上决不开这个学位”，在三间大学的履历上写“并没有学位——”④，等等。

---

① 钱锺书. 围城　人・兽・鬼[M]. 北京：生活・读书・新知三联书店，2009：373.

② 钱锺书. 围城　人・兽・鬼[M]. 北京：生活・读书・新知三联书店，2009：372.

③ 夏志清. 中国现代小说史[M]. 上海：复旦大学出版社，2005：285-286.

④ 钱锺书. 围城　人・兽・鬼[M]. 北京：生活・读书・新知三联书店，2009：222-223.

方鸿渐这样的知识分子，一脚已经跨出去，一脚尚未迈开来，他们失却了曾经的坚守、信仰和固有的价值观，一切都似乎回不去了，却偏偏在物化的现实面前找不到出路，种种跋前疐后造成了精神上的流浪或愤世嫉俗。

无论是《纪念》还是《围城》，都不是简单的婚恋小说或心理小说，前者的主人公走向了婚姻的继续，后者的主人公走向了婚姻的破裂，或许小说的结局不重要，重要的是在20世纪三四十年代的中国，近现代工商文明发展之初，物化是一个重要的现实存在，“过去”已然遭破坏，“现在”将何去何从？人们有着这样或那样的理念和动机，却未必都能获得令人满意的结果。

2.“写在人生边上”：非主流姿态表达深邃悠长的情怀

钱锺书幼秉庭训，非常熟悉传统的治学方法和审美方式，清华大学读书和欧洲留学等经历，使他很快地打通了古今中外，在文言和白话之间自由地切换和融通，随兴而洒脱。

1941年春他在为《徐燕谋诗稿》写的长序中说：

> 故必深造熟思，化书卷见闻作吾性灵，与古今中外为无町畦。及夫因情生文，应物而付，不设范以自规，不划界以自封，意得手随，洋洋乎只知写吾胸中之所有，沛然觉肺肝所流出，曰新曰古，盖脱然两忘之矣。[①]

而钱锺书的清华大学导师之一、“学衡”人士吴宓对于新旧文化却有激愤之词和偏激之举（不作白话诗，不写白话文），曾招致诘责，《学衡》杂志销量日减，“赔累不堪，故停办”[②]。但钱

---

① 钱锺书.写在人生边上；人生边上的边上；石语[M].北京：生活·读书·新知三联书店，2002：229.

② 沈卫威.“学衡派”编年文事[M].南京：南京大学出版社，2015：193.

锺书并不热衷于南北新旧之争。

20 世纪 30 年代的钱锺书对于“学衡派”的主张，已有较为成熟而豁达的看法。他曾在 1934 年 7 月在《国风（上半月）》第五卷第一号发表的《与张君晓峰书》一文中阐述他的预见：

> 文言白话，骖驔比美，正未容轩轾……弟以为白话文之流行，无形中使文言文增进弹性（Elasticity）不少……将来二者未必无由分而合之一境，吾侪倘能及身而见之欤！①

他认为合流是未来的趋势，根本不用脸红耳赤。

他也曾经给当时的《学文月刊》（续《新月》）投稿。此杂志基本是“新月派”原班人马。钱锺书 1934 年 7 月于此发表《论不隔》，论述了翻译的“不隔”，即应调用各种方式来保持原文的风格，无论是“浅显”“深刻”还是“糊涂”②，都要让人看到和懂得文章的原汁原味，这是中国传统的美学观“化境”在翻译中的体现。“不隔”是钱锺书所坚持的审美方法之一，他说在诗歌艺术中，“比喻、暗示、象征，甚而至于典故，都不妨用”，其唯一的标准是“只要有必须这种转弯方法来写到‘不隔’的事物”，其“不隔”论，后被公认为是《谈艺录》“打通”说的先声。

钱锺书感慨“论难一概”，期待两者的“合之一境”，他“日新日古”“脱然两忘”，他凭借强大的记忆力和意志力，自由自在地穿梭于不同见解立场和思维意境中，解构学科壁垒、打破古今屏障、融合中西文化、互证理论实践，他的“写在人生边上”的文化姿态，更有利于无拘无束、信手拈来、游刃有余的读书及写

---

① 钱锺书. 与张君晓峰书[N]. 国风(半月刊),1934-07-01,5(1): 14-15.

② 钱锺书. 写在人生边上;人生边上的边上;石语[M]. 北京: 生活·读书·新知三联书店,2002: 114.

作方式。

五四时期提倡张扬个性、释放自我、斗志昂扬、攻城拔寨，固有其崇高感和力量之美，其矫枉过正的做法也许能对守旧者顾此失彼的“理性”精神起到纠正作用，但是委婉流转、含蓄隽永，没有呼天抢地，不用激情澎湃，一样能表达情深意切，一样能坚守社会良知，一样能体现操守和本真，也一样能使文学作品展现自身艺术魅力。有人评钱锺书是有学养的、冷静的、有智慧的，也有说这是“守身如玉，谨小慎微”[①]，但笔者认为更多体现的是“逍遥”“融通”之化境。

“写在人生边上”实则另一种清醒的现实主义。他不迷信、不依附、不刻意，力图持有独立文化人的立场，即“观照人生”的方式。朱光潜在他的《谈人生与我》中提到他对于人生的态度有两种，“前台”与“后台”，他“欢喜站在后台看人生……我只觉得对着这些纷纭扰攘的人和物，好比看图画，好比看小说，件件都有趣味”[②]；张爱玲也说：“用洋人看京戏的眼光来看看中国的一切，也不失为一桩有意味的事”[③] ……“写在人生边上”既是一种人生姿态，也是一种文化立场，不是五四时期的启蒙呐喊的主流形式，不同于其他作家那样积极入世，更不是遁世逃避，而是退让于一隅，带着距离去审视外方世界，“保持了人生的自由自在的本色状态”[④]，保持着知识分子相对的独立的人生话语权。

他也常常忍不住对半新不旧的时代讽刺两句：“学生程度跟

---

① 蔡田明. 钱锺书与约翰生[J]. 中山大学学报(社会科学版)，2012：36.

② 朱光潜. 厚积落叶听雨声[M]. 南京：江苏凤凰文艺出版社，2016：191.

③ 张爱玲. 张爱玲典藏全集：散文卷一：1939—1947 年作品[M]. 哈尔滨：哈尔滨出版社，2003：71.

④ 王尧. 乡关何处——20 世纪中国散文的文化精神[M]. 北京：东方出版社，1996：129.

世道人心好像是在这装了橡皮轮子的大时代里仅有的两件退步的东西”[①]；嘴里操持着不中不西的“洋泾浜”英语，身上穿着不土不洋的衣服；家里陈设西式物件，出门遇事算卦磕头；站边小旅馆名曰“欧亚大旅社”[②]；部视学满嘴“兄弟在英国的时候”[③]；留美绅士赵辛楣受其父亲影响认为苏文纨有“帮夫运”，在爱情受挫折后，很快改变了想法，“娶一个老实、简单的乡下姑娘”[④]……如此种种，在钱锺书看来，都是因为“隔”，都算不上真正的融通。

思想意识上化用了西方的现代性，志趣伦理上符合东方的文化原则，方法路径上采用了发展的眼光来看问题，而这三者又是协调互证的，这就是钱锺书的特殊性。

（二）钱锺书的文化选择及动因

钱锺书尊重传统的家学家风，秉持“论难一概”的学术理念，行走在化境之文化通途，笔者试着分析其动因有以下三点。

1. 儒而有商的家庭：兼有现实认同和家国情怀

钱锺书成长路径，是难以复制的。杨绛说：

> 许多人说，钱锺书记忆力特强，过目不忘。他本人却并不以为自己有那么“神”。他只是好读书，肯下功夫……[⑤]

除了他的天赋和勤奋外，既有社会因素，也有家庭因素。儒而有商的家庭氛围，使钱氏坚守儒生本色，又能接受工商文明中

---

① 钱锺书. 围城　人·兽·鬼[M]. 北京：生活·读书·新知三联书店，2009：224.

② 钱锺书. 围城　人·兽·鬼[M]. 北京：生活·读书·新知三联书店，2009：179.

③ 钱锺书. 围城　人·兽·鬼[M]. 北京：生活·读书·新知三联书店，2009：248.

④ 钱锺书. 围城　人·兽·鬼[M]. 北京：生活·读书·新知三联书店，2009：158.

⑤ 商务印书馆编辑部. 钱锺书手稿集：外文笔记. 总索引[M]. 北京：商务印书馆，2015：序页1.

善于变通的文化观念。

20 世纪初的中国，传统的自然经济被打破，江南无锡是当时的产棉、产蚕桑区，特殊的地理环境和良好的经济基础，加上民国初年（1912）政府对民族工商业采取的一些鼓励性措施，激发了乡绅办实业的热情。丝茧贸易的繁盛完成了无锡民族工商业者发家起步的原始积累，逐步成为当时无锡经济发展的支柱性产业。邑人薛明剑曾不无自豪地说：

> 我国市场之有名者，若上海、天津、汉口等，皆为外人所经营，非我市民所自办。近虽有广州新市场之突起，然亦赖陈炯明、孙科等官吏助成之，不若今日之吾邑，纯粹出于地方人士之自动也。①

初期的民族工商经济得以稳步发展（此时的发展不同于抗战结束后外资的大量涌入和民国政府迅速扩张国营资本时期），但利益的重新分配在一定程度上也引发了一些社会矛盾。当时无锡地区以秦毓鎏为代表的军政家族和以薛南溟为代表的工商家族间发生着持续的对抗和博弈，其结果是钱基厚（钱基博的孪生弟弟）1927 年被推选为无锡县商民协会主席（其背后受则是荣氏家族的支持，荣氏将其视为政治上的代言人），现实需要把钱基厚推上了无锡的历史舞台，并切实扎根于这一方土地 30 年。钱基厚始终没有自己的实业，在政商两界斡旋，维护绅商和地方经济利益，所以更能做到公平中正、直言无忌，从不谋取私利，“牺

① 裘廷梁. 无锡白话报[J]//薛明剑，李钟瑞. 无锡杂志[M]//无锡文库：第二辑. 南京：凤凰出版社，2012：207.

牲一己为着地方福利和人民服务”①。在日间处理完事务之余的爱好是读书，钱锺韩（钱基厚长子）说其父亲“每天都要读到深夜才睡”②。钱基厚以其个人魅力和能力持续影响着民国时期无锡的经济发展。

在这样一个以传统文教为主兼而有商的家族，其状况相对而言还是较殷实的，所以少年钱锺书无忧，率性直言，痴气盎然，对那个时期的大多数人而言，有了一定的生存条件和经济保障，才有可能接受教育、提高智识，寻求独立意志和精神自觉。

所以，从家族心理来看，钱氏有其现实主义的一面，也有着书生意气“义无反顾”的一面。他们有着一定的现实关怀，能耿介直言，进可参政入幕，退可教书立言，从容自持，有着传统儒生的学识、操守和厚德。无论是钱福炜、钱福烔热衷于地方性的公益慈善事业，还是钱基博以“神州能有振，何爱不訾躯”之念不顾劝阻留守蓝田欲以殉国③，还是钱基厚拒受伪职带领家人隐居上海，这些都给钱锺书带来了一定影响。钱锺书在上海沦陷时期，写了大量的战时之作，用自己的方式来对抗着“蜂媒蝶使”的来袭。

夜坐

（默存）

试扪舌在尚成吟，

野哭衔碑尽咽音。

① 陆阳. 钱孙卿集：孙庵年谱·孙庵私乘[M]. 刘桂秋，校订. 北京：团结出版社，2016：247.

② 孔庆茂. 丹桂满庭芳：无锡钱氏家族文化评传[M]. 郑州：郑州大学出版社，2013：29.

③ 傅宏星. 钱基博年谱[M]. 武汉：华中师范大学出版社，2007：164.

生未逢辰忧用老，
夜难测底坐来深。
忍饥直似三无语，
（东坡以毳饭戏刘贡父，谓饭菜盐三者皆无），
偷活私存四不心。
（方密之削发为僧口号云不臣不叛不降不辱）。
林际春申流寓者，
眼穿何望到如今。[①]

漫兴

（钱默存）

诗书卷欲杜陵颠，耳语私闻捷讯传。
再复黄河收黑水，重光白日见青天。
雪仇也值乾坤赌，留命终看社稷全。
且忍须臾安勿躁，钉灰脑髓待明年。[②]

作品中有现实认同，有民族大义，有家国情怀。钱锺书的人生选择和情志表达，其实都和他从小的生长环境、家庭教育不无关系。

2.“学衡派”“无锡国专”：对工商文化和“现代性”中某些弊病的反拨

中国近代动荡不安的社会环境和迅速崛起的民族工商业，深深地影响着这一时代中人的价值观。如果我们将围绕鸦片战争和戊戌变法两个事件所发生的一系列思想变迁，视为中国启蒙性和

① 默存. 生命的奋斗：夜坐[N]. 国力月刊，1942，2(9-10)：19.
② 钱默存. 诗坛：漫兴[N]. 国力月刊，1943，3(2)：21.

现代性意识诞生的动力的话，那么可以将之后的文学和思想家们所做出的不同努力，视为对于20世纪上半叶的中国社会——中国民族工商业发展语境下的社会转型期和动荡期所遭受的社会危机、民族危难和文化转型等做出的种种回应，而这种反应有时候是趋同和正向的，也有时候是一种回望，是反拨，无论是哪一种，都是在用不同的方式寻求着这个古老中国的文艺复兴之路，最明显的表现就是文白之争。当北方以北京大学为中心，胡适、陈独秀、李大钊、钱玄同、刘半农、徐志摩等人倡导的新文化运动如火如荼之时，南方以国立东南大学为据点，梅光迪、柳诒徵、胡先骕、吴宓等“学衡派”人员则站在另外一个角度对新文化运动的激进倾向提出批评。

20世纪二三十年代的东南沿海、吴地江南，在现实耳濡目染的商业旋涡里，在新旧文化的冲撞融合中，人们看到了工商业文明之下，过早呈现出来的世风颓废，“十余年来，一唱百和，骎骎乎有专尚科学、舍去国学之趋势。而人性日益浇薄，道德渐就沦亡”[①]。章太炎曾评价当时的无锡“工厂如林，商业繁盛，非顾、高二公之时之比，然通商之地，人心趋利，盖习俗之移人也”[②]。一战给当时中国的文化界带来了巨大思想冲击，科学民主的智性思维没有给人们带来更多的安定和幸福感，社会文化领域的“进化论”思想也面临着挑战。

跳出南北论争本身，“学衡派”对传统文化的坚持，作为新文学的补益也未尝不可，一定程度上可以抑制工商文明中可能暴露的人性缺陷和社会痼疾。一些作为存在着的非主流的、边缘化

① 陈文源.荣德生文论存稿类选[M].苏州：古吴轩出版社，2015：397.

② 刘桂秋.无锡国专编年事辑[M].北京：中国大百科全书出版社，2011：163.

的、隐藏着的文学现象，能和事物的本身有某种呼应，有些是正向的呼应，但也有些承担着补偏纠过的作用，这样的文学现象不应该淹没于既定的逻辑当中，学衡派的呼声在当时也许正是起到这样的作用。

如果说民国无锡工商经济发展，受到上海的辐射和影响，其文化氛围的形成，则更趋向于南京的传统与保守。钱锺书曾掩藏不住对南京的喜爱，盛赞其古都气象“京洛名都夸后起，略同北相贵南人”“山似论文法可师，古都气象此难追”[①]，陈源也曾经表示过喜欢南京的“城野不分明”，只恨“这次又匆匆地只住了一天”[②]。无锡本邑名士和无锡国专师生中很多也是“学衡派”主要社员（如廉泉、钱基博、胡焕庸、王庸、陈柱、钱仲联、吴其昌等[③]）。

从小成长于较为传统的氛围中（虽儒而有商，却“无经商暴富”[④]），受父亲的耳提面命，叔辈的耳濡目染，“腴人自肥，骄奢淫佚，天道所忌，人亦厌之”[⑤]，钱锺书的人生经验、著述论说及文化立场多有涉及优秀传统守护的方面。钱锺书在《还乡杂诗》（1934）中所写“索笑来寻记几回，装成七宝炫楼台。譬如禁体文章例，排比铺张未是才”[⑥]，他把梅园内“植梅树千株”[⑦] 视作铺张之举，显然在观念上与工商家族所认为的公园建

---

① 钱锺书. 槐聚诗存[M]. 北京：生活·读书·新知三联书店，2002：7.

② 西滢. 闲话：南京[N]. 现代评论，1925-10-03，2(13)：13.

③ 沈卫威.“学衡派”编年文事[M]. 南京：南京大学出版社，2015：444-447.

④ 陆阳. 钱孙卿集：孙庵年谱·孙庵私乘[M]. 刘桂秋，译. 北京：团结出版社，2016：130.

⑤ 陆阳. 钱孙卿集：孙庵年谱·孙庵私乘[M]. 刘桂秋，译. 北京：团结出版社，2016：130.

⑥ 钱锺书. 槐聚诗存[M]. 北京：生活·读书·新知三联书店，2002：1-2.

⑦ 1913 年，荣氏兄弟先后购地一百五十亩，植梅千余株。

设对社会教育的形成有“实益”有所不同。他还用抬杠幽默的笔法，表达了他的一些理趣的点评，“天下不愁没有雅人和俗人，只没有俗得有勇气的人”[①]，他站立于“人生的边上”，通过诗篇和文论流露出来的对趋时的社会风气的想法，同样起到了某种反驳作用。

3. 留学英法：对西方工商文明和“现代性”有深刻的明辨体悟

20世纪二三十年代，中国迎来了留学生归国潮，“每年夏天有一批中国留学生学成回国”[②]，钱锺书欧洲留学三年，对于民主和工业文明的发源地英国，有着较为深刻的认识，小说《猫》借傅聚卿的口，部分反映出钱锺书对西方文明的一些看法：

> 民治国家像英国罢，全国的报纸都操纵在一两个报阀的手里，这种报阀不是有头脑有良心的知识分子，不过是靠报纸来发财和扩大势力的野心资本家，哪里会主持什么公道？[③]

西方所谓的民治，只是一个漂亮的口号，其实质是野心的资本家们用来“发财”和“扩大势力”的漂亮装饰品。

正如一般人看来，保守的英国人自有文明优雅的优点，其绅士风度中却包含高人一等的心理优势，小说《猫》中傅聚卿说英国人“眼高于顶”[④]，牛津大学学生的“眼睛更高于高帽子顶”。其礼节礼貌只是出于一种习惯，并不贴心，骨子里却有着强烈的

---

① 钱锺书. 写在人生边上；人生边上的边上；石语[M]. 北京：生活·读书·新知三联书店，2002：72.

② 钱锺书. 围城 人·兽·鬼[M]. 北京：生活·读书·新知三联书店，2009：12.

③ 钱锺书. 围城 人·兽·鬼[M]. 北京：生活·读书·新知三联书店，2009：470.

④ 钱锺书. 围城 人·兽·鬼[M]. 北京：生活·读书·新知三联书店，2009：461.

阶层观念。对这一点，小说《围城》中也有所描述，方鸿渐英国留学时很想买一件皮外套而没买是因为：

> 在伦敦，男人穿皮外套而没有私人汽车，假使不像放印子钱的犹太人或打拳的黑人，人家就疑心是马戏班的演员，再不然就是开窑子的乌龟。①

英国人凭着这份优越感不免会对别人指指点点、布道“为善”，钱锺书则历数了安诺德、罗斯金、莫里斯、爱利恶德、墨瑞等等，都是这样的例子，其目的虽然纯正，“不妨有复杂的动机”②。钱锺书在英国牛津大学的学位论文《十七、十八世纪英国文学中的中国》中指出，英国人在17世纪对中国文化的迷恋，到了18世纪就大不一样了，特别体现于英国文学之中，完全是指责和嘲讽的口吻：

> It has often been said that England in the eighteenth century was Sinomaniac. But if our survey is correct, it is England in the Seventeeth century which showed high admiration for the Chinese. In eighteenth century English literature, as we shall have occasion to show, China is virtually stripped of all her glories.③（经常有人说，18世纪的英国有一股中国热。但是如果我们的调查是正确的话，对中国表示高度赞赏的是17世纪的英国。事实证明，在18世纪的英国文学中，中国几乎被剥夺了她所有的荣耀。）

---

① 钱锺书. 围城　人·兽·鬼[M]. 北京：生活·读书·新知三联书店，2009：53.

② 钱锺书. 写在人生边上；人生边上的边上；石语[M]. 北京：生活·读书·新知三联书店，2002：38.

③ 钱锺书. 钱锺书英文文集[M]. 北京：外语教学与研究出版社，2005：129-130.

18 世纪的英国人对于当时的中国，甚至连古老文明的历史，都予以质疑：

Their general verdict on Chinese character since Lord Anson's voyages is that it is " wily and crafty". Their general verdict on the antiquity of the Chinese is that it is a " boastful and pretentious fiction".[①]（自从安森勋爵航海以来，他们对中国人性格的总体评价是“狡猾狡诈的”，他们对古老中国的普遍看法，这是一部“自吹自擂的虚构小说”。）

而中国人对于欧洲文明的看法随着“开眼看世界”到大批留学生涌入欧洲，也在不断变化之中。如果说薛福成、黄遵宪、梁启超那一辈人视欧洲的制度文明为信仰的话，那么进入 20 世纪初期以后，受第二次工业革命的影响，西方逐渐发展为寡头资本主义，人们更多地看到了欧洲的社会矛盾在加剧，留学英国的人们对其观感已经有所不一样了，许地山、陈源、徐志摩、老舍、钱锺书、萧乾等，在他们的文学作品中留存了些英国文化的红细胞（诸如他们善于渲染、擅长幽默等），但是他们对于以英国这老牌工业帝国为代表的西方文明，从制度到文化都有着更深入的看法：陈源借威尔斯的口说“民主政治并不是万能的圣药”[②]；老舍在他的《英国人》中说“（英国人）他的礼貌与体面是一种武器，使人不敢离他太近了”[③]；连深爱康桥的徐志摩也感叹“我爱欧化，然我不恋欧洲；此地景物已非，不如归去：家乡有长梗菜

① 钱锺书. 钱锺书英文文集[M]. 北京：外语教学与研究出版社，2005：202-203.

② 西滢. 中山先生大殡给我的感想[N]. 现代评论，1925-04-11，1(18)：4.

③ 老舍. 老舍散文[M]. 西安：太白文艺出版社，2012：32.

饭，米酒肥羔，此地景物已非，不堪存想”[①]。年轻的钱锺书直言好引“西洋制度名物”的黄公度诗，其实是食“西”不化，却未能真正领悟其精髓：

> 差能说西洋制度名物，掎摭声光电化诸学，以为点缀，而于西人风雅之妙、性理之微，实少解会。故其诗有新事物，而无新理致。[②]

如此，我们就不难理解为什么钱锺书1938年3月给牛津同窗斯图尔特的信上说“Still, one's lot is with one's own people（人的遭遇，终究是和祖国人民结连在一起的）”[③]，多次拒绝接受牛津大学汉学家K. G. 斯波尔丁的邀请，很多年以后，杨绛再道原委：

> 我们不愿意逃跑，只是不愿去父母之邦，撇不开自家人。我国是国耻重重的弱国，跑出去仰人鼻息，做二等公民，我们不愿意。我们是文化人，爱祖国的文化，爱祖国的文学，爱祖国的语言。[④]

说到底，他们的文化之根在中国，从根而生，内心是踏实而安定的。

同时我们也能看到，三年短暂的留学生涯使钱锺书具有了双重的视野和时常比较的目光，比如他有他的“故土情怀”，却不能忍受不中不洋“形式上”的效仿。他认为：西方的观念、制度

---

① 徐志摩著，顾永棣编. 徐志摩全集：全六册[M]. 杭州：浙江人民出版社，2015：363.

② 钱锺书. 谈艺录[M]. 2版. 北京：生活·读书·新知三联书店，2008：69.

③ 吴学昭. 听杨绛谈往事[M]. 北京：生活·读书·新知三联书店，2008：229.

④ 杨绛. 我们仨[M]. 北京：生活·读书·新知三联书店，2003：122.

或者器物等，甚至是用来“遮丑”的文凭，到了中国便会“入乡随俗”，借赵辛楣的口说“外国一切好东西到中国没有不走样的”“中国真利害，天下无敌手，外国东西来一件，毁一件”[①]，表面的效仿只能是“画虎画皮”而已，而人们的思想观念，未必有实质性的改变。

4. 堕落颓废：“病根在人性，不在物质文明”

五四运动以后，文学抒写者从“人的觉醒”到“人的文学”的提出，到后来左翼文学思潮的兴起，出现了诸如自由、民主、科学、个性、反抗、人道、阶级、革命、解放等多个让人为之努力奋斗的语词，曾经的“启蒙”内涵变得多元化。接连两次世界大战的爆发，人们意识到了仅仅依靠“启蒙”所谓的觉醒和革命终将会破产，“启蒙”可以作为一种方法和手段，却有其照顾不到的地方——启蒙自有功利性。在一个并不具有良好秩序的社会情境下，“启蒙”的结果可能会偏离初衷：激发了人性中原始潜藏的贪婪、自私、欺骗、虚荣、懦弱、自傲等，却无法被有效遏制。

农业宗法化的社会秩序已经逐步瓦解，工商社会的自助体系尚未能完全建立。在工业文明现实利益的驱使下，很多人放弃了某种坚守，旧的传统从内容（儒家传统）到形式（科举、文言）被推翻，人们被呐喊喊出了“铁屋子”，决心抛弃原有的传统和信仰，却被强光照耀得找不到北，是往西行还是向东走，很多人在试探着路径：胡适提出“进研究室”“整理国故”的主张；周作人《中国新文学的源流》中的追根溯源；章太炎苏州国学讲习所

---

① 钱锺书. 围城 人·兽·鬼[M]. 北京：生活·读书·新知三联书店，2009：246.

的创办……加上当时国民政府推行的“新生活运动”等等。如此种种，都未见明显成效。

钱锺书《围城》创作于20世纪40年代的上海，书中或多或少描绘了江南城镇的商业化，经济结构的转型无疑给作家们更大的描述空间，面对新旧杂陈的社会，人们心情极为复杂：人们一边对小镇的落后不满，“规矩”太多，到处充满了“落伍的时髦，乡气的都市化”，一边对于传统乡绅很是恭敬，方鸿渐的准岳父周经理是个在沪商人，方周两家的联姻，周家看中了方家的书香门第，“旅沪同乡的商人素仰方老先生之名，送钱的不少”①，一边享受着经济发展后便利的物质生活（如开通电话、沪宁线通车），一方面又对商人骂骂咧咧“市侩”“俗物”②，等等。

关于世风的变化，很多人开始指责是“物化”“器物”的诱使。于是传统主义者试图回到传统寻求获得的途径，浪漫主义者则试图构建美善人性的精神家园来抵挡来势汹汹的“人性异化”，新旧文化阵营中的人们都在进行理性反思。但这些指责，预设了商人有获利的动机必然导致手段的卑劣，其实质和过去农耕社会所认为的“商”属末流的观念一致。对于“物化”和获利者，人们形成了简单化的对立情绪，但是政客、军阀等也有其目的动机，为达目的同样也各有手段。人性的弱点，不是工商经济发展后的产物，也不是物质文明兴起后才被发现的“新见”，关于这一点钱锺书在1946年写给《观察》杂志主编的储安平的信中说得很透彻：

浪漫主义者主张屏弃物质文明，亦误以为物质文明能使

① 钱锺书. 围城 人·兽·鬼[M]. 北京：生活·读书·新知三联书店，2009：51.
② 钱锺书. 围城 人·兽·鬼[M]. 北京：生活·读书·新知三联书店，2009：52.

> 人性堕落，不知物质只是人性利用厚生之工具，病根在人性，不在物质文明；石斧石箭杀人之效果不如原子弹，然而用石斧石箭之原始人与用原子弹之文明人，其存心一也。苏格拉底谓知识即道德，培根谓知识即权力；如何使权力之应用不违于道德（virtuous use of power），此乃古来文化及教育之大问题，于今尤急需解决而无法解决者。古人有言，“明体达用”，用之学问（所谓 technology），日进千里，体之学问（humanities），仍守故步，例如亚理士多德之《物理学》，无人问津，而亚理士多德之《伦理学》，仍可开卷有益。[①]

在钱锺书看来，人性是很难改变的，如果有所不同的话，那是在不同的生产力发展和生产资料的储备下，会有手段上和方式上的不同。钱锺书将这样的现象演绎在自己的小说里，而他的忧虑则反映在一些文论当中，虽没有明确解决之道，却也指出了方向：“古来文化及教育之大问题，于今尤急需解决而无法解决者”，暗示了“亚理士多德之《伦理学》，仍可开卷有益”，意在人文科学直指人的内心世界，着眼于人的本质存在和社会长远发展，这也是自然科学和人文学科有着“用”“体”之别的根本原因，其表现的结果为前者“日进千里”，后者“仍守故步”。

工商业发展是近现代思想革命、文化革命产生的经济基础。以生产力发展和科技进步为先决条件，其结果是用遵循市场规律和采用契约等方式逐步取代过去的农耕经济和封建长官意志，建立一种新的社会秩序，平等、民主、法治、合作、敬业、信用、

① 钱锺书.钱锺书散文[M].杭州：浙江文艺出版社，1997：411-412.

创新、责任是其组成的“基因”①，这将引起对过去农耕文明彻底的大变革。但这是一个异常复杂的转型过程。

而吴文化自古就是一种复合型文化，其开放兼容、智慧灵动、务实进取等特征受到上海商埠经济圈的刺激和强化，掺和着儒文化中固守本土的家国情怀，在多种因素融通作用下，造就了无锡在近现代特有的区域文化特征。这也是成就其百年工商传奇的文化动因。

所以，近现代无锡的快速发展是民族工商业文明和吴文化共同作用后的结果，同时受到时代大环境的影响。20 世纪前期的中国社会，因为种种众所周知的因素，工业化进程并不完全发展，商业化的正常秩序尚未建立，开启民智尚还远远不够，而占大多数的农民和工人还在贫困线上挣扎，实现个体的自由独立意志、恢复礼仪美善之邦的称誉尚无法落到实处。一些学者认为“社会秩序的重建一般包括三个维度的重建：社会结构的重组、社会资源分配机制的变革和价值观念的变迁”②，而 20 世纪上半叶，在前两者未能夯实的基础上，“价值观念的变迁”显然也是不可能充分的。

钱锺书生活的年代处于工商文明崛起之时，新旧文化冲突交融之际，他有他的坚持，他的目光却始终是发展的，他反对“浮于形式”的求新，主张有弹性的语言载体，主张打通，是因为“论难一概”；他不崇尚时论，不迷信权威，是因为“论难一概”；他反对“学人之诗”“学人小说”，认为“文人慧悟逾于学士穷研”③，文人的“奇情妙想”不囿于见地，更是因为“论难一概”。

① 李炜光. 工商文明的基因[J]. 读书，2011(2)：23.

② 郭星华，刘朔. 社会秩序的恢复与重建[J]. 国家行政学院学报，2017(5)：61.

③ 钱锺书. 管锥编：2 册[M]. 2 版. 北京：生活・读书・新知三联书店，2007：761.

钱锺书是复合型的学术大家，同时也是文学家。他试图打破一切框架，超越历史社会学的姿态，用文学之笔抒写“某一部分社会”“某一类人物”，触发人们反思的可能性。他坚持艺术的本体观，以审美的姿态去对待文学，不主张将一切事务纳入既定的范畴和意识形态的范围。他的“不划界”可以和近现代吴文化中“开放包容”“务实”相对应，其“自反现代性”和工商文化中“平等”“发展”相应和，其“写在人生边上”又和传统吴文化中“谦和礼让”一脉相承，其“脱然两忘”的文化追求又体现了他受南方文化圈的诸多影响……钱锺书的思想境界和近现代无锡的区域文化不无关联，但同时又超越了区域性的本土文化。

传统文教家庭出生的钱锺书从年轻时的“狂狷”到之后的“圆通”，其理想始终是坚持做一个纯粹的文化人。也许他的轻松心态、勤奋坚持和博闻强识，成就了他的“绝圣弃智”，使他站立于社会人生“边上”，看着这块土地上的人们在现实世界中沉浮，忍不住地发出机智的点醒和顽皮的揶揄，“论难一概”“不隔”“自反现代性”“人生边上”“日新日古”……终其一生，他坚持文学本位，抒写倾向于“化境”的旨趣；他接受工商文明，认为堕落颓废的根源不在“物质文明”，因为他更清楚地了解人性；他自幼受家学庭训，深悟“体”“用”之义，重视教育和精神引导的作用……这是他在近现代工商文明兴起之初特殊的历史情境下的文化选择，这就是钱锺书。

第八章

通俗文学家王蕴章

王蕴章是钱基博的堂内兄。钱基博对他的才学甚是了解，他在《现代中国文学史》上论述《词》一章的时候，曾经这么评价王的词章成就：

> 余杭徐珂仲可、淳安邵瑞彭次公、无锡王蕴章西神亦皆以词有名，年辈差次，而归趣略同。①

王蕴章的才学不仅仅体现于诗词楹联本身，在他的编典办报、撰文著述、任教办学等方面也多有显现。无虚生曾评之“西神残客以词章名手为小说家言，吐辞隽永，名著一时”②。郑逸梅也曾赞叹“予于时彦小品，颇喜梁溪西神残客王莼农之词翰赡丽，饶有六朝烟水气”③，等等。他任编辑时期的《小说月报》风格独特，他被后人称为“鸳鸯蝴蝶派”等近现代通俗文学家代表人物。

时至今日，研究者们对于包括“鸳鸯蝴蝶派”在内的中国近

---

① 钱基博.现代中国文学史：外一种：明代文学[M].北京：商务印书馆，2011：357.

② 无虚生.说海披沙[N].星期，1922(39)：1.

③ 郑逸梅.郑逸梅选集：第四卷[M].哈尔滨：黑龙江人民出版社，2001：568.

现代通俗文学的定义更趋于历史性的解读：

> 以清末民初大都市工商经济发展为基础得以滋长繁荣的，在内容上以传统心理机制为核心的，在形式上继承中国古代小说传统为模式的文人创作或经文人加工再创造的作品；在功能上侧重于趣味性、娱乐性、知识性和可读性，但也顾及“寓教于乐”的惩恶劝善效应；基于符合民族欣赏习惯的优势，形成了以广大市民层为主的读者群，是一种被他们视为精神消费品的，也必然会反映他们的社会价值观的商品性文学。①

在20世纪80年代以后的“重写文学史”阶段，以范伯群的《中国近现代通俗文学史》出版为标志，中国近现代通俗文学一支被正式列入了文学的范畴，也填补了过去通俗文学研究阙如的空白，而王蕴章作为中国近代通俗文学家代表，其文学方面的成就也是值得书写的。

一、西神二泉：山水为号以词闻名

（一）嘉乐堂王氏走出的词章名家

王蕴章（1884—1942），无锡人，字莼农，别号西神②残客（简称“西神”）、二泉③亭长、五湖长、洗尘等，斋名也有很多，

① 范伯群. 四十年代方型刊物代表作家——王小逸[M]. 南京：南京出版社，1994：1-2.

② 无锡惠山，古称西神山，王蕴章是无锡人，以此自号。

③ 无锡惠山“天下第二泉”设有“二泉亭”“漪澜堂”等建筑，王蕴章故自号“二泉亭长”，他的很多别号源自无锡。

如莼庐、篁冷轩、古健羡斋、玉晚香簃、秋云平室、菊影楼、云外朱楼等。他出生无锡的诗书之家，从小聪明颖悟，才华横溢，光绪二十八年（1902），16 岁（实岁）时便中副榜[①]举人。他多才多艺，善于词章之学，精通英语，擅长书法等。上海的商务印书馆曾经出版各种英文字典，“卷首都有王蕴章做的一篇序，骈四俪六，对仗绝工，词藻华丽，几乎成了惯例，好像非此不足以显示这部字典内容的精湛渊博”[②]，以王序为英文词典增色，其受欢迎程度，可见一斑。

王蕴章出生无锡小娄巷的嘉乐堂王氏家族。嘉乐堂王氏家族，无锡王义簪先生曾经考证，北宋时期，嘉乐堂王氏的先祖“北宋年间本支王氏为避北方战乱，南迁江东浙江，定居绍兴府嵊县。元朝元贞二年（1296）又自绍兴迁居无锡，距今已 700 多年”[③]，这位先祖名叫王昇，世居在“莲蓉湖地区，锡城北门，江阴巷，大河池一带”。明朝万历年间，王昇的后人置宅无锡城中小河上（今崇宁路），其后门直通小娄巷（17、19 号），其楠木厅命名为“嘉乐堂”[④]，后世称嘉乐堂王氏。嘉乐堂王氏家训为“孝悌为田，廉耻为本，读书乃第一义”[⑤]，家族以读书为正道，家学深厚。据相关研究考证，嘉乐堂王氏后辈名人众多，有中科院学部委员王序、中科院院士王迅、“当代毕昇”王选、西点军校毕业的著名爱国将领王庚等。

---

① 光绪壬寅补行庚子辛丑恩正两科江南乡试官板题名全录[N]. 申报(10603 号). 1902-10-24(光绪廿八年九月廿三日)(3).

② 谢菊曾. 十里洋场的侧影——虹居随笔[M]. 广州：花城出版社，1983：50.

③ 王义簪. 续修无锡嘉乐堂王氏宗支谱纪要[J]. 祠堂博览：春之卷，2008(16)：30.

④ 嘉乐堂在明时属谈氏“万备堂”，雍正四年(1726)丰亭公在其西建“章庆堂”转盘楼，后归秦氏。

⑤ 王义簪. 续修无锡嘉乐堂王氏宗支谱纪要[J]. 祠堂博览：春之卷，2008(16)：31.

关于无锡王氏，薛福成的《庸庵文编》中的《诰授奉直大夫户部云南司主事王君墓志铭》有一段：

> 君讳繂，字莘锄，无锡王氏，其先盖出自裘氏，县人称其族曰裘王，所以别于王氏也。①

故有一说，王蕴章的祖上王氏本姓裘②。而这里的王繂（1833—1880）应是王蕴章的大伯父。钱基博在他写给女儿的钱钟霞和石声淮"证婚书"《金玉缘谱》中曾经说过：

> 顾太夫人善承夫子以生三子：长子莘锄先生，以名进士官户部郎，一出为福建乡试主考。次旭丹先生，以诸生官浙江同知，而与盛杏荪雅故，筦领苏州电报局二十年：是即西神阿舅之父也。尔外祖篑唐先生其季，亦以制举文有声南北，称名师。③

从这一段文字，我们可以看出王蕴章祖父王以铨（字伯渟，号柏亭）有三子：长子王繂（字德仔，号莘锄④）、次子王旭丹（王蕴章父亲）、三子王缜（字道平，篑唐先生，钱锺书母亲王蕴清的父亲）。王繂是王蕴章的伯父，而钱锺书的外祖父篑唐先生则是王蕴章的叔叔，所以王蕴章是钱基博的堂内兄，早年关系上

① 薛福成.诰授奉直大夫户部云南司主事王君墓志铭[M]//庸庵文编：卷四.刻本.1888(光绪十四年)：35.

② 2015年11月8日，无锡《江南晚报》记者黄孝萍撰文《百余年前的王氏嘉乐堂家谱现身》称无锡一邑人家中藏有《王氏宗》五本家谱，谱中有述嘉乐堂王氏本姓裘，元末战乱从绍兴嵊县来无锡，后被无锡一王氏人家（王友直）收留，为表感恩，改姓为王，名昇，别号思裘者，他认无锡王氏前两代人为一世和二世，王昇为三世。因之后未见实谱，此说待考。

③ 钱基博.金玉缘谱[J].伉俪月刊，1947(8)：24-25.

④ 王繂(1833—1880)，字德仔，号莘鉏(锄)，江苏无锡人。清同治二年(1863)癸亥恩科殿试二甲第六十名，赐进士出身，同科张之洞是探花。

十分亲近。钱基博常常在王蕴章所主编的《小说月报》《妇女杂志》上发表小说，当时因受到林纾连续刊发武侠作品《技击余闻》的影响，“顿觉技痒”，发表武侠小说《技击余闻补》多篇。钱锺书大概小时候常听长辈说起这位长辈，些许受到了王蕴章的影响，看书常常有趣第一，从小很喜欢看侦破、侠义类小说。

关于王蕴章的伯父王綍的为人，自有儒生清高之气，也不无自负：

> （王綍）尝语其弟综曰，吾生平无他长，惟不竞进取，差足自信，今世俗最重师生谊，吾有师在枢府，而未跻华秩，有师在户部而未获优差，吾死当以是铭吾墓铭。[①]

“以道自守”，并不汲汲于自己的功名，薛福成评之“默抱孤芳，离俗超群”[②]，他的诗书之气和超脱旷达也影响着家人和后辈。

（二）接受新学再显语言天赋

和那个时代的很多人一样，王蕴章受家学家风熏陶颇深，早年走科举路途，之后进入准新式学堂——苏州苏垣高等学堂（江苏高等学堂）预科学习，于光绪三十二年（1906）二月顺利毕业，名列六十分以上的优等生第三名，与其兄王蕴曾[③]同列（王蕴曾优等第五名）[④]。清末的此类高等学校预科是照搬日本的大学预科制度，“功课略仿日本之意，以此项学校造就学生，为大学

---

① 薛福成. 诰授奉直大夫户部云南司主事王君墓志铭（庚辰）. 庸庵文编：卷四[M]. 刻本. 1888（光绪十四年）：36.

② 薛福成. 诰授奉直大夫户部云南司主事王君墓志铭（庚辰）. 庸庵文编：卷四[M]. 刻本. 1888（光绪十四年）：36.

③ 王蕴曾（1881—?），字卓民，王蕴章兄。

④ 苏垣高等学堂预科毕业生案揭晓[N]. 申报，1906-02-08.

之预备科”[①]，日本当时大学预科分为三部六科，“第一部为文法两科，曰伦理、曰国语及汉文、曰英语、曰德语、曰法语（德法语言许学生择一而学之）……第二部为工理农三科，曰伦理、曰国语及汉文、曰英语、曰德语、曰法语（德法不必兼习）……第三部为医科，曰伦理、曰国语及汉文、曰德语、曰法语（不习亦可）、曰罗甸语……”[②] 无论是哪一部都很重视语言的学习。在这里，王蕴章接触了西学，凭借自己特有的语言禀赋，毕业考试成绩优异，他除了深谙词章之学外，还精通英语，早年曾经有英语教习的经历，曾经和奚若一起译订过《简要英文法教科书》（附汉文释义，1912）。

二、夹缝求生：二任《小说月报》主编

光绪三十三年（1907），王蕴章到沪，从此以后一直活跃于报界和文艺界，社会活动频繁。初到上海的时候，王蕴章给《小说林》等杂志投稿，终于在第五期上刊登了他的一篇译作《绿林侠谭》[③]，随后他准备在报业一展身手。1910 年任《小说月报》[④] 编辑，参与《辞源》编刊首版工作。同年和其兄王蕴曾一起通过柳亚子的介绍，加入当时的资产阶级文化社团“南社”。

1912 年王蕴章曾经在中华民国临时政府出任秘书，但他很快

---

① (清)张百熙. 奏办京师大学堂情形折(未完)[J]. 选报，1902(9)：24.

② 王宝平. 晚清中国人日本考察记集成：教育考察记[M]. 杭州：杭州大学出版社，1999：34-35.

③ 王蕴章. 绿林侠谭[J]. 小说林，1907(5)：1-6.

④ 《小说月报》1910 年 8 月 29 日（宣统二年七月二十五日初版）创刊于上海，1932 年 1 月 28 日（正在装订的《小说月报》第二十二卷第一期因遭到日本侵略者的炮火而被毁灭）停刊。

意识到“此中非吾辈书生所宜处”①，他看清楚了当时状况，民国新立，但是整个社会不是他们理想的状态。此时也正是南北议和之际，1912 年 2 月清帝退位，孙中山辞职，3 月份袁世凯在北京就任临时大总统，4 月南京临时政府迁至北京。王蕴章去职，之后随沈缦云②到南洋。

在上海，王蕴章在与商务印书馆合作的同时，还和同乡邑人孙毓修、银行家沈缦云等人多有交往。王蕴章在编撰完《小说月报》1911 年的最后一期③之后，受到沈缦云的邀请，去国离家到南洋经商游历了十个月左右。“岁在癸丑（1913），余重入涵芬楼，与君一见如故”④，“（1912 年）十月二十七日，第七次雅集，在上海愚园，到者三十五人。改推高燮、柳亚子、王蕴章为编辑员……”⑤ 这两段话的意思是 1912 年王蕴章参加了第七次南社雅集，1913 年王蕴章回到了《小说月报》编辑部涵芬楼图书馆继续当编辑，民国六年（1917），武进恽铁樵（树珏）因爱子病殇离开后，王蕴章续任主编一职，即从 1918 年第 1 号到 1920 年第 12 号。王蕴章 1910—1911 年、1918—1920 年两度担任《小说月报》编辑期间，一共主编了 55 期。

王蕴章主编的《小说月报》是《绣像小说》风格的进一步发

---

① 西神（王蕴章）. 挽叶惠钧先生[N]. 新闻报，1932-07-30.

② 沈缦云（1869—1915），原名张祥飞，出生于吴县，祖籍无锡，辛亥革命志士。沈缦云和王蕴章是远亲关系，沈缦云入赘沈家娶了沈方玉长女，王蕴章兄王蕴登娶了沈方玉次女，故王蕴登和沈缦云是连襟关系。王蕴章兄王蕴登在沈缦云去世后为之写墓志铭。

③ 即《小说月报》第 2 卷第 12 期，虽是 1911 年最后一期，实际发行时间是辛亥年十一月二十五日，即 1912 年 2 月 12 日。

④ 西神. 黄垆读书记：一[N]. 申报，1925-01-30(12).

⑤ 郑逸梅. 南社丛谈[M]. 上海：上海人民出版社，1981：71-72.

展，他也曾经在第 1 号中这么陈述“编辑大意”（办刊宗旨）：

> 本馆旧有绣像小说之刊，欢迎一时，嗣响遽寂，用广前例，辑成是报。匪曰丹稗，黄说滥觞。虞初庶几，撮壤涓流，贡诸社会。本报以迻译名作、缀述旧闻、灌输新理、增进常识为宗旨。
>
> 本报各种小说皆敦请名人分门担任，材料丰富，趣味醲深，其体裁则长篇、短篇、文言、白话、著作、翻译，无美不搜；其内容则侦探、言情、政治、历史、科学、社会各种皆备。末更附以译丛、杂纂、笔记、文苑新智识、传奇、改良新剧诸门类，广说部之范围，助报余之采撷。每期限于篇幅，虽不能一一登载，至少必在八种以上。
>
> 本报卷首插图数页，选择綦严，不尚俗艳，专取名人书画以及风景古迹，足以唤起特别之观念者。
>
> 本报月出一册，每册以八十页至一百页为率，装订华美，刷印精良，字数约在六万左右。
>
> 本报月出一册，每册售银一角五分，外埠加邮费二分，预定全年银一元五角，邮费二角四分，遇闰照加。①

其中把“小说”作为办刊的主要类目，还有译作、逸事、笔记、戏剧等，甚至宣传新兴思想，以“灌输新理、增进常识”，内容范围还是比较宽泛的。《小说月报》依托商务印书馆这个当时比较受欢迎的出版平台，得到了很多人的青眯，广泛地代表了当时市民阶层的阅读喜好，也符合当时一批旧式文人的审美趣味。我们查阅当时其前期主要的撰稿人名单，大多数是南社成员

---

① 编辑大意[N]. 小说月报，1910-08-29，1(1)：1.

以及商务印书馆的编者，如柳亚子、徐珂、周瘦鹃、姚鹓雏、徐枕亚、许指严、成舍我、胡朴安、胡寄尘、范烟桥等，也有一些其他人员，如林纾曾经在《小说月报》上翻译了大量作品，鲁迅先生用“周逴”为笔名写成的唯一的一篇文言文小说《怀旧》也是发表在《小说月报》[①] 上的，还受到了恽铁樵的高度赏识，直呼“用笔之活可作金针度人”“转弯处俱见笔力”[②] “亟宜以此等文字乐之”[③] 云云。《小说月报》选文风格明确，有人称之为“鸳鸯蝴蝶派”的大本营。

王蕴章主编时期的《小说月报》开启了稿件分级分等给予稿酬的先例，他在第一卷第一号中就张贴《征文通告》，阐明宗旨、支付稿酬：

> 现一一身，说一一法，幻云烟于笔端，涌华严于弹指，小说之功伟矣……中选者当分四等酬谢，甲等每千字酬银五元；乙等每千字酬银四元；丙等每千字酬银三元；丁等每千字酬银二元。[④]

“涌华严”，宣扬道理是其秉承的小说理念，而这种稿酬制度更体现了他的创意，之后诸报刊也纷纷效仿，促使当时一大批文人身份角色转型，趋向于职业化，成为“职业作家”。

民国四年（1915），王蕴章又腾出手来开始为《妇女杂志》[⑤] 负责编辑工作，直到 1920 年离开商务印书馆。民国十二年（1923），开始任《新闻报》（1893 年 2 月 17 日—1949 年 5 月，上

---

① 周逴(鲁迅). 怀旧[J]. 小说月报,1913-04-25,4(1).

② 周逴(鲁迅). 怀旧[J]. 小说月报,1913-04-25,4(1)：6.

③ 周逴(鲁迅). 怀旧[J]. 小说月报,1913-04-25,4(1)：7.

④ 征文通告[J]. 小说月报,1910(1)：1.

⑤ 《妇女杂志》：1915 年 1 月 15 日—1931 年 12 月。

海）的编辑。当时的《新闻报》和《申报》《时报》是上海最主要的报纸，这些报纸的副刊《快活林》《自由谈》《图画周刊》都掌握在鸳鸯蝴蝶派文人手中。王蕴章的作品在当时的影响力很广泛，除了主要在这几份报纸杂志上发表，其他的还有《双星》《礼拜六》《小说丛报》《国学杂志》《东方杂志》《小说海》《小说新报》《七襄》等，多有诗词、轶事、传奇、科普、译作等内容。

1920 年离开商务印书馆后，王蕴章就开始在沪江大学、南方大学、神州女学等执鞭任教，曾经教过诗词国学、文学史、国学概论等。1926 年，出任正风中学校长。1928 年创办正风文科大学（1929 年改称正风文学院），同时他还兼任了中华女子中学、振德女子中学等多所学校的校董等管理职务。这段时间王蕴章非常繁忙。正风文学院是上海唯一的教授国文和国学的学校，这和 1920 年创办的无锡国专可谓遥相呼应。正风文学院的师资阵容堪称豪华：胡朴安、胡寄尘兄弟，朱香晚、姚明辉、钱基博、吕思勉、潘兰史、陈祖壬、陈彦通等。这些和王蕴章的真诚邀请和运作是分不开的，坚持国学，在那个时期或许是一股“逆流”，但是在王蕴章那里却很正常。从小受到传统国学熏陶，文化浸润，加上他自身颖悟，在这些方面，王蕴章和钱基博两人更合拍，也曾经有着较多的共同语言。

除了主编《小说月报》《妇女杂志》，王蕴章还曾经先后担任过《正谊》（1914—1915 年，月刊）、《小说丛报》（1914—1919 年，月刊）、《礼拜六》（1914—1916 年，周六出版，前后 100 期，共 200 期）、《快活林》（1914 年—?），《新闻报》（副刊，“一·二八”后改名“新园林”）、《小说海》（1915—1917 年，月刊）、《小说新报》（1915—1922 年，曾停一年，共 94 期）、《双星》（1915 年，共 4 期）、《家庭杂志》（1915 年—?，月刊共 12 期）、《春声》

（1916 年，月刊，共 6 期）、《晶报》（1919 年—？，原《神州日报》副刊三日刊）、《半月》（1921—1925 年，4 卷各 24 期，共 96 期）、《红杂志》（1922—1924 年，周刊共 100 期，外纪念号增刊 1 期）、《最小报》（1922 年—？，约 200 期）、《小说世界》（1923—1929 年，周刊）、《侦探世界》（1923—1924 年，半月刊，共 24 期）、《钟声》（1923 年，周刊，共 17 期）、《星光》（1923 年，"星社"刊物，苏州发行，上下两集）、《星报》（1926—1927 年，"星社"刊物，苏州，三日刊，共 25 期）、《快活》（1923 年—？，共 36 期）、《月亮》（1924 年—？，月刊，逢阴历十五出版，共三期）、《蔷薇花》（1924 年—？，仅 1 期）、《小说季刊》（1926 年，共 2 期）、《太平洋画报》（1926 年—？，月刊，共 2 期）、《珊瑚》（1932—1934 年，共 48 期）、《金刚钻月刊》（1933—1935 年，共 16 期）的主笔。

通过王蕴章所主笔的这些刊物，我们不难发现其中有很多没出几期就没有了后续，可见当时这类刊物的办刊生态，商务印书馆运作下的《小说月报》能坚持 20 年左右，有多方面的原因，实属不易。

（一）民初沪上：西方文明和大众文化交错影响

100 多年前的上海，很多人认为它是一个魔都，是冒险家和梦想家的天堂。鸦片战争后 1843 年上海被迫开埠，外国洋行和商号进驻上海，数量迅速增加，同时也刺激了国内的民族资本家的觉醒。太平天国运动后，很多人失去了土地，流离失所，一批批商旅文人也来到了上海，努力打开一片天地。他们引进国外先进的机器设备和管理模式，各类商号迅速崛起，布行、五金店、丝行、茶楼、戏院、餐馆等云集，各种标志着西方文明印记的载体，煤气灯、电话、自来水、汽车、电车、百货公司、摩天大楼进驻上海，使得国人的目力所及之处，一次又一次被刷新，十里洋场、商业繁盛，消费滋长，纸醉金迷。

当时的上海已然成了周边城市的经济文化中心，成了一个移民社会，特别是具有“治外法权”的华洋杂居地带，中西对流，此种环境促使文化更为开放和自由。商人群体崛起，市民阶层扩大，他们越来越具有影响力，在忙碌之余，他们乐于在休闲娱乐性小说中消遣时光、了解新兴的物质文化与思想文明。

在消遣娱乐性阅读市场需求与文人的谋生需求双重刺激下，产生的文艺作品必然带着大众化、娱乐性、趣味性的特质。上海成为近代消遣文学的温床土壤。此时的印刷效率也极大提高，推进了出版业的发展，上海的出版社、报业、书局队伍蓬勃兴起且壮大，他们大多集中在上海福州路一带[①]，有《东方杂志》《月月小说》《绣像小说》《小说林》《笑林报》《海上奇书》等。繁盛期的《绣像小说》每期发行量可以高达 3 000 本。吴趼人、李伯元、曾朴等也陆续来到上海，他们办报、写小说，他们中的很多人还都有类似经商的经历，这些都丰富了他们对当时社会的思考内容。

（二）革新意识：“改良新剧”等过渡性的文艺价值

在上海，王蕴章与伶人多有交往，他试图在戏曲上有所创新，主要在于“改良新剧”。《小说月报》创刊时设置的栏目有译丛、笔记、文苑、新智识、传奇、改良新剧等。其中“改良新剧”就是新设定的栏目，目的是“广说部之范围”，打开销路，增加受众。《小说月报》《妇女杂志》中新剧改良成分多是温和的

① 中华书局、商务印书馆、时报馆、有正书局都曾在此地。

劝解，类似思想革新的教科书。此外还多有国外的译作，如《小说月报》第一卷中就有徐卓呆的译作《遗嘱》（迈依休著）等，大量发表译作，在同类的杂志中是属于比较早的。

除了内容思想的革新外，形式上，《小说月报》采用了白话的语言表述、对话的形式表达、标点的句读分隔等等革新手段，这些在推动中国自身的话剧成长方面起到了推动作用，所以《小说月报》也曾被后人评价为中国话剧剧本的发祥地，开辟了五四运动以后所倡导的“新话剧”的先河。

早在1904年，南社文人陈去病、柳亚子创办了我国最早的戏剧专门杂志《二十世纪大舞台》，在《发刊词》中说：

> 今所组织，实于全国社会思想之根据地崛起异军，拔赵帜而树汉帜。他日民智大开，河山还我，建独立之阁，撞自由之钟，以演光复旧物、推倒虏朝之壮剧快剧，则中国万岁！《二十世纪大舞台》万岁！①

陈去病、柳亚子主张用戏剧为资产阶级民主革命服务，启蒙民众，救亡图存，注重其教化功能，虽然出版两期就被清政府禁止，但其对于中国戏剧的推动作用是毋庸置疑的。1906年，清政府的学部正式在《奏定各省教育会章程》中提出了改良戏曲、歌谣等，准备筹设图书馆，来推进教育普及②。这算是得到了官方的正式回应。在此背景下，《小说月报》中新增“改良新剧”显得顺应潮流、顺理成章。从1910年创刊到1911年第12号，以小说为主的《小说月报》，其“改良新剧”栏目一直赫然在刊，但是收

---

① 亚庐(柳亚子). 发刊词[J]. 二十世纪大舞台，1904(1)：1-5.

② 政书通辑卷五(光绪三十二年)：学部奏定教育会章程[N]. 政艺通报，1906，5(14)：11.

入作品的内容较为宽泛，为的是赢得更为广泛的读者。

（三）时代印迹：前后编辑的风格变化

王蕴章前后两次担任《小说月报》主编，也可以视为其编辑的两个阶段，第一阶段就是在去南洋前，第二阶段是回上海后。

1910 年王蕴章第一次主编《小说月报》时，正值辛亥革命时期，他多少保持着精英意识，内容上与时相趋，具有时代精神，形式上以词章入小说，追究典雅，哪怕杂志封面的美女图都赶紧撤换，其销售量不断攀升。当时小说的地位也在逐步提升，自 1902 年 11 月梁启超发表《论小说与群治之关系》[①] 后，人们看到了小说对于社会改革和社会进步的积极作用，小说由过去的“小道”跻身为“文学”之列。

《小说月报》包罗万象的内容、时新的编辑意图和出版风格都得到了市场的认可。但是这种初次办刊时力图保持的编辑精英意识、出版社运营作用和当时读者口味之间的平衡，几年之后就被蓬勃而起的革新风潮所打破。

1918 年左右，王蕴章第二次临危受命接手主编《小说月报》时，已经显示出力不从心了。一则，撰稿人群体发生了变化。王蕴章二任《小说月报》编辑以后，他身边聚拢了一批晚期常州词派的代表人物，风格守旧，还设立了“小说俱乐部”“小说题画”“小说征文”等栏目，用以刊登“鸳鸯蝴蝶派”小说，以至于后人把王蕴章归为“鸳鸯蝴蝶派”代表人物。虽然 1921 年接任《小说月刊》主编职务的茅盾认为王蕴章不是“鸳鸯蝴蝶派”，和真正意义上的“鸳鸯蝴蝶派”有区别，但还是属于“旧文人一

① 梁启超. 论小说与群治之关系[J]. 新小说，1902，1(1)：24-31.

类”“从他的诗、词与杂纂掌故之书，可以断定”[①]，同时王蕴章也曾经为自己申辩“对新旧文学并无成见”“他不是‘礼拜六派’，但因《小说月报》一向是‘礼拜六派’的地盘，他亦只好用他们的稿子”，情面难却，王蕴章“不得不”采用旧友故交的稿子，或许也是实情。二则，1910—1920 年，从受到市民阶层的欢迎到逐渐不被思想更为活跃的年轻人所接受，其读者群体也已发生了很大的变化，1908 年就曾经有人统计分析过当时文言小说畅销的原因：

> 今日实际上观之，则文言小说之销行较之白话小说为优。果国民国文程度之日高乎？吾知其言之不确也。吾国文字号称难通，深明文理者百不得一，语言风俗百里小异，千里大异，文言白话交受其困。若以臆说断之似白话小说当超过文言小说之流行，其言语则晓畅，无艰涩之联字，其意义则明白，无幽奥之隐语，宜乎不胫而走矣。而社会之现象，转出于意料外者，何哉？余约计今之购小说者，其百分之九十，出于旧学界，而输入新学说者，其百分之九出于普通之人物，其真受学校教育，而有思想、有才力、欢迎新小说者，未知满百分之一否也。[②]

白话文晓畅明白，必将受到普及，很多人已经意识到了这种变化。但当时采用的方式则是内容上渗透时代的气息，而在形式上则符合传统的框架、形式和格调，“遣词缀句、胎息史汉”“笔

---

① 茅盾. 商务印书馆编译所和革新《小说月报》的前后[M]//1897—1987 商务印书馆九十年——我和商务印书馆. 北京：商务印书馆，1987：183.

② 觉我（徐念慈）. 论说：余之小说观（续上）：六，文言小说与白话小说[J]. 小说林，1908(10)：9.

墨古朴顽艳”者还是占领文学界的一席之地。《小说月报》创办之初，科举制度刚刚废止没几年，人们在习惯上更加愿意接受旧题材、旧形式，而在内容上有趋新寻道的渴求，八九年以后，接受了新学的“普通之人物”已经成长起来了，他们的思维体系和前辈相比则更加希望革新。1917 年，胡适和陈独秀倡导的文学革命运动兴起，反对文言、反对旧文学、提倡新文学的呼声一浪高过一浪，时代风云际会，人们更关注社会变革和文字变革，《小说月报》成为进步人士的众矢之的。

而在主观方面，王蕴章第二次接手《小说月报》主编职务是 1918 年左右，随着二次革命的失败，王蕴章的革命热忱也已转瞬消退，他与旧派文人活动频繁，互相感慨酬唱。在此期间他所经历的犹豫、探寻、求索、彷徨、痛苦的过程化为复杂的变化体验，在他的诗词实践和办刊过程中有着明显的痕迹。

如此种种，1918 年开始“《小说月报》的销量步步下降”①。而与之同时，以《新青年》杂志为主阵地的新文化运动以更为迅猛直接的革新态势走向了高潮，此时的《新青年》已经达到“销量最高达到一万五六千册”②。《小说月报》最初创刊时也有万册销量，然而到了 1920 年的第十号，“只印二千册，这在资本家看来，是不够‘血本’的”③，从这句话至少可以看出两点：一是那个时期办杂志的基本条件是够成本，这是市场出版运作的体现；二是《小说月报》经历了七八年之后，读者的口味随着世风变

---

① 茅盾. 商务印书馆编译所和革新《小说月报》的前后[M]//1897—1987 商务印书馆九十年——我和商务印书馆. 北京：商务印书馆，1987：189.

② 裴春来.《新青年》杂志创刊始末[N]. 中国社会科学报，2010-03-23(16).

③ 茅盾. 商务印书馆编译所和革新《小说月报》的前后[M]//1897—1987 商务印书馆九十年——我和商务印书馆. 北京：商务印书馆，1987：189.

化、新文化人士的迅速成长而有所改变，这时的《小说月报》内容上显然已经跟不上时代了，瞻前顾后，两面不讨好，如鲁迅所说的那样，《新青年》的出现使之“受了打击”①。

《小说月报》前期的办刊风格的确在不断地调整，如封面不采用美女婵娟吸引读者，如增设更多的小说栏目，再如增加刊登诗词的比例等，而就小说而言，旧小说开篇多以议论起兴，格调和结构凝固，这些旧风格在后期刊出的文章中也在慢慢淡出等等。

而另一本刊物《妇女杂志》也是如此。这本杂志在创办之初，很受欢迎，向妇女介绍自然科学、生理卫生等方面的知识，鼓励妇女扫盲和参加西学的同时，时刻教诲女性要成为一代新型的“贤妻良母”，这在创刊之初已是颇为进步了，但终究是大浪淘沙保留下来的刊物，到后期其保守性越来越跟不上时代的脚步。

三、文人雅集：群团聚会趣味趋同

（一）曾以诗文播革命的种子

宣统元年十月初一（1909 年 11 月 13 日）有 19 位文人在苏州虎丘张东阳祠进行集会，“南社”宣告正式成立。这是一个有着资产阶级革命背景的文学类社团组织，也是 20 世纪前期中国文学史上持续时间最广、影响深远、社员最多的文学社团。这个中国近代历史上声势浩大的群团集会，由陈去病、高旭、柳亚子等人组织酝酿和发起。南社推出了一系列作品《陆沉丛书》（陈去病）、《郑成功传》（柳亚子）、《岭南幽光录》（苏曼殊）等，大

① 鲁迅. 鲁迅选集：第三卷[M]. 北京：人民文学出版社，1983：70.

多为了唤醒人们潜藏在心底的民族情绪，通过文学的方式达到“驱逐鞑虏”的政治意图，南社人更愿意塑造执剑走天涯的侠客形象。

清末民国的旧体诗坛，同光体诗人和南社派颇有影响。前者多出生于清末官僚家庭，倾向于保守，往往以遗老自居，诗词很多都会感叹黍离之悲，感叹其时代和身世。后者多是南方的布衣之士，倾向于进步，以反清反封建为特征。无锡人在南社活跃者也颇多。[①] 南社的鼎盛时期是1911辛亥革命前后，1917年南社成员曾经和同光体就诗歌趣味产生过激烈的论争，到了20世纪二三十年代，当属于桐城诗派同一阵营的同光体诗派代表人物严复（1854—1921）、姚永概（1866—1923）、林纾（1852—1924）、马其昶（1855—1930）等人相继离世以后，南社内部也发生了分化解体。新南社建立（1923），代表着晚清民国易代之际，旧体文学圈子进一步产生了转型。

无论是同光体文人群体还是南社群体，都随时代发生着不断的变化。而历史也就是这么有趣，南社诗人在辛亥革命前后还是诗界革命的先锋，到了20世纪二三十年代就成为国粹派的主力（早期的南社文人和国粹群体也互有交叉）。学者们给出了比较公允的评价，认为晚期的桐城派及南社的活动，为新文化运动的蓬勃兴起起到了前期的铺垫作用，严复、林纾的翻译，让人们的思路打开，也促进了中国现代性文学的产生。也许历史就是在这样

---

① 柳亚子《南社纪略》中记载的无锡籍的南社诗人有：侯鸿鉴（字保三，号病骥）、王志明（字静安，号寄石）、王蕴曾（字卓民）、王蕴章（字莼农，号西神）、宋一鸿（字心白，号痴萍）、李光德（字怀城）、周佩珍（字毓芬）、浦武（字君彦，号醒华）、华鸿（字裳吉）、华龙（字无闷，号子翔）、华振域（字书城）、蔡培（字子平，号石顽）、蒋同超（字万里）、顾澄（字养吾，号澄业）、顾鸣盛（字叔惠）等等。

的不断铺垫中进行的。

王蕴章兄王蕴曾也是南社中人，他在《论尚武为吾国国粹》中阐述了他关于“国粹”的认识：

> 不欲保存吾国则已，苟欲保存，则惟有尚武；不欲保存吾国粹则已，苟欲保存，则首宜尚武。盖武之为道，大可卫国，小可卫身，为吾先民遗传之天性，不可一日缺者也。①

这里的“尚武”与其说是国粹，不如说是对民族精神、民族力量的呼唤，尤其是在民族危亡或者大变革时期，尚武是走向强盛的动力源泉，这样的认识不可谓不鼓舞人心，也代表了当时一批热血的南社人的想法。

南社成立后，一些有进步革新意识的《警钟日报》《苏报》《国民日日报》等报刊的编辑和主干很多都是南社成员，或者说南社成员中有相当一批人员进入了报业。他们通过新闻媒介进行革命宣传，其抵御西方外辱、追慕几复风流体现了民族主义和排满反清的双重心态，并且在南社文人群体中自然就形成了一种精神上的汇聚和互相追慕，继而发展成一次次群众性的文化运动，曹聚仁在《纪念南社》一文中曾经这样评价“南社”：

> 南社的诗文，活泼淋漓，有少壮朝气，在暗示中华民族的更生。那时年青人爱读南社诗文，就因为她是前进的、革命的、富于民族意识的。②

而胡朴安也认为：

> 开民国学术群众运动之先河，有二大团体焉。一国学

① 王蕴曾.论尚武为吾国国粹[J].国学杂志，1915(2)：4.

② 柳亚子.南社诗集：第1册[M].上海：中学生书局，1936：1.

> 保存会，一南社。……南社抱民主主义，以诗文播革命之种子，与海外之《民报》相应。以慷慨激昂痛哭流涕之文字，感发人民之志意，指示平等自由之径途，发行南社社集。①

这里的南社社集就是南社机关刊物《南社丛刻》，内容浩瀚博雅，前后共计22集。

王蕴章及其兄王蕴曾是经由柳亚子介绍、同年加入南社的。1911年9月17日，南社在上海愚园举行了第五次雅集，王蕴章被推选为《词选》编辑员，王蕴章通过词学活动，将自己的政治理想和对时事的理解化入诗词作品当中。1912年10月27日，继续被推荐为《词选》编辑员。

受时代感召，王蕴章诗词曾经也不乏豪气和凌厉：

湘月：星洲秋感寄示沪上诸友

（王蕴章）

> 秋风海国，做飘零词客，飘零天气。大好湖山，刚换得，满斛蟾蜍清泪。猿鹤输他，鲲鹏笑我，世事今如此。还君一剑，双龙啸破秋水。
>
> 思欲南走扶馀，东穷日出，更西行欧美。万里投荒，消减尽、当日豪游情味。击筑声雌，吹箫曲怒，鬓影星星矣。夜来多谢，玉虫开作如意。②

南社成员中，很多是革命党人，据不完全统计，有179人之

---

① 胡朴安. 民国十二年国学之趋势[N]. 民国日报：国学周刊(国庆日增刊)，1923-10-10：1.

② 王蕴章. 词：湘月：星洲秋感寄示沪上诸友[J]. 双星，1915(3)：6.

多[①]。南社对辛亥革命有着前期启蒙的作用，南社后裔姚昆田说“南社与同盟会是发动辛亥革命的一双犄角”[②]，然而南社文人群体非常庞大而复杂，其中的一些人秉持的主张在很多情况下都未能理清楚，他们因而沦为把脉专家，却难以开出药方。

辛亥革命之后几年，眼观社会离乱、国运动荡，王蕴章与一些失意文人通过酬唱交往，作品多显示出感叹沧桑的悲情：

惜红衣

（沪南李公祠，池荷特盛。池后小山，曲径回环，幽秀尤绝。乙卯晚秋，余偕徐丈仲可往游。花事凋零，空梁泥落。合肥铜像，仆于辛亥之役。劫后重建，金碧凄黯，亦非复曩观矣。感怆成吟，和石帚韵）

（西神）

澹柳扶烟，零花熨日，做秋无力。净洗池塘，西风换愁碧。青铜瘦影，还问讯、淮南仙客。岑寂，鹃语断红，说春归消息。　黄沙怒陌，玉垒浮云，香尘半狼藉。沧波费泪帝国，梦魂北。喜有小山丛桂，且共词人登历。看阵惊寒雁，飞破一痕霜色。[③]

南社成员后来逐步分化，甚至一些人逐渐失去了革命的热忱，也是必然的事。1918 年，柳亚子辞去主任一职，从此南社开始分裂。1923 年新南社在新文化运动后重新建立，除了过去的旧社友外，还加入了很多新人，南社进入了新阶段。而王蕴

① 汪梦川. 南社词人研究[M]. 上海：上海古籍出版社，2015：518-525.

② 姚昆田. 南社与辛亥革命[J]. 南京理工大学学报(社会科学版)，2012，25(1)：28.

③ 西神. 文苑：惜红衣[N]. 小说月报，1915-12-25，6(12)：6.

章1920年离开商务印书馆后，忙于任教办学，就很少参加集会活动了。

王蕴章除了加入南社外，他也是“春音社”（1915—1918，上海）的一员。“春音社”于1915年在上海成立，社长为朱祖谋。因为春音社和王蕴章当时的沪西住所离得很近，“距余寓庐甚近，朝夕过从，因共发起词社，请归安朱古微沤尹丈为社长，沤丈名社曰春音，取互相劳苦之意”①。从师从来讲，“朝夕过从”，王蕴章受到朱祖谋词学指导较多。春音社的集会在当时是最为兴盛的，活动频繁，从1915年2月建立到1918年春前后三年里面一共有十七集，其作品在《南社词集》《南社丛刻》中多有保存，而这段时期是他参加集社活动最为频繁的阶段。

此外，王蕴章还参加了其他诸如淞滨吟社（淞社，1913—1925，上海）、鸥社（1920—?，上海）、青社（1922—?，上海正风学院师生主办）、海上诗钟社（1929—?，上海）、沤社（1930—?，上海）、因社（1932—?，上海）等社团组织活动。这些社团中的成员，相当一部分同时也是南社的成员。

（二）王蕴章作品及文学主张

王蕴章文赋诗词富于雅趣，堪称“名手”，钱仲联《南社吟坛点将录》将他定为“天英星小李广花荣”②。其作品体现出来的幽远清逸，风流蕴藉，既是他的个人文学趣味使然，又是其主体意识本身的体现。对于古体诗词创作，有人感慨“律诗难做啊”，但也“有人出生就在罗马”，这和家学渊源、学习经历、文学观念、群团往来等都有关系。而他所发表的其他作品，诸如小品文、小

---

① 西神．春音余响[N]．同声月刊：创刊号，1940：178.

② 钱仲联．南社吟坛点将录[J]．苏州大学学报(哲学社会科学版)，1994(1)：46.

说、书法著作等（如表 2 所示），也多被击节叹赏，颇负时誉。

他与一些避居上海的遗老互赠诗文，用以抒发胸中块垒，虽然王蕴章和他们的政治意图未必一致，但从文学趣味上讲，他们确有共鸣之处。王蕴章本质上还是一介文人，他通过文学的方式进行情绪的抒发和艺术的表达。

表 2 王蕴章作品（部分）

类别	作品
小说、戏曲	《碧血花传奇》（《小说月报》，1910） 《香桃骨传奇》（《中华小说界》，1914） 《铁云山传奇》（《七襄》，1914） 《霜华影传奇》（《小说月报》，1914） 《绿绮台传奇》（《小说丛报》，1914—1915） 《锦树林传奇》（《国学杂志》，1915） 《可中亭传奇》（《妇女杂志》，1915） 补订文镜堂之《苏台雪传奇》（《小说新报》，1915） 《玉鱼缘传奇》（《小说月报》，1918） 《传奇：青年镜传奇》（《学生》，1918） 《西神客话》（《小说月报》《妇女杂志》，1915—1920） 《菊影楼话堕》（《半月》，1922，收入《云外朱楼集》正编） 《绿净园》（《侦探世界》，1923） 《剪淞快语》（收入《新闻报馆三十年纪念册》，新闻报馆发行，1923） 《西神小说集》（上海世界书局，1924） 《啼笑因缘弹词》（上海三一公司，1935） 《鸳鸯被》（《正风文学院丛刊》，1937）
杂论	《玉台艺乘》（《妇女杂志》，1915—1917）
诗词及论著	《南洋竹枝词》（《双星》，1915） 《梅魂菊影室词话》（《双星》《春声》，1915—1916） 《然脂余韵》（《小说月报》《妇女杂志》，1914—1917） 《词学》（上海崇文书局，1919） 《秋平云室词话》（后收入《云外朱楼集》，1941 正编） 《词学一隅》（《民意》，1941） 《词史厄谈》（南方大学校友会讲稿，《同声月刊》，1941） 《梁溪词话》（亡佚）

续表

类别	作品
编订词集、诗词集	《秋平云室词钞》（亡佚） 《人间可哀集》（《妇女杂志》，1915）
小品文、随笔	《莼庐杂缀》（《小说月报》《妇女杂志》，1911—1915） 《云外朱楼集》（中孚书局，1934） 《安裘居随笔》（《妇女杂志》，1919） 《黄垆读书记》（《申报》，1925）
书法著作	《墨林一枝》（1936） 《墨佣余沛》（《新闻报》，1929，后收入《云外朱楼集》正编）

上表所列仅仅是其作品的一部分，其中王蕴章的词集《秋平云室词钞》已经亡佚，但是很多词作收录在《南社丛刻》《沤社词钞》中，还有一些散落在诸多的民国旧报纸中。

清末民初的文学处于由传统向现代转型的过渡时期，以胡适为代表的白话诗文写作席卷了整个文坛，他们尝试着建设白话文、白话诗的新美范式。而南社文人群体中对于旧体文学，特别是旧体诗词，也在进行着构筑大厦体系的努力，王蕴章就是其中的代表。在这样的体系构建中，"词必莼农"，词章名手王蕴章有着个性鲜明的表达。

王蕴章在《文艺全书》（卷三）中关于"词"有这样的论概：

> 立意不可不新，不新则腐；铸词不可不雅，不雅则俗；下笔不可不活，不活则滞；取境不可不高，不高则钝。初学悟此，思过半矣。词贵含蓄，含蓄非凝滞也；词尚清新，清新非纤巧也，初学者慎之。①

① 王蕴章等. 文艺全书：卷三[M]. 崇文书局，1919：88.

"新""雅""活""高"是初学写词的基本要求，并且还辨析了"含蓄""清新"的重要性。

他曾经和南社四才子之一的姚鹓雏信笺往来，其中的论述（附二词）能部分表现了他对各家词风的品评和理解：

> 梦窗词，弟亦嫌其过费气力，清空如玉田，豪雄如稼轩，浑脱如清真，得其一节，无惭作者。而某公等必欲扬此抑彼，殊近偏激。

貂裘换酒·题钝艮《红薇感旧记》

> 脱帽悲歌起。数平生一箫一剑，更无知己。不是扬州狂杜牧，十载鬓星星矣。忍更说、坠欢重理。骏马美人都去也，莽乾坤、合为多情死。负此者，有如水。　狂言忍发君须记。遍相思、灵均香草，澧兰沅芷。结客他年公事了，还我倾城名士。更碌碌、嗤他余子。痛哭山中闲日月，肯如今、短尽英雄气。浮大白，拼沉醉。①

太常引·题亚子《分湖旧隐图》

> 五湖归记太无聊。魂也不禁消。何处木兰桡。看画里烟波路遥。松陵十四，碧城十二，吹瘦小红箫。酒醒又今宵，有自琢新词最娇。

在王蕴章看来，创作风格是不一而足的，此是彼非是审美与创作的局限，情随境迁，在不同的时段心境，表达不同的意境，"得其一节，无惭作者"。王蕴章的作品时而凌厉慷慨、悲痛激昂，时而婉转氤氲，六朝气足，就是这种体现，朱鸳雏在《双凤

---

① 鸳雏. 双凤阁词话[N]. 申报，1916-05-12.

阁词话》中，称之为“直合辛、周为一手矣”，意思是王词可如辛弃疾词一样豪迈，又可如周邦彦词一样工巧，简直可谓直追清初词坛“三鼎足”了。

王蕴章词学方面更重要的一个论述是“词史”观。在这方面，很多学者认为他受到春音社朱祖谋的影响较大，从而推崇常州词派的“词史观”。其实这种推崇也和他当时与“春音社”旧派文人之间的互相交往以及和他当时所处的境遇有关联。一代有一代之诗词，触景共鸣、寄托比兴表达时代之音，隐射的黍离之悲成为那个时期诗词吟唱的重要内容。1919 年他在《词学》论著中表达了“溯源第一、辨体第二、审音第三、正韵第四、论派第五、作法第六”的观点，对于词源、词体、词音韵、词谱、词派和作法都有了新的梳理，把“词学”作为独立的学科确定了现代词学的基本雏形。1934 年收入《云外朱楼集》的《秋平云室词话》开篇即说“诗有诗史，词亦有词史”[①]。1941 年《词史卮谈》开篇进一步强调了“词史”，对唐宋作品进行了评点论述。同年，在南方大学校友会上的演讲《词学一隅》总结谈到了词源、词韵、词律、词派、词史，则是对他的前期论述作了普及性的推广。王蕴章的词学论述，启发了之后的很多词学专家对词学有新的认识，为他们提供了新的思路。

王蕴章生活的年代是晚清民国文化革新、社会剧变的山河动荡时期。他幼承家学，少中乡试，沪上办报，加入社团，投身教育……其间，还有短暂的南洋经商及担任临时政府秘书等种种经历。他有早年参加革命时的豪情激越，也有晚年潦倒穷困时的颓唐苟且。他有传承古典诗词的精英理念，也有贴近世俗大众的市

---

① 王西神. 秋平云室词话[M]//云外朱楼集. 上海：中孚书局，1934：151.

场迎合。他对女性的觉醒启蒙采用温和的劝解和诸多常识的普及，他对于词学更有着现代性的研究建构……总体来讲，他是一个旧式文人的代表，也被诸多学者评为近现代通俗文学代表作家，他从小打下的传统家学功底是他之后种种文化活动的核心能力和关键性的推动力。

结　语

综上，笔者试图用文学的眼光，关注无锡作家在无锡区域文化影响下的成长和文化表达。这些无锡作家，可以是出生地在无锡、在无锡旅居的作家们，也可以是其作品中有反映无锡人生活状态的创作内容和元素的作家，但总的说来，还是以无锡作家为主，兼顾其他。笔者试图既关注无锡区域文化对于无锡作家的影响，又关注无锡区域文化及其在近现代历史上的特殊表现，以及对更广泛的现代作家创作所产生的深远影响，同时还关注大时代背景下现代作家自身的流动、身份的变动，反映了区域文化和文学区域性的某种特殊延伸。

如前文所列举的五位无锡籍作家：刘半农、钱穆、陈源、钱锺书、王蕴章。他们在中西文化比照方面，他们在感应时代变迁方面，都用自己的作品做出了某种回应，他们曾经还无一例外地担任过某个学校教职，成为文化的传播者，他们或新建、或坚守、或反思、或融合……他们有着各自独具特色的抒写和表达。

在20世纪上半叶特殊的历史情境下，无锡籍的许多作家因各种原因，被分散到各地，多数人长在上海，也有一些随着国民政府、高等院校及报纸杂志的内迁至四川、重庆、云南、广西等地，而抗战胜利后，他们更是在各地安营扎寨，有些后来很少回到故乡，但是他们怀揣着对故土文化繁荣的期待，肩负着知识分子应有的文化使命、社会责任和民族道义，影响着更广泛更持久意义上的中国现代文学。

后　记

今天是个特殊的日子，农历壬寅年的中秋，又是我国第 38 个教师节。

为此，我感触颇多。

每一本书的形成自有机缘，七年前做课题时就开始了相关积累，也陆续写了一些文章，有些篇什收录在本书中，这几年我还在继续补充和延伸文章，前年起有了整理成书的念头。在这里，要非常感谢我的导师——苏州大学王尧教授，当我内心忐忑地向他提及这个想法时，便得到了他的鼓励和赞许，基本确定了标题，并题写书名。我还要感谢苏州大学赵杏根教授，在他的指导下，我建立了目录框架，赵老师多次为我指点迷津，提供了大量的江南文史资料，还爽快地答应为拙著题写序言，为本书增色不少。我更要感谢江南大学的刘桂秋老师，刘老师仔细审读了初稿，他分章分节提出了许多切实的修改意见，每次收到刘老师发过来的建议，心里都异常感激和佩服。

老师们不仅给我提供了诸多中肯而宝贵的意见，以及查找资料的线索，还在观念上给我以启发，如：对文学史和思想史的关注、对史料的重视、对学术资源的掌握、对江南地域特色的把握；等等，这些都成为我突破瓶颈的动力为我完成此书奠定了信心。在老师们的鼓励下，我不仅获得了知识，还被他们的人格和修养所折服，他们谦和乐观的人生气度、他们细致严谨的学术态度，都让我们这些晚辈心向往之。

在本书的形成过程中，我还曾受到季进教授、金石声老师、任翌副教授、高侠副教授、吴建教授等人的点拨，他们对我曾经冒昧的请教，都给予了耐心的解答，对此非常感谢。

与同事顾雨桑、常刚、刘琴等老师们的互相交流，也使我受益颇多，非常感谢。此外，还要感谢我的父母、爱人和女儿，他们多年以来对我一贯支持，使我内心备感温暖。

本书的出版受到江苏高校“青蓝工程”基金资助（苏教师函〔2020〕10 号），并获得江苏联合职业技术学院无锡旅游商贸分院相应配套经费资助，借此向关心我、鼓励我的领导及同事们表示感谢。

此书的完成是笔者探索无锡区域文化的起点，一些文史大家生平著述、许多文史问题和文化现象，非本书所能囊括，也非浅陋如我所能胜任把握，疏漏舛误之处，谅必不少。近几年来，相关的研究与日俱增，若未及补入讨论者，热切盼望各位前辈、方家和学者不吝赐教。

感谢南京师范大学出版社张春老师、崔兰老师、付旭阳老师在本书的出版工作中所付出的心血！感谢南京师范大学出版社对拙著的出版所做的工作！

胡晓文

壬寅年中秋　于无锡琴润堂